2016年度"建设世界一流大学(学科)和特色发展引导专项资金"
之民族学学科经费资助

# 重温先声

## 费孝通的政治经济学与类型学

Rethinking Fei Xiaotong's Political Economics and Typology

黄志辉　著

九 州 出 版 社
JIUZHOUPRESS | 全国百佳图书出版单位

图书在版编目（CIP）数据

重温先声：费孝通的政治经济学与类型学 / 黄志辉
著. -- 北京：九州出版社，2018.7
ISBN 978-7-5108-7375-1

Ⅰ. ①重… Ⅱ. ①黄… Ⅲ. ①费孝通（1910-2005）
－农村社会学－思想评论 Ⅳ. ①C912.82

中国版本图书馆CIP数据核字(2018)第159771号

**重温先声：费孝通的政治经济学与类型学**

| | |
|---|---|
| 作　　者 | 黄志辉　著 |
| 项目策划 | 郭荣荣 |
| 责任编辑 | 黄瑞丽 |
| 封面设计 | 晓　旭　博　翀 |
| 出版发行 | 九州出版社 |
| 地　　址 | 北京市西城区阜外大街甲 35 号（100037） |
| 发行电话 | (010)68992190/3/5/6 |
| 网　　址 | www.jiuzhoupress.com |
| 电子信箱 | jiuzhou@jiuzhoupress.com |
| 印　　刷 | 三河市国新印装有限公司 |
| 开　　本 | 880 毫米 ×1230 毫米　32 开 |
| 印　　张 | 9.125 |
| 字　　数 | 215 千字 |
| 版　　次 | 2018 年 8 月第 1 版 |
| 印　　次 | 2018 年 8 月第 1 次印刷 |
| 书　　号 | ISBN 978-7-5108-7375-1 |
| 定　　价 | 58.00 元 |

　　黄志辉，1984年生，江西分宜人，人类学博士，中央民族大学民族学系讲师、副教授，研究方向为社会人类学，尤为关注当代工业民族志以及人类学的政治经济学研究。目前，正展开民族地区的土地与社会研究，继续倡导"民族志的政治经济学"，以兼具政治经济学与文化人类学的视野，理解并解释各种土地经济形态、城乡社群分合过程和文化变迁议题。发表论文二十余篇，并著有《无相支配：代耕农及其底层世界》一书。

# 代　序

麻国庆

恩师费孝通先生发表"中华民族多元一体格局的形成和发展"一文距今刚好 30 周年。就在几天前，中国社会科学院民族学人类学研究所主办了这一纪念会议。在会上我提到，费孝通先生留给学界的遗产是一座丰富而又多维的知识宝库，我们理解费先生的思想也可以从多维的角度展开。从经验的层面要从小社区扩展到大世界，从思想层面要关注先生如何理解中国文明的进程、中国思想体系的内部构造，以及在中西文化交流、世界文明间对话的框架下，去理解费先生的思想判断。所以，对费先生"中华民族多元一体格局"的讨论，更离不开这一多维的框架，不应仅就民族而谈民族。

记得我第一次陪同费师到武陵山区调研，在车上他就说他一生写了两篇文章，一篇是关于汉族农民的文章，一篇是关于少数民族的文章。2005 年，费师离开我们后，《开放时代》杂志约我写一篇纪念性的文章，于是我写了《费先生第三篇文章：全球化与地方化》。因此，费先生的三篇大文章涉及了汉族社会、少数民族以及全球化这三个重要的领域。在这个总的领域中，费先生提出了很多问题，包括中国农村、中国工业向何处去？如何通过对民族地区的调查，来认识多民族中国社会的整体形态？在具体的社区研究中，如何处理全球化和地方性的关系？如何处理城乡协调发展以及区域发展的问题？中国思想文化中的优秀传统，怎样通过文化自觉的转化，成为认识当下中国社会知识构成的重要来源？中国文明如何贡献于 21 世纪"和而不同"的全球社会？等。他对这一系列问题的提出与回答，已经构成了一种具有人文关怀的精神、迈向人民的具体实践、全球和谐共生的理念等特征的总体性理论与实践。我在很多场合说过，费先生的学术和应用，已经构成了总体性"费孝通问题"。

费先生的这三篇文章并不是孤立的，而是互为有机地联系为一个整体，其中的实证研究、方法论思考以及理论升华，呈现了开放而又立体的问题意识和知识体系。背后是费先生对于人文价值、人文发展、现代性与美美与共的未来的思考。而且，先生的为人、为学，均十分谦和、包容。我在北京大学跟随先生读博士期间，以及留学归来并任职北京大学之后，先生和我讲了很多具有启发性的话，并一再强调只能为我们后学破题引路，但开风气不为师。

对这个总体性"费孝通问题"的思考和发掘，一直是我们几代学人努力的事情。我们知道，早在二十世纪三四十年代的"燕京学派"时期，费孝通先生身边的诸多杰出青年，就有通过共同调查和实践，去认识中国社会的理念，因此产生出了中国社会学、人类学在 1949 年前的"黄金时期"——"魁阁学派"。这一传统一直影响着今天的中国社会研究。

坦率地说，"魁阁学派"以及同时代的学人，与费先生的时空距离比较接近，费先生和他们一起讨论、研究，逐渐形成了一个真正的学术共同体。到我们这一代，正是中国改革开放政策开始实行的时期，很多现实研究问题摆在我们面前。如计划与市场、城乡二元体制、东部与西部的发展格差等。在此背景下，费先生的关怀更多的是直面中国社会的现实问题。我在北大读博士的研究方向就是"城乡社会学"，博士生入学考题之一就是"如何理解中国的城乡二元结构"。我们当时就是在这样的时代背景下讨论、思考中国的发展问题。但我们的研究各有侧重，整体上没有形成一个"魁阁"式的学术共同体。不过，费先生早年的学术遗产一直在影响着我们的学术之路。

因此，我们这代人的研究，包括对费先生学术思想的讨论，是和我们自身的学科训练与研究旨趣联系在一起的。但是由于知识体系在不断变革，要求我们从不同的视角来认识、理解费先生思想的整体性。近年来，我看到一些青年学者出版了数部研究费先生的著作，分别从社会治理、知识谱系、思想史、心态史等角度出发，提供了诸多鲜活的视角。如果说阿古什和我们这一代人中的很多学者，在认识费孝通的总体性命题时，习惯于将他与时代背景紧密相连，那么青年学者们从某个主题的角度出发展开的追问与思考，反而让读者有独出机杼、热情洋溢之感。如果费孝通的思想与实践能与当下的社会文化议题相契合，那么说明他本来就超越了他自身那个时代的局限。况且，在各种信息大繁荣的今天，青年学者拥有了更多的信息渠道，去理解费孝通以及他在 20 世纪各阶段的学术进路。所以，几代学人各有贡献，几代学人之间应该是一种互相聆听而非单向继承的关系。

本书的作者黄志辉是青年一代对费先生思想的发掘者之一。志辉曾在中山大学人类学系跟随我硕博连读，他于 2011 年 6 月毕业后，就来到中央民族大学任教。2016 年 4 月，我也因为各种机缘调入中央民族大学工作，我们目前是在同一个学院工作的同事。这些年来，我比较熟悉他的一些学术考虑。在中山大学马丁堂的课上课下，他经常会和我讨论费先生的研究议题、师承脉络；在华南农村研究中心，我放了一套群言出版社的《费孝通文集》在那里，他和几位同门师兄弟经常人手一本，不断翻阅、讨论。志辉的博士论文主要研究的是珠三角世界工厂中的底层农业工人——代耕农群体，所以他非常关注费先生有关人口、土地、社会及变迁的论述。2013 年，由我主编的"民族与社会丛书"在社会科学文献出版社正式出版，其中就收录了他的《无相支配——代耕农及其底层世界》一书。该书对"离乡不离土"的代耕农的研究，接续了费先生的相关经验研究，而且具有理论深度。到中央民族大学工作后的七八年间，他虽然还有其他的研究计划，但对费先生的关注一直没有中断过。

在与黄志辉讨论有关费先生的著述时，我逐渐知道他的几个有特点的立场，值得在这里指出。例如，他认为青年读者在阅读费孝通时，不应只是关注"文化自觉""多元一体"等"大型"概念，还应考虑其对于现实发展问题的具体实践方略和政治经济学维度。志辉认为，关注社会重建与政治经济学，是同等重要的学术思想表达，因为重建的实践议题与政治经济学的批判取向要在民族志的田野调查中实现，就必须倚仗文化功能学与解释学。同时，要在田野中发现当地人的思想与文化逻辑。但如果过度地将费孝通的研究引向文化归纳学或社会哲学，就有可能与其本意有所出入。

再如，对于《乡土中国》与《乡土重建》二书，志辉不止一次地跟我说，他更青睐于后者，理由是《乡土中国》固然很重要，书中集结了天才般的灵感，但它最初毕竟是作为教材面世的，书中的每个章节几乎都可独立，却较为零散；但《乡土重建》不同，它是一以贯之的专著，对乡村工业化和合作组织的建设方案、乡绅地主的出路以及乡村政治治理的具体路径，都有系统、连贯而独到的分析。因此，志辉认为仅仅拿着《乡土中国》中的"差序格局""无讼社会""礼治秩序"等概念，来比照当下中国的城乡现实问题，是远远不够的，至少还应该系统地关注《乡土重建》《中国绅士》等著作中蕴含的丰富的乡村振兴思想。基于自己的学术兴趣，志辉将费孝通的著作进行了如下的排序：《禄村农田》《乡土重建》《江村经济》《生育制度》《花篮瑶社会组织》《乡土中国》等。显然，他对民族志的优先趣味，影响了他对这些著作的排序。不过我同意的是，对于将要迈入实证科学研究的青年学者来说，与其花很多时间来讨论费先生提出的几个抽象概念，不如先从现实问题入手进行讨论，再回到抽象概念的思考路径，反而更有利于发展实证取向的研究。

　　本书的书名中有"先声"二字，音同"先生"。如果今天去江苏吴江开弦弓村，我们还能听到那里的老人一谈起"费先生"，就会眉飞色舞。但若是回溯至80多年前，开弦弓村人口中的"费先生"，可不是指费孝通，而是指费孝通的姐姐费达生。当年，费达生倾其家产，为开弦弓村的人设立现代的缫丝合作工厂，意图改善村内农民的生活，赢得了开弦弓人的信任，被尊称为"费先生"。对于农民和底层劳动者来说，那些最切实际、最接地气的知识分子，才容易被真心地唤作"先生"。而费孝通也将姐姐的公心实践称之为"复兴丝业的先声"，可谓"能指"与"所指"的合拍。20世纪30年代，费孝通被开弦弓村人称为"小先生"，还是沾了姐姐的光。只是到了1949年以后，才成了"大先生"。

　　费孝通被民间尊为"先生"，主要是因为他也关注富民实践，体察社会疾苦。他的早期文字中充满了苦难的重量，而在晚年文字中则洋溢着追求幸福的喜悦。诚如本书所论述的那样，中国以及中国的相关问题、发展方向，既是他的研究单位，也是他的问题域；既是他的出发点，也是落脚点。他习惯于在中国文明的内发视野中，去研究与同时代政治经济体系适合的实践道路。他对开弦弓村、禄村、西南工厂以及改革开放后的小城镇道路、各民族区域发展方向都给予了重点关注。总之，费孝通的各种"先声"实践，是他从老百姓中获得尊重的根源。

在本书中，志辉将费先生的经济实践称之为文化人类学的政治经济实践，而将早期的几本经典民族志称之为"民族志的政治经济学"。志辉看到了费孝通早期书写的惯习，并非只是受吴文藻、派克、马林诺夫斯基、布朗等人的功能理论、社区理论、结构功能论的影响，雷蒙德·弗斯以及 R.H. 托尼的经济人类学理论，也极大影响了费孝通的文脉走向。因此，他将费先生的方法论总结为"文化价值论和政治经济学的双重视角"。诚然，不论是在江村还是在禄村，我们确实都能看到费先生对"土地与地租""劳力与收入""资本与工资"等议题展开的细致分析，而这些都是古典政治经济学大师们必不可少的分析要素。不过志辉总是提醒读者，费孝通对土地、劳力、资本的价值计算，从来都存在多种计算方法的来源。地方性的或中国文明内在的知识体系会提供一套价值观，世界资本体系会提供另一套价值观。只是当后者以霸权姿态和强势话语出现，前者就会受到挤压乃至毁灭。

本书不断提及的费先生的"政治经济学"，不仅是微观社区的经济人类学研究指南，也是宏观世界的观察棱镜。志辉在开篇中这样说："政治经济学不是一种'庸俗'的权力学说和简单的平等召唤，它的价值论立场和对劳动力、商品、土地以及资本的分析性关照，可以与民族志对'人'与'物'的深描结合，并且对各个区域中出现的民族政策实践、资本运作以及社会关系提出批判与反思。此外，民族志的文化视野可以矫正普遍的政治经济学分析框架，在地方与国家、地方与全球之间寻求一条适合的文化自觉道路。"在这样的表述中，我非常同意青年学人去追寻类似的"民族志的政治经济学"，通过政治经济学的技术分析去判断社会的公平与正义，又通过民族志的文化解释路径，将技术分析拉回到中国自身的社会文化基调中来，丰富当下中国民族志的新人文时代。

此外，本书还总结了费孝通的类型学。对于《费孝通文集》中出现的"城市""权力""家庭""经济""知识分子"等类型，志辉都一一加以梳理。将费先生各种零散的类型学系统表述出来，这是非常有益的工作。尤其是《费孝通先生的城镇类型观——兼论小城镇与城乡协同发展中的区域道义》一文，不仅呈现了费先生丰富的"城观"，还在以往关于农村社区、民族走廊、地方区域等几种常见的类型学表述外，增加了重要的新维度。而费先生有关城镇的主类型、次类型分析，也被志辉前后连贯地表述了出来。此外，志辉通过对比分析各种类型观，烘托出"区域内与区域间的发展伦理"这一重要学术判断，为当代的城镇发展提供总体性的参照。

总而言之，我比较同意志辉的判断，费先生有关民族志的政治经济学以及各种类型学的表述，也是前述有关总体性"费孝通问题"的重要组成部分。在我看来，本书是入道不久的青年学人对经典思想的追索，志辉希望站在费孝通的知识基础上，看得更远一些。虽然，本书中有些篇章的讨论还稍显不够深入、延展还不够充分，但是读者能从字里行间看出作者的努力、激情和对学术真谛的孜孜追求。实际上，我们现在看到的青年学人对本土经典的解读还是太少了，希望这样的作品越来越多，越来越丰富。

麻国庆

2018 年 4 月 15 日于北京魏公村

# 前　言

　　潘光旦先生曾将天下学问的变化视为一个类似于"梭子形的公式"：起初笼统单一，中段分化复杂，末了又归于新的笼统或综合。[①]不同时代的学问如水一般，或化分为"派"，沟壑纵横；或综合为"汇"，江河聚海。在为费孝通《生育制度》一书所作的序言《派与汇》中，潘光旦对费孝通不吝美言，但时刻提醒费孝通，不要因为保持"派"的立场而忘了"汇"的综合。功能主义的学问有其磅礴之处，但大庭院也可能有小气象。潘光旦先生不断告诫，在学派林立的时代，无论是社会思想研究者还是社会理想主义者，应该结合各家短长，共工合作，融为新"汇"，开新人文精神风气研究之先河。要祛除天下思想派系分流之弊，"关键均在一个汇字，治标的路莫忘旧汇，治本的路是寻求新汇"。[②]没有对往届旧宗的真正尊重，就难以有锋利的新锐远见；没有对新时代进行综合的勇气，就难以呈现总体性的社会文化知识。关键的是，理论与思想的分歧即使再多，只要在产生分歧的同时，不忘合作，既发展自身又顾全别人的努力与观点，就有可能汇合一个新的人文时代。潘先生作为费先生的老师，将对学生的批评隐于期盼之中，这种师情友谊，可谓真兮切兮。而费孝通先生也未负潘望，他

---

　　① 潘光旦:《派与汇》,《乡土中国　生育制度》代序, 北京大学出版社, 2005 年, 第 292—298 页。

　　② 潘光旦:《派与汇》,《乡土中国　生育制度》代序, 北京大学出版社, 2005 年, 第 313 页。

一生保持学术丰产的同时，时刻秉持潘光旦所追求的中和位育以及新人文思想，筚路蓝缕，在寻求富民道路的同时开启了文化自觉的时代。只要翻翻二十世纪八九十年代中国社会学界、民族学界的学位论文和期刊著作，就可以清楚地看到费先生的学问已成为时代之汇了。哪个研究者不在自己的文献回顾部分引用几句费孝通的话呢？

　　费孝通先生去世之后，中国学术界对他的态度似乎又在验证潘光旦有关天下学问的规律性总结：分久必合，合久必分。"分"的趋势体现于两个大的方面。一方面，对费先生的赞美与继承以各种形式涌现。各个分支学科的研究者继续引据费先生的概念与思想，但有不少形式主义的文献回顾者将费先生置于脚注或参考文献里，而不顾其内在的逻辑理路；几乎每年都会出现与费先生有关的论坛，这些论坛就像年度祭祀仪式一样跟随主流声音的节奏，不断抬出费先生来巡游，当然其中不乏洞见；还有一些文本阐释者与实践方案的继承者更多的是在学术舞台的背后耕耘，敬惜费先生留下来的字纸，寻求新的理论突破与实践路径；此外，希望与这位学科先贤对话的青年学者越来越多，费先生的文本不断被搬演，但阅读的态度不尽相同。另一方面，费先生去世之后，各种唯我至上的解释路径不断地对费先生的学术体系进行"靶向"批判，"费孝通为什么不关注这个问题""费孝通没有注意到那个理论概念""费孝通忽视了不该忽视的问题"……通过张扬费先生的"缺漏"和自我的光环，俘获身处历史迷障中的观众。

　　对费先生的批评或反对的声音一直存在，但他的去世似乎构成了一个分水岭。1949 年以前，费先生就曾围绕乡村建设与民族国家问题，与一系列学者有过直接的论争。此后，埃德蒙德·利奇与莫里斯·弗里德曼在方法论上的评价构成了全球学界关注的学术事件。到了 20 世纪90 年代，当东亚社会学界对费先生一片叫好声时，日本学者横山广子就直接对话费先生，过度的乡土意识不是一种现代性自觉，应该"离开土范畴"去寻找适合中国发展的现代化方案。[①] 在费先生晚年尚属思维敏捷的时候，这样的对话声音很稀缺。新的世纪开启后，我还在大学里读社会学本科专业，清楚记得费先生是课堂上、文字中、会议里不断被搬演的学术神话，虽然彼时费孝通尚在人间。但自 2005 年之后，中国社会学界才开始"积极"地与费先生对话，一系列有关"新乡土中国""后乡土中国""告别乡土""走出乡土"的研究不断登场，但很遗憾费先生已经去世，回声有限。但为什么在费先生去世之后，我们的对话者、批评者才如雨后春笋般涌现呢？

"赞美"与"批评"的声音重新在历史中分流，像笔者这样的学生娃或年轻学者，就在这些分流之声中聆听、呼应、喝彩、批判，却经常缺少对费先生总体文本的系统阅读与反思。对于我们这些年轻后生来说，缺乏与这位隔代大师的直接互动，也没有各种鲜活的记忆叙事，除了聆听"50 后""60 后"的老师们说费先生过去的故事之外，理解费孝通的最好工具只能首选阅读他写作的以及与他有关的文字。虽说罗兰·巴特、米歇尔·福柯宣称"作者已死"，从而"怂恿"读者去构建后现代时代的主体性。但是，如若忘了"旧汇"，没有对传统与现代的认识基础，建构从何构起？

业师麻国庆教授经常告诫学生，要从整体的视角看待费先生一生的学问。麻老师将费先生总的文字综合为三篇文章，分别是从汉人社会、民族地区以及全球化三个角度出发，去理解中国社会与新的时

---

① （日）横山广子：《离开"土"范畴——关于白族守护神总称的研究》，载北京大学社会学人类学研究所编：《东亚社会研究》，北京大学出版社，1993 年，第 109—120 页。

代。① 这种思路与王铭铭教授的"三圈说"有异曲同工之处。麻老师有关"三篇文章"的说法直观地体现了费先生的整体研究历程，以及汉人社会、民族地区和全球社会的跨区域互动体系。我在关注珠三角这座世界工厂中的"代耕农"群体时，麻老师就不断提醒我要去注意费先生的村庄土地研究是如何兼顾文明的内发视野与全球化政治经济体系的接榫过程。这让我在面对快速流通的工业商品、流动的劳力以及不断流变的地权问题时，能够同时坚持文化价值论以及全球化时代的政治经济学，去解释流动与跨界的现象。

在中央民族大学工作的这几年，我经常听到的先贤名字之一便是"费孝通"。一是作为这里具有深厚学统的象征出现，二是费先生有关中华民族多元一体的思想及其承担的民族识别工作，不断被关心国家秩序的学者提及。这些当然都极为重要，而且契合这里的学术关怀，但对费先生有关中国总体性问题的关注，由于过于坚持固守"少数民族"与"边疆"的领域而被削弱了。费先生有关东部地区的城市与乡村研究、有关全球社会与中国文明之间关系的思考，以及各种现代化的发展方案，要么被搁置了，要么被简化了。那种提倡将"三篇文章"的交叉视野同时放置在海内外各个民族研究区域中去的观点，一直没有得到很好的践行。我初来民大工作的几年，每次去民族边疆地区进行调查，都觉得很惶惑。因为按照中央民大最近二十年的知识生产惯例，我原有的知识储备生产出来的知识，就会与这里的"场域"显得格格不入。因此，除了去学习其他民族研究"标准"之外，我一遍又一遍地追问《费孝通文集》，希望能得到一些答案。追问的结果就是这本著作，并得出这样的判断：从费孝通总体思路中考虑出的大多数问

---

① 麻国庆：《费孝通先生的第三篇文章：全球化与地方社会》，《开放时代》2005年第4期。

题，可以突破"少数民族"名相的研究限制，面对客观而复杂的综合性现实以及民族学应迈向总体性社会科学或人文研究的需求，提醒我们要摆脱过去的那种局促性研究视野。

关于费先生的各种研究已经浩如烟海了，阿古什、张冠生、杨清媚等人均可谓从费先生总体的人生实践与叙事文本出发，生产了诸多有继承和开拓意义的知识，并各有侧重。费先生的那些学生们（均是我辈的老师）以及真正关心费先生总体文本的研究者，至今仍在不断地总结、发掘、补充完善"汇"的时代。我极为尊重这些不急于告别"汇"、不急于匆匆开启派系的前辈、同仁。诚恳地说，我个人能力有限，无法与这些研究一一系统对话，只能下一些笨功夫，立足于费先生留下来的文本以及自己关心的内容，阐释一些以往还不够充分重视的议题。本书中每个章节的内容，虽然并不都是新发现，但至少均是尊重费先生总体文本的不懈努力，而不是通过大刀阔斧的肢解文本，以达到毁宗破汇、另立新说的目的。

"政治经济学"并非新说。费孝通在伦敦政治经济学院的两位老师——雷蒙德·弗斯和R.H.托尼为他种下了文化价值理论的种子，并在其以后的几本民族志中生根发芽。强调费先生民族志中的政治经济学问题，一方面是为了纠正学科教育传统中过度赋予的"功能主义"形象，另一方面是要提醒自己及同仁，未来中国的民族志知识生产，还要在很长时间里继续持有文化价值论与政治经济学的双重视角，这是兼顾历史与现实的民族学、人类学研究的题中应有之义。费先生的研究虽然与马克思主义的政治经济学分析之间有很大区别，但对社会平等与繁盛的追求是相同的。而且，费先生早期的民族志以及后来几乎所有的实践记录，所关怀的切入点与政治经济学分析的路径是一样的：从土地与地租、劳力与收入、资本与工资以及转型时代的商品流动等角度出发，去探求全面的富民实践与协调的城乡发展方案。关键的是，费先生的政治经济学不仅与文化价值理论相并列叙述，而且是以中国文明的内发视野为前提的。所以，其一生追求的平等富强，最终要通过重返土范畴的自我审视、以文化自觉的新人文思想来引导。

"类型学"就更是费孝通自己及相关研究中的老生常谈了。费先生一生贯通了从微观至宏观的各种分析单位，所以有各种各样的分类。强调其类型学的多样性，也是希望补充学界不断复述的村庄社区、区域模式以及民族走廊等几个有限的类型学形态。实际上，费先生对"城市""权力""家庭""经济""知识分子"，甚至于"社会变迁分析视角"等方面，都有过系统的类型表述。关键的是，他不仅阐释了类型的内涵和类型间的关系，还进一步展开了关系的类型分析，从而在方法论上打通了各分析单位的联结逻辑。与韦伯不同的是，费先生的类型学立足于直接的经验观察，而不是停留在理论的云霄之上。

在过去几年时间里，中山大学的谭同学教授、云南民族大学的高朋老师、云南大学的张亮老师和我几个人，一致认为研究我国转型期的社会形态的民族志应该具有跨学科的学术视野。而政治经济学本身就带有对国家与地方政治、资本与生产体系、消费与社会生活等方面的综合观察视角，它关心现实和发展问题，可以作为民族志的切入点。谭同学教授在 2010 年就专门发表过文章，强调转型期的中国研究需要重视政治经济学与人类学的交叉。[①] 政治经济学不是一种"庸俗"的权力学说和简单的平等召唤，它的价值论立场和对劳动力、商品、土地以及资本的分析性关照，可以与民族志对"人"与"物"的深描结合，并且对各个区域中出现的民族政策实践、资本运作以及社会关系提出

---

　　①　谭同学：《再论作为方法的华南——人类学与政治经济学的交叉视野》，《思想战线》2010 年第 5 期。

批判与反思。此外，民族志的文化视野可以矫正普遍的政治经济学分析框架，在地方与国家、地方与全球之间寻求一条适合的文化自觉道路。在21世纪，我国将继续转型，面对过去、现在与未来持续出现的"不平衡"问题，作为文化批评的人类学应该延续使用批判性的政治经济学分析框架。在费先生总汇的文本中，这是他对转型社会的研究观察未完成的部分。如果说"民族志的政治经济学"是一个值得坚持的研究路径，那也得益于"汇"的综合。

本书开篇《〈江村经济〉与〈禄村农田〉——民族志的政治经济学》一文，就是对发展议题以及研究方法的一个呼应。费先生在这两本书中兼顾了文化功能论与政治经济学的分析路径，但该路径既不是纯粹功能论地写文化逻辑，也不愿意抱持武断的阶级立场，而是将其社会文化视野与宏观、微观的经济行为分析同时结合起来。两书均拒绝了形式主义取向的经济社会学或人类学，也未完全走向相对主义的文化解释路径，而是在人类学、社会学追求平等与繁荣的知识目的下，对社会文化实体中的经济生产行动展开探索的实质主义研究范式。两书对全球资本体系以及微观社区内土地、劳力、商品的深描，开创了中国民族志的政治经济学。虽然笔者认为费先生提出的合作式工业发展方案有些模糊，叙事也缺少一种马克思主义式的张力，但两书作为中国迈向民族志的政治经济学的先声典范，是毋庸置疑的。

《托尼的乡土中国重建方案与青年费孝通的三次系统回应》一文，指出了在吴文藻、史禄国、马林诺夫斯基、潘光旦、派克等先师之外，R.H. 托尼教授如何对费先生产生巨大的学术影响。托尼在《中国的土地劳动》一书中，细致诊断了中国文明的特征，指出了农业和农民问题的症结是技术停滞、组织松散、政治无能以及知识分子的形式主义。并且，托尼发现了中国城市中不断涌现的"不在地主"现象，并以此判断中国的城乡关系是一种金融关系。上述问题与观点，在费先生那里得到了最好的继承与修正。二者的学承关系不应该仅仅是从宗教伦理角度出发去理解的，他们还共享了同样的文明观以及社会史、政治经济学的方法论。此外，费先生还在《江村经济》《禄村农田》《乡土重建》三本著作中，逐渐修正了托尼的观点，他对乡土工业的实践道路、城乡关系的具体判断、"不在地主"现象的本质以及对知识分子的使命等方面的内容，作了更为系统的回答。在这篇文章中，我还引述了费先生对卜凯的批评，目的是指出：如果没有民族志作为先锋，定量经济学的类型学方法非常容易出现缺陷。

　　2015 年，《"新战国世纪"与"新圣贤"——费孝通先生晚年的世界秩序观》一文写完之后，我才注意到王铭铭教授已在《超越新战国》一书中注意到了费先生的"新战国"理论（但尚未提及"新圣贤"之说）。即便如此，我仍然认为"新世纪圣贤论"是被学术界忽视的重要思想遗产，这是费孝通先生在世纪之交留给后世的一个伟大的世纪方案。这一方案由"新战国世纪论"与"新圣贤论"共同构成。如果说"新战国世纪论"是费先生对 21 世纪的时代判断，那么"新圣贤论"就是费先生在文化层面对 21 世纪的世界秩序展开的设计；"文化自觉""和而不同"等概念，则是"新圣贤论"中的具体内容和体现。"新战国世纪"与"新圣贤"，构成了费先生晚年的世界秩序观，该世界秩序观是一系列重要思想的经纬背景，它与其他重要思想互为表述。不了解这一世界秩序观，我们就无法领悟费先生在拒绝以西方为中心的世界秩序时，倡导建立何种大同一体的世界；更无法通透理解费先生晚年的美好社会说与王道霸道之争，遑论其文化自觉论和人文心态观。更为重要的是，面对当今世界格局与中国图景中呈现出来的问题，我们很可能会错过一次从费先生的学术遗产中提取宝贵经验的机会。

《重返土范畴——费孝通先生的学术遗产》一文是笔者于 2014 年底写就的一篇较为幼稚的文字。这篇文字是结合自己的土地研究取向，从《费孝通文集》的总体阅读中提取的。虽然有些内容的叙事逻辑不够严谨，但它试图说明，作为中国社会文化传统有机体的土范畴，是度衡当代中国各种现代化方案是否合理的一种内在视野。费孝通先生穷尽一生设计的乡土重建方案、小城镇方案以及 21 世纪"新圣贤"方案，都是扎根于中国土范畴这一内在视野的基础上的。近 20 年来出现的对土范畴的各种误读，都是因为没有弄清土范畴本身的复合性与多样性、历史性与包容性、社会性与观念性等内在特征，以及其内在的正义、平等与自主原则。要重新认识中国，我辈应激活费孝通等前辈的学术遗产，实现文化自觉，重返土范畴。

《理解费孝通的研究单位——中国作为"个案"》一文的内容涉及费先生的方法论梳理。在个案研究领域中，研究者的分析单位与最终探讨的研究单位有时相同，有时不同。费孝通先生一生的研究几乎涉猎从微观至宏观的所有分析单位，并且分别沿着三条进路最终向"中国"这个终极关怀靠拢。（三条研究进路分别是："个案本身的研究""个案之中的个案归纳""收敛性的个案研究"。）在该文中，我还要试图说明的是，利奇、弗里德曼以及诸多当代关注个案研究的学者，简化了费孝通的方法论框架，忽略了其个案体系内部的复杂性、连接性与扩展性。

《费孝通先生的城镇类型观——兼论小城镇与城乡协同发展中的区域道义》一文，比较系统地梳理了费先生的城镇类型观。费孝通先生自 20 世纪 30 年代起，便展开了有关中国城市的类型学分析。他基于现实的关怀与文明的视野，区分出了中国的都会、城池、城镇、集市四个大类的差异，而且在每个类别中还进一步区分出了次类型。基于城市类型的差异，我们能看到各种城乡关系的差异。在该文中，笔者进一步指出，费孝通的城镇类型观不仅能够回应马克斯·韦伯关于"东方城市类型"的单调说，而且给威廉·施坚雅的区域市场关系理论增加了一个维度：在城乡区域间的市场联系之外，还存在道义联系；区域秩序的关键并非一定是各级城镇市场，乡村社会与经济的顺畅运转才是维持城乡关系均衡的关键。

除了分析单位与城市观之外，为了系统呈现费先生的类型学，笔者还用了最后一章的篇幅，漫谈了费孝通先生在中观层次上的其他类型学概念。例如，费先生的权力类型说与经济类型说，都是当今学界尚未深掘的遗产；再如，费先生在三篇重要的文字中系统阐述了其家庭类型的变迁观（麻国庆教授在《家与中国社会结构》一书中系统继承了费先生的家庭研究）；最后，费先生关于知识类型与社会变迁方法体系的划分，是知识社会学以及社会变迁研究都需注意的内容。虽然该文引用《费孝通文集》的段落较多，而自身的学理阐述较少，但笔者认为这样的文字梳理仍然具有意义。

在本书的附录部分收录了两篇文章，第一篇是《工业民族志的魁阁学统及其对全球化的回应》。文字的内容是我和学生出于兴趣合作写出的一些想法。我们认为，民族志的方法和理念也可以用于重点关注身边的人类学和现代社会，尤其是用于观察转型时代的中国工业劳动现场。并且，对"工场"与"工业"的理解应该是多样的，现代都市工业、城镇工业体系与传统乡村工业，都可以作为民族志的研究内容。西敏司、沃尔夫、纳什等人，曾从政治经济学与文化人类学双重角度出发，深描了资本主义工业体系及劳工的生存境况，不过，费先生领导的魁阁学派所生产的工业民族志，要远远早于西敏司、沃尔夫等人。费先生对乡土工业的研究、史国衡的《昆厂劳工》与田汝康的《内地女工》，就是这种开拓性的尝试。

附录第二篇是《从"不在地主"到"不在农民"——百年中国乡村困局与嵌入式的乡村振兴》，该文仍与费先生密切相关。两个危机的第一个是"不在地主"的危机：云集在城镇的地主集团不断加强了对乡村地权的控制，并通过工商业摧毁了传统手工业。频发的土地投机行为使得小农更为直接地暴露在资本面前，成为资本渔猎利息的对象。另一个是改革开放之后出现并延续至今的"不在农民"危机。这是由于中青年农民工离土离乡，导致村庄社会内部出现了"无主体"状态。这种"无主体"状态伴生了社会整合程度下降、经济分化程度上升与较低的政治治理效率等问题，并导致很多乡村振兴方案难以实现。因此，笔者认为要同时复原乡土精英与农民主体的双重在场，将"不在地主"与"不在农民"双双转化为在地精英、在地小农，重建一个充盈的乡村社会结构，推动嵌入式的乡村振兴。结合费孝通先生有关"分散的乡土工业"的重建方案，我们可以在经济层面倡导"分散的乡土商业"。此外，国家与基层政府也应该调整好自身在资本、项目引进过程中的角色，并给资本规划好行动框架，确定村庄地方的主体性位置。最后，笔者在该文中再次强调，需要恢复城乡之间有机的道义联系与人物的均衡流动，在区域整体中推动嵌入式发展。

总之，本书所收录的文章都是近几年在中央民族大学工作期间的阅读产物。每篇的写作都需要极为愚笨地看一遍《费孝通文集》以及相关的一些文献，才能整理出思路。没有阅读，就无从梳理，无法动笔。因此，笔者自认这些文章的创新性有限，前辈、同仁的文字启发是本书的基石，笔者在本书中彰显的主体性确实极为微茫。如果读者能够耐心阅读，笔者将非常感激。本书所收录的部分文章曾见诸报端，非常感谢《开放时代》《思想战线》《世界民族》《西南边疆民族研究》

《西南民族大学学报》《社会建设》等刊物，能够接纳并发表这些文字。
当然，还要感谢九州出版社的耐心等待与辛勤劳动。

　　最后，笔者想把本书献给两岁的女儿黄霄，她与书中的很多文字
内容同岁。

黄志辉

2017 年 12 月 25 日

# 目  录

附录

# 《江村经济》与《禄村农田》

## ——民族志的政治经济学 [①]

① 本文大部分内容发表于《思想战线》2017 年第 2 期。文字内容的形成得益于 2016 年底张亮在云南大学组织的小型学术研讨会，感谢谭同学、关凯、高朋、张亮、张振伟、刘东旭等学友对有关"民族志的经济学"研究方向提供的所有建议。

## 一、引言

将《江村经济》《禄村农田》视为两本与政治经济学密切相关的著作，可能会引起读者的诧异。自 80 多年前费先生开始从事江村调查以来，《江村经济》一书都是被视为社会学、人类学"中国学派"的扛鼎之作，而《禄村农田》则因其被置于《云南三村》之中，被视为社区功能研究的类型学典型。埃德蒙德·利奇的方法论评价以及之后涌向《江村经济》的各种书评，关注点都是江村调查的实证方法，或者是其社会合作和乡村工业的发展方案；《禄村农田》的真正议题就更是被当代的学术喧嚣所掩盖了，其中关于农业经济研究的社会文化视野及其与农业经济之间的内在辩证议题，没有得到当代学界的真正重视。不过，熟悉两书的读者应该清楚，无论是对文化功能还是对社会关系的分析，除了我们默会的江南、西南乡村背景之外，两本书均没有系统呈现村庄的社会组织与文化形态，而其对社会文化要素与经济议题的呈现是交替而行的。即使在禄村研究中，费先生将农业经济生产、生计消费等行动与世俗生存伦理联系起来讨论，却也没有系统呈现功能论所偏好的文化系统。但是，当我们读完两本书的时候，仍然能够感到其系统与流畅。为什么？在笔者看来，除了存在作者自己表述的文化功能与社会变迁分析框架之外，还存在一个较为完整的政治经济学分析框架。

笔者无意将《江村经济》与《禄村农田》牵强附会为用政治经济学方法促就的社会人类学著作，不过，我们不该忽略两本书各自是在怎样的政治环境下书写其经济主题的。作者在伦敦政治经济学院毕业前后写了这两本书，它们均是在国难时刻，为寻找现实出路而展开的民族志。（我们应该看到，在《禄村农田》之后，费先生就再未写作系统的社区民族志了。）关键的是，我们可以看到两书中的各个章节是怎样按照政治经济学的分析要素展开的。亚当·斯密、大卫·李嘉图以及马克思等人的政治经济学，是围绕着土地、劳力、资本以及相应的地租、工资收入、利润等要素的理论分析建构起来的，"经济系统如何运转"以及"劳动者如何得以生存或延续"等问题是这些理论分析的终极关怀。而《江村经济》《禄村农田》正是在生产、分配、交换和消费的框架下论述以上经济要素的；两书中关于农业、贸易、信贷、金融的叙述也是立足于政治经济学的，而非完全是文化人类学的框架（但文化或文明的视野却构成了对纯粹政治经济学研究的超越）。重要的是，两本著作均是具体的实证研究，而非抽象的理论分析，二者同时闪现了文化功能论和政治经济学。

甘阳曾建议从学科自觉的角度去看待《江村经济》，因为《江村经济》一书意味着本土的现实问题在学科上的折射。[①] 夏学銮通过考察费先生数十次的"重访江村"，认为"改革开放后的江村研究，成为开拓中国城市化道路的一种理论和实践努力，带有鲜明的咨政色彩"。[②] 王俊敏从生态社区的研究角度，重新梳理了江村的土地、劳力与生态问题（但较少分析价值分配的文化规范）。[③] 刘豪兴将费先生及其后的"江村"调查成果集合为一门"江村学"，但目标仍是推动"社会学的

---

[①]　甘阳：《中国社会研究本土化的开端——〈江村经济〉再认识》，《书城》2005年第3期。

[②]　夏学銮：《中镇和江村：中外社区研究比较》，《学习与实践》2008年第7期。

[③]　参考王俊敏：《乡村生态社区的衰变与治理机制：理论与个案》，科学出版社，2013年。

中国学派"。[①] 刘能看到了《江村经济》与《云南三村》中对政治经济学的细节描述，不过他的目的是希望通过重述费先生的民族志内容，来开启新时代的"空间社会学"研究。[②] 此外，诸多学界同仁均从不同角度解读过《江村经济》或《云南三村》，但很少有人以审慎的民族志态度同时解释为何两本书中交叉了政治经济学与文化人类学的视野。

如果否认《江村经济》《禄村农田》自带的政治经济学脉络，很可能会因此错过开辟新的方法论。麻国庆教授认为费先生很早就有"全球化"的意识，[③] 这种全球化是在文化视野下同时涵盖政治与经济议题的。不过我们也要同时注意到，如果"文化"视野的过度强调导致覆盖了政治经济学的方法细节，就可能让文化主义替代政治经济议题的素描，反而无助于呈现文化的基本底色。我们有必要在文化功能论与社区类型学之外，获得理解两书的其他角度，以及直面当今"江村""禄村"现代化过程的另一研究切入点。在尊重文本的前提下，笔者希望理清两书中或明或暗的政治经济学线索，并呈现这些线索所暗含的理论突破力。与此同时，还应该进一步追问两书中的文化功能论与政治经济学线索存在怎样的联系与断裂，这对我国当下及未来的民族志研究走向具有重要的提醒意义。

---

① 刘豪兴：《"江村调查"的历程、传承及"江村学"的创建》，《西北师大学报》2017年第1期。

② 刘能：《重返空间社会学：继承费孝通先生的学术遗产》，《学海》2014年第4期。

③ 参见麻国庆：《人类学的全球意识与学术自觉》，社会科学文献出版社，2016年。

二、土地经济的文化维度与政治经济学的书写框架：双重视野下的微观经济

指导费孝通展开江村与禄村调查研究的思想来源，除了马林诺夫斯基，还有两位同样来自伦敦政治经济学院的教授：一位是研究经济人类学的雷蒙德·弗斯，另一位就是研究农业经济史的托尼。如果说弗斯和马林诺夫斯基启发了费先生如何从文化视野出发去解决经济问题，那么托尼直接给了他一个亟待解决的现实问题。托尼在《中国的土地与劳动》一书中提出的农民生存出路问题和"不在地主"问题，成为费孝通在江村与禄村研究中最为关注的核心议题。托尼认为，"一战"后的世界政治经济体系大转变，导致中国城市涌入了大量工商业资本，这些资本通过投资城郊土地，生成了一大批"不在地主"，中国的城乡关系由此进入了一个金融时代。[①] 这个判断直接影响了费先生此后的民族志写作进路。此外，托尼关于中国农村人地比例失衡、农业组织涣散以及工业变革的出路问题，也悉数被费孝通收入两本民族志的书写范畴之中。费先生展开的思路与托尼看到的中国城乡大转变直接关联，他曾毫不讳言自己的两部作品就是为了回应托尼。

结合托尼与马林诺夫斯基的社会变迁分析框架，费先生看到了资本运转的趋向，一旦资本变成了轴心，以往的城乡关系与社会结构必然发生变动。江村的调查数据表明，该村的地主有三分之二在苏州、上海，形成了都市中的"不在地主"集团。以往社区内稳定的租佃关系，被城乡间更为抽象的金融关系所替代。但是费先生调查的云南禄村，临近城市，却几乎没有"不在地主"，可是这并不影响城市工业

---

① 参见（英）理杰德·H. 托尼著，安佳译：《中国的土地与劳动》，商务印书馆，2014 年。

即将侵入农村的现实，乡村内部对传统工业制品的消费需求将被现代工业制品所替代。由此，费先生在托尼的城乡金融关系命题里，引入了工业变革与消费需求两个解释性的路径：乡村内部对现代工业制品的文化需求程度以及城市工商业的繁荣性，将是造成中国乡村"竭蹶"的关键因素。

小农的文化韧性、"不在地主"的金融渴望、土地租佃关系与经济形态，此外还有关于乡村合作组织、复原乡贤的功能以及工业变革出路的探讨，均成为两本民族志的基本关怀。关键在于，费先生没有像当今的三农问题研究专家那样，立足预设的立场展开理论上的交锋，或基于农业统计的数据，或基于个体农户的孤立案例，去陈述所谓的"事实"。他的调查仍是在具体的城乡关系和系统的社区研究之中展开的，尤其对土地经济的要素分析，同时展现了文化人类学与政治经济学的双重关怀。我们可以分别从两本书的叙事框架和分析逻辑中，尤其是从费先生对微观经济要素的深描中，来看看他是怎样从事民族志的政治经济学研究的。

（一）《江村经济》的政治经济学叙述框架与实践方案

为了回应政治环境与世界资本对江村人民的劳动、生存的影响，费先生不仅关注政治经济体系的价格调控方式，而且在微观层面对江村的土地经济要素展开了细致分析。在《江村经济》前七章中，我们可以看到功能学派所关注的文化要素，但自第八章以后，分析的主要对象便滑向土地、劳力、工业与资本了。

费先生在开篇即交代了研究对象的地理范围以及江村所处的自然特性，这相当于提供了政治经济学三大分析要素之"自然力"的基本背景（第一章、第二章）。他强调家庭而非抽象的个体劳动力是经济生产的基本单位，这与古典政治经济学将劳动力的抽象分析化约为"原子论"个体的角度有所不同，从而为社会文化分析开辟了更大的空间。家庭这一基本单位不仅是物质生产的目的，而且是劳动力自身与社会再生产的重要载体，如实现"香火延续"或社会文化的连接（第三章、第四章）。由家庭组建的社会文化体系还是制约消费的基本框架："为了满足人们的需要，文化提供了各种手段来获得消费物资，但同时也规定并限制了人们的要求。它承认在一定范围的要求是适当的和必要的，超出这个范围的要求是浪费和奢侈。因此便建立起来一个标准，对消费的数量和类型进行控制。"①（第七章）。围绕家庭这一基本单位建立起来的姻亲议题、扩展式的亲属关系结构以及"村政府"，又是限定各种物权的基本社会框架（第五章、第六章）。从该书的前半部分来看，江村的亲属关系体系本身就是一种产权结构，这是文化功能论的体现；但在该书的后半部分，费先生指出由于政治经济体系宏观情境以及具体生产方式的转变，反过来对亲属关系系统产生了巨大影响。

在村庄分工体系方面，费孝通虽然没有对不同劳动或职业、商品的相对价值展开叙述，却提供了一个村庄社会文化分工体系的范例（第八章），从民族志角度回应了政治经济学的议题。对"劳作日程"（第九章）和"农业"（第十章）的分析，是一个文化视野下的经典劳动过程研究框架，我们可以清晰地看到一个农业社区之中的劳动力如何安排自身的劳动过程；对农业劳动内容的描述，能够向读者传达农业劳动的价值如何分配的逻辑。马克思在《资本论》第一卷中对劳动日的分析，就与费先生的价值理论有些相似，但费先生并没有去借鉴马克

---

① 费孝通：《江村经济》，载氏著：《费孝通文集》第2卷，群言出版社，1999年，第84页。为行文简便，本书凡引自《费孝通文集》之处，仅标明文章标题、文集卷号及页码等关键信息。

思。但有意思的是，费先生在对生产内容与劳作结果的评估中，可以窥见农业劳动的相对价值有限，并且认为仅仅从事农业，无法完全支撑农民全部的乡村生活。这就让费先生引出了从事乡村工业的可能性这一重要的重建方案。

该书自第十一章之后展开了对土地、劳动、资本、贸易的描述以及对价值分配理论的深度分析，这是民族志政治经济学的重点。费先生关于田底权、田面权以及"不在地主制"的分析，具象地呈现了土地及地租理论的社会复杂性，他所加入的文化与情感维度，使得政治经济学的价值分析框架具有了立体感。例如，费先生描述了田面权如何在江村流转，其中存在的"二次转租"现象，甚至可以修正政治经济学极差地租理论的解释框架——使用权与所有权不是简单的二元结构，单独一个产权概念（如使用权）所指向的也是几个群体，而非单独一个阶层。"所有这些人都对土地产品有一定的权利，田底所有者可以要求佃户交地租，田面所有者可以要求承租人交租，雇工可以从雇主那里取得工钱作为劳动的报酬。无论土地的实际收成如何，不在地主、出租者以及雇工分别取得固定的地租和工钱"。①

文化功能论、社会制度分析视角以及文化价值理论，被费先生一同收纳进了民族志书写中。在展开传统的文化分配法则和社会制度分析之后，费先生指出了现代的城市金融资本的抽象运作规则将替换以往的分配制度。在大转变潮流中，土地价值的来源已经发生了变化。土地价值并不是仅由劳动者的生产效率以及自然因素来决定，城市"不在地主"的资本以及金融体系也进入了农村的土地经济系统。政治经济学的三要素——劳动力、自然力、资金力一同呈现在费先生的地权

———————
① 费孝通：《江村经济》，《费孝通文集》第2卷，第126—127页。

分析框架之中。

在土地经济分析的部分，费先生有意识地展开了文化功能式的讨论，他仍然强调现实中的社会文化因素如何影响土地价值（古典政治经济学家与马克思只是不断强调抽象的社会必要劳动时间如何影响土地价值）："尽管土地的生产率只能部分地受人控制，但这部分控制作用提供了衡量人们手艺高低的实际标准。名誉、抱负、热忱、社会上的赞扬，就这样全部和土地联系了起来。村民根据个人是否在土地上辛勤劳动来判断他的好坏。"[①] 在特定社会中，土地具有人格，这种土地人格也将成为判断土地相对价值的标准。土地与人的安全感程度联系起来，"占有土地的动机与这种安全感有直接关系"，安全感程度越高，土地价值越大。这种理论显然是被马克思与李嘉图所忽视的（他们认为劳动或资本才是价值的来源）。此外，费先生还指出村庄伦理是指导地主收租行动或佃户缴租行动的重要价值参考，因此斯科特所说的"农民道义经济学"，[②] 费先生在江村经济中早就论述了，但结论显然不同（费先生对文化惯性的强调不会轻易被现代农业革命所冲垮）。费先生从人类学的文化维度展开政治经济学分析，是中国民族志道路的一种开创。

在第十二章中，费先生对蚕丝工业的描述是在其社会变革分析框架下展开的。在这个框架中，生丝原料及价格、劳动力及其工资、改革者及利润分配、技术与工厂、政府角色、内部分工以及外部贸易等要素均被考虑进来，以证明办理合作社工厂的复杂性与可能性。通过江村的价值分配案例，费先生提出并总结了合作社办工厂的初步方

① 费孝通：《江村经济》，《费孝通文集》第 2 卷，第 129 页。

② 参见（美）詹姆斯·C. 斯科特著，程立显等译：《农民的道义经济学：东南亚的反叛与生存》，译林出版社，2005 年。

案：[①]

第一，由农民组成合作社，所有权属于这个合作社的社员，他们对工厂的责任限于他们所贡献的股份。凡愿遵守义务者便可被吸收为社员。社员的义务是在工厂里有一份股金，每年供给工厂一定数量的蚕茧原料。第二，设立规章，工厂的最高权力机构是社员全体大会。第三，原料由社员供应、劳力来自社员，但是技师由蚕业学校提供，司库由当地银行推荐，启动资金是由费先生的姐姐费达生提供，机器则由蚕业学校提供。因此，除了劳动力与原料，其他可变资本与不变资本并不在社员手中。不过，费先生并没有引用"不变资本与可变资本"这对分析范畴，很遗憾读者也因此无法看到蚕丝工厂中与价值理论相关、更为细致的民族志叙述。

上述具有合作理想的村庄社会主义方案，带有浓重的政治经济学分析色彩。此外，费先生不仅分析了蚕丝工业对经济结构的影响，还特地辟出一节来分析工业变革"对亲属关系的影响"。他系统分析了工业女性的经济地位的提升将显著改变婚姻亲属关系结构。费先生的这一微观关照，显然是政治经济学与文化人类学的双重结合导致的。马林诺夫斯基赞扬说："我个人认为或许有关蚕丝业的这一章是本书最成功的一章。它向我们介绍了家庭企业如何有计划地变革成为合作工厂，以适应现代形势的需要。它证明，社会学研究需要研究社会工程的有关实际问题。"[②]

---

① 费孝通：《江村经济》，《费孝通文集》第 2 卷，第 156—159 页。
② （英）马林诺夫斯基：《江村经济》序言，载费孝通：《费孝通文集》第 2 卷，第 218—219 页。

（二）《禄村农田》：地方性知识中的文化价值与消遣经济

费先生在 1938 年上半年刚写完《江村经济》，下半年就辗转到了云南禄村展开民族志调查。不过，如果说在江村研究中，费先生还特意用了很大的篇幅来独立叙述村庄的社会文化系统，然后才展开土地经济研究，那么，在《禄村农田》里我们可以看到，费先生如何单刀直入土地问题了。在分析了农田经营方式之后，费先生就切入了地权流动的分析，他得出的结论是：在劳力充斥与资本分散的内地农村，再加上地方性的分家制度与文化消费规则，导致地权不易集结，农业资本难以积累。在这条分析进路中，我们要重点关注费先生在分析微观经济时的双重叙事逻辑。

费先生对经济行动的剖析，不仅要考虑经济行动本身所承载的纯粹物质生产、消费功能及其在社区系统中的文化意义，还要考虑先前的文化赋予经济生产以怎样的行动惯性。如果单单剥离劳力、成本、消费的分析，不仅在具体的行动描述上不完整，而且对该行动的前因后果的分析亦不完整。不同于李嘉图、马克思的政治经济学以及卜凯的农业统计学，费孝通的政治经济学重点考虑了社会文化要素。在《江村经济》中，我们可以看到费先生的如下经济学描述：

平均一户拥有土地约 10 亩，在正常年景每亩每年可生产约 6 蒲式耳的稻米。对拥有平均土地量的农户来说，总生产量是 60.36 蒲式耳。平均一家 4 口，直接消费需米 33 蒲式耳，所以有 27.36 蒲式耳余粮。新米上市后，每蒲式耳米价约 2.5 元，如把余粮出卖约可得 68.4 元。但一个家目前的开支需要至少 200 元。显然，单靠农业不能维持生活。每年家庭亏空约为 131.6 元。佃农情况更为悲惨，而村中大多数是佃农。佃农按平均土地拥有量，必须向地主交付相当于总生产量的 40%，即 24 蒲式耳米作为地租。剩余 36 蒲式耳仅仅够一户使用。因此，很明显，为维持正常生活的需要，包括日常必需品、礼节性费用、税和地租以及再生产所需的资金，辅助企业是必不可少的。缫丝工业兴旺时，生产生丝可使一般农户收入约 300 元，除去生产费用，可盈余 250 元。在这种情况下，生活水平要比上述预期最低生活水平高得多。这样，农民便有了一些钱可以开展各种文娱和礼节性活动。这种活动已停止了 10 余年。①

而在《禄村农田》之中，上述系统的微观经济分析被更加细微地分化至每个章节之中。不同阶层、性别、宗教等社会集团的生产、消费情况，在该书的每个章节中几乎都有无微不至的展现，对经济行动的考察完全嵌入社会文化系统之中。例如该书第八章对 5 个家庭的生活支出列出了一张长达 4 页的清单表格，详细描述了数十项消费内容。该书共有几十张复杂的数据表格，其中的数据分类立体而系统，同时兼顾社会、文化、经济以及政治等多个维度。篇幅所限，我们仅引用其中一个总括的小型表格，简要看一看费先生是如何展开他的消费经济分析的。

表 1　各项生活费用百分比

单位：%

| 消费项目 | 甲 | 乙 | 丙 | 丁 | 戊 |
|---|---|---|---|---|---|
| 食 | 30.5 | 53.0 | 70.9 | 70.0 | 56.6 |
| 衣 | 9.8 | 14.4 | 10.1 | 2.8 | 2.5 |

_____

① 费孝通：《江村经济》，《费孝通文集》第 2 卷，第 145 页。

| 住 | 12.5 | 11.1 | 10.4 | 17.7 | 27.0 |
| 娱乐 | 2.8 | 5.5 | 0.6 | - | - |
| 馈赠 | 3.8 | 6.7 | 1.8 | - | - |
| 宗教 | 0.9 | 2.5 | 0.1 | - | 0.3 |
| 医药 | 1.5 | 2.5 | 0.5 | - | - |
| 学费 | 35.2 | - | - | - | - |
| 捐税 | 3.0 | 4.2 | 5.6 | 9.5 | 13.6 |

资料来源：费孝通著：《禄村农田》，《费孝通文集》第 2 卷，第 330 页。
注：此类表格全书共计 28 张。

　　表 1 的每一个大类支出中，在该书中还有数项甚至数十项亚类型支出的具体明细。如果没有系统的民族志支撑，是无法展示如此丰富的数据的。费先生不仅论证了各项支出的相互关系，关键在于这种细致的经济分析背后还有系统的制度研究、社会分层和传统文化分析视野。立足于对经济行为的民族志考察，费先生将微观经济学与社会组织学、文化人类学以及宏观政治经济体系联系起来。例如，在研究消费支出一项时他强调："要了解家庭支出如何分配，不但要顾到他们经济的一般地位，而且还要看他们所处社会所维持的风尚。"[1]

　　在二十世纪二三十年代，卜凯的农业经济学大行其道，他基于大量的问卷调查而展开的数据分析受到全世界的追捧，但是费先生对这种经济学并不买账。费先生认为，这种纯粹的数据经济学并没有考虑社会文化背景。费先生在分析禄村的土地经济时，使用了一个十分本土化的单位——"工"。费先生用这个概念跟卜凯的数据进行了对话。"工"是中国农村地区普遍出现的用以计量劳力乃至农田面积的单位。

────────

　　[1]　费孝通：《禄村农田》，《费孝通文集》第 2 卷，第 334 页。

在费先生调查时期的云南禄村，人们用"工"来丈量农田。"禄村的单位是'工'。当地人给我的解释是'一工田，一个人工'。可是，我们已知道各节农作活动中所需劳力不同，各人的工作效率又不同，所谓一个人工是什么意思呢……每丘农田的工数是传统定下的，农民们可以指着一丘田说这里有几工田。他们并不是因人因地，随时规定，好像一个工作效率高的人可以少说几工，一个工作效率低的人可以多说几工"。① 同样，劳动力的单位也是"工"。"禄村人民若向你说，哪种工作中，哪块农田上要费多少人工，他的意思不是指需要几个人在一天内尽力工作，而常是指要雇多少人来工作而已。一个人工并不是指一个人在一天内可以供给的劳力，而是指一天内普遍认为应该供给的劳力"。②

在禄村调查时，费先生充分考虑了"工"这一经济学单位的技术、文化与社会限制，以及年龄、性别、工具效率的差异。虽然"工"的计量具有伸缩性，但是在社区内，人力与土地的计算是拥有共识的。在雇佣劳力或转让农田时，人们都是围绕地方性共识来展开估算的，只要价格是在可接受的范围内振动，都没有太多问题，充其量接受一些道德的赞美或指责。有关"工"的知识，是每一个禄村人在成为农业主力后必须掌握的。"劳力估计是雇工自营的人们所必有的知识"。③ 通过尽可能充分的计算，"总结来说，在禄村，一工种豆并种稻的两熟田上，一年在农作活动中，一共需要女工 103 个人工，女或男工 15 个人工，男工 85 个人工，一共是 203 个人工"。④

---

① 费孝通：《禄村农田》，《费孝通文集》第 2 卷，第 238 页。
② 费孝通：《禄村农田》，《费孝通文集》第 2 卷，第 240 页。
③ 费孝通：《禄村农田》，《费孝通文集》第 2 卷，第 242 页。
④ 费孝通：《禄村农田》，《费孝通文集》第 2 卷，第 243 页。

在这种富含地方性知识的价值分析过程中，费先生不忘指出他对卜凯数据的怀疑。"我的估计和 L.Buck 的估计相比较，有相当的差异"。[①] 卜凯的劳力单位，是指每一普通工人在每天 10 小时内所能成就的工作量。卜凯将农民完全设置成了理性经纪人，完全剔除了一个农业劳动力在日常劳作中闲聊、休息以及对"工"的弹性工作机制。在该书中，费先生基于一工"两熟田"，与卜凯数据展开了比较，发现相差甚大。

表 2　禄村劳力使用单位与卜凯数据的比较

单位：工

| | Buck(1930) | Buck(1938) | 禄村（1939） |
|---|---|---|---|
| 稻（普通） | 1.67 | 3.38 | 4.40 |
| 蚕豆 | 0.90 | 1.26 | 1.24 |

资料来源：费孝通著:《禄村农田》,《费孝通文集》第 2 卷，第 244 页。
注:"工"是费孝通自创的劳力单位。

以地方性的文化知识为参照，费先生发现自己的文化经济学与卜凯的统计经济学得出的结论背道而驰。很显然，费先生认为用卜凯式纯粹量化的数据来做研究，是无法概括具体的经济文化类型的，因为卜凯式的研究是基于普遍主义的研究框架来展开的，很难具备文化人类学的相对主义视野。

相反，基于自己的文化民族志的视野，结合微观的经济学分析，费先生得出了"消遣经济"的理论概念。这是费先生基于对农民的日常生活消费的观察而得来的一种文化经济类型。在禄村调查期间，费

---

① 费孝通:《禄村农田》,《费孝通文集》第 2 卷，第 243 页。

先生发现禄村人普遍具有"宁愿少得，不愿劳动"的心态。很显然，这与韦伯笔下入世基督徒的节欲观念截然相反。在费先生看来，中国农民过日子的观念不是节欲主义的，而是具备选择动机的。为了让自己能够尽可能地减少劳动，可以选择某种消遣的生活方式。

> 独具慧眼的 W.Sombart, Max Weber, 以及 R.H.Tawney 等同声地说，西洋现代资本主义的基础是深深地筑在中世纪传下的宗教精神上。那种把利润作为经济机构的枢纽，作为企业的目的，作为人生的意义，本是充满着宗教色彩的，是忘却了人本的结果。靠了这种宗教的信仰，他们在尘世之外，另设天堂，把痛苦和快乐两端用肉身的死亡来作分界。今生是苦，来世是乐。于是今生只要从事于生产，再生产，消费不成了目的，只是成了刺激生产的作用。有上帝来保证，天国里有永久的最上的无穷乐土，一个只有消费，没有生产的经济。[1]

费先生将上述西方经济观称作"迂腐"："生产是增加物品满足人们欲望的能力，这种能力一定要和消费者发生关系之后，才能出现，所以生产本身是以消费为不可或缺的完成条件，效用并不一定是物的内在性，而是和消费者所具有的关系。"[2]禄村人民的劳动，不是独立的生产；农民产下的谷子，不会凭空消失，而是会进入人的肚子。西方经济观是非人本主义的，其目的奔向利润而非享受。用禄村的地方性表述来说，那种只会劳动而不会享受的人，是"憨包"的体现。

费孝通认为，农民削减欲望以减少生活重担的想法，是"用较少

---

① 费孝通：《禄村农田》，《费孝通文集》第2卷，第318页。
② 费孝通：《禄村农田》，《费孝通文集》第2卷，第318页。

的痛苦避免较大的痛苦"。如果说劳动之痛大于忍受欲望之痛，那么大可不必劳动；反之，忍受了欲望的痛苦大于劳动的不幸，那么人们就应该劳动。但是，这并不代表农民会无限地减少劳动，从而退至寺庙道观中去。对于"消遣经济"，费先生的态度是较为辩证的。农民有其劳动与不劳动的基本底线，至于底线是什么，这很可能就需要通过观察文化、政治与社会结构中的具体限制，才能发现。这一底线经济的水平在减少劳动和消费的同时也发生了闲暇，确实产生了中国农民的闲暇社会。但这实际上是个悖论。"有闲而抽烟，抽烟而更不想劳动，不劳动而更有闲——这是一个起讫相衔的循环。这循环给那辈雇工自营的地主以一个典型的生活方式"。[①] 悖论如何解决？费先生认为应该改良农民的组织形态、倡导分散的乡土工业。通过展开积极的乡土重建方案，重新组织农民建设合作工业，从而以一种合作式的社会文化经济来替代"消遣经济"。

《禄村农田》一书，完全可以视为民族志的经济学范本。难能可贵的是，费先生在写作时完全抛掉了在写作《江村经济》一书时的套路，但在直抒胸臆之时，又没有忘记他从马林诺夫斯基那里学来的功能论精髓。他对文化视野下经济行动的呈现是双维度的，既在社区内的文化系统中观察土地经济，又完全兼顾到了诸如古典政治经济学那般对微观行动的具体描述。作者并没有落入对"理性人"批判的窠臼，而是将其视为根本不需要深入讨论的问题；对社会文化系统中的"理性"行动进行民族志的深描，才是实证研究者所要真正关心的内容。

---

① 费孝通：《禄村农田》，《费孝通文集》第 2 卷，第 350 页。

### 三、土地经济研究的宏观视野

在费孝通之后的三四十年，沃勒斯坦才开始提醒社会科学研究者，任何民族志唯有将自己放在较大的世界政治经济历史框架中，才能获得被理解的可能与现实的意义。按照马库斯与费彻尔的说法，费孝通早就将开玄弓村（即江村）设定为一个"大体系里的可知社区"，[①]即在宏观背景下去理解当时的江村、禄村为何会存在诸多生存难题。抛却将《江村研究》《禄村农田》视为一个微型社区研究的陈词滥调，我们会明显看到费孝通着重关注了其研究对象与其所在的镇、县、区域、世界体系之间的商贸、金融关系。这种开放性的叙事不仅能够让读者顺利理解世界体系中的乡村经济，而且可以将作为外部力量的世界经济体系环境转化成某种内部视野。例如，《江村经济》第十二章中提供了一个社会变迁分析框架，表面上看，其中的"变革力量"来自社区外部，但通过与保守力量的接触、角逐后，就转换成了一种可以指导社区变迁方向的内部视野；《禄村农田》对土地、劳力范围的观察也跳出了一个微型社区，而在广阔的区域范围内进行评估。这样一来，作者不仅可以展开其文化功能理论下的社区民族志实验，而且顺理成章地将其同时代的宏大政治经济关怀纳入这两本民族志中来。因此，这两篇论文所要追索的知识，不是简单地限于研究对象本身，即江村、禄村有何种社会文化面貌、土地经济形态，而将其扩展到更大范围，在区域系统里去追问政治经济学的问题。也就是说，民族志应该同时超越了那种所谓满足微型社区需求的文化功能研究，以及那种抽象的

---

[①] （美）乔治·E. 马尔库斯、（美）米开尔·M.J. 费彻尔著，王铭铭、蓝达居译：《作为文化批评的人类学》，生活·读书·新知三联书店，1998年，第113页。

纯粹经济数据分析。在《江村经济》的开篇，费孝通明确说明了其知识追求的真正目的：

> 如果要组织有效果的行动并达到预期的目的，必须对社会制度的功能进行细致的分析，而且要同它们意欲满足的需要结合起来分析，也要同它们的运转所依赖的其他制度联系起来分析，以达到对情况的适当阐述。这就是社会科学者的工作。所以社会科学应该在指导文化变迁中起重要的作用。中国越来越迫切地需要这种知识，因为这个国家再也承担不起因失误而损耗任何财富和能量。我们的根本目的是明确的，这就是满足每个中国人共同的基本需要。①

很显然，这里的需求主体不只是满足于对两个村庄的理解，而是整个中国；研究者不仅应是知识的呈献者，而且更应该是指导者。其导师马林诺夫斯基在为该书所作的序言中也引用了这段话，并加了一句补注："我们必须认识到，即使在机械工程中，只有傻子或疯子才会不顾科学的物理和数学而作出规划、设计或计算，故在政治行动中同样需要充分发挥理智和经验的作用。"② 马林诺夫斯基的补注，清楚地呈现一个可能的逻辑：功能主义的方法可以服务于政治或经济行动的实践。不过，马林诺夫斯基认为自己只是用功能主义书写了一些民族志，很少参与干预或评价政治经济体系本身。他说：

> 他书中所表露的很多箴言和原则，也是我过去在相当一段时

① 费孝通：《江村经济》，《费孝通文集》第 2 卷，第 3—4 页。
② 费孝通：《江村经济》，《费孝通文集》第 2 卷，第 215 页。

间里所主张和宣扬的，但可惜我自己却没有机会去实践它们。我们中间绝大多数向前看的人类学者，对我们自己的工作感到不耐烦，我们厌烦它的好古、猎奇和不切实际……我说过："人类学，至少对我来说是对我们过分标准化的文化的一种罗曼蒂克式的逃避。"①

与马林诺夫斯基不同，费先生不是停留在社会文化结构的剖面分析上，而是提出了更为具体的方案。

费先生清楚地看到了他在从事研究之时的政治经济学情境。他很遗憾那时的中国不存在一个以人民为中心的善治政府，政治在某种程度上是脱嵌的。在《江村经济》书末，他勇于评判道：

> 中国的土地问题面临的另一个困境是，国民党政府在纸上写下了种种诺言和政策，但事实上，它把绝大部分收入都耗费于反共运动，所以它不可能采取任何实际行动和措施来进行改革，而共产党运动的实质，正如我所指出的，是由于农民对土地制不满而引起的一种反抗，尽管各方提出各种理由，但有一件事是清楚的，农民的境况是越来越糟糕了。自从政府重占红色区域以来到目前为止，中国没有任何一个地区完成了永久性的土地改革。②

对于费先生对政治行动的这一评价，马林诺夫斯基大加褒扬，说这是"一种公开批评政府不当行为的社会学工作"。

---

① 费孝通：《江村经济》，《费孝通文集》第 2 卷，第 216 页。
② 费孝通：《江村经济》，《费孝通文集》第 2 卷，第 201 页。

　　最近局势正在发生变化。乡村地区的经济萧条已使得地租成为贫农的沉重负担；对地主来说，从地租得到的收入极易受到责难。农民对有关土地制度的一些新思想比较容易接受。"耕者有其田"是已故孙中山先生提出的原则，至少在理论上已被现政府接受。在共产党人和其他左派团体中，正传播着一种更加极端的观点。所有这些思想都已对上述的制裁措施发生了影响。交不起租的贫农现在感到不交租是正当的，那些交得起租的人则先观望是否要强迫他们交租。在地主方面，他们必须采取措施来维护自己的特权，他们也不再把可用的资本放在农田上了。结果是佃户与地主间的冲突加剧，乡村经济发生金融危机……这个局势在中国具有普遍性……但在我们研究的开弦弓村，问题尚未如此尖锐。较好的天然条件以及乡村工业改造的部分成功，起了缓冲作用。有利于交租的那种约束力仍然在起作用。①

　　通过将江村视为一个开放性的社区，费先生轻易地就能将政治经济学的宏观批判视野纳入民族志中来，并提出一个具有实践性的乡村工业变革方案。因此，两个社区研究为的都是追索一种能够应对整个中国问题的实践知识。两本书的高潮部分，费先生均提出了一个社会变迁分析框架，尤其是对其中的变革力量进行了重点分析。这些变革力量包括城市资本、上层政府改革、工业技术发展等。费先生对这些变革要素进行了宏观上的政治经济学评价：

　　变革力量的性质如何是重要的，因为它决定变革的计划，它

---

① 费孝通：《江村经济》，《费孝通文集》第2卷，第136页。

制定应付形势的措施并组织行动，它对形势的理解是行动的前提。但变革力量受其社会环境影响，对形势所作的阐述往往不能代表现实的全貌。再回过头来说这个村庄，生丝价格下跌的原因是多方面的。世界经济的资本主义结构，帝国主义国家之间的斗争，被压迫国家的政治地位以及摩登女郎新近获得的赤脚审美观等，这一切都可能直接或间接成为中国农村生产的生丝价格下跌的原因，但变革力量不会把这些都考虑进去。①

在《禄村农田》中，费先生基于实证调查与西方学者的对话，主要目的是为了引出宏观层面的经济文化类型。"消遣经济"的概念，并不是为了概括一个社区，而是有其延伸性的意义。费先生后来一再提出的乡土复原、乡土工业等重建方案，都是建立在消遣经济的总体判断之上的。《禄村农田》的微观经济研究，从头至尾都是在费先生隐而不彰的宏观抱负之下完成的。

总之，不论是《江村经济》还是《禄村农田》，其精彩的微观经济分析都与作者立足于宏观政治经济体系的判断有关。我们既不能仅将两书视为结构功能主义的民族志，也不能将其视为琐碎的微观农业经济研究。费先生抗拒纯粹的城市大工业道路、召唤有德行的国家政治实践、提倡在宏观政治经济体系中展开微型研究，是一种系统而立体的研究视野。这也应该是民族志的政治经济学需要继续提倡的研究路径。

---

① 费孝通：《江村经济》，《费孝通文集》第 2 卷，第 146—147 页。

## 四、民族志的政治经济学：文化价值学说的立场与未来的展望

当今中国农村的耕地，已经成为三农研究与农业经济研究的学术格斗场了。围绕国家角色的问题、外来大型农企资本的操控问题、农场规模的适宜程度问题以及农业合作组织还要不要搞的问题等，争得不可开交。但不论怎样争论，从人类学者的视角来看，很难看到社区的整体图像及其内部行动者与广泛世界之间的内外关系。费孝通在从事江村与禄村的民族志研究时，基本上没有理会太多甚嚣尘上的主义、方案，而是直截了当地切入社区。不谈社区内外的社会文化格局，就去研究与社区本身有千丝万缕联系的土地经济和改革道路，在他看来是无法想象的。

在费先生所著的这两本书中，古典政治经济学家以及马克思所设置的经典议题基本上都囊括了：其一，关于土地及地租问题；其二，劳动价值及劳动者的生存问题；其三，资本与政治体系的运转造成的社会情境议题。不仅如此，经典政治经济学中"人"的抽象关系被费先生用社会文化民族志的书写方式复原为具象的社区关系以及城乡关系，并且完全没有被形式主义的或某种粗暴的"阶级"立场所绑架。同时兼顾文化人类学与政治经济学的写作风格，让费先生提出的方案显得具有扎根乡土文化深度的色彩，当然也因为这个原因，使他的方案更偏向"改良"的色彩。

需要指出的是，两书中的政治经济学脉络只是费先生用以回应其富民志向或中国乡村何处去的方法之一，他使用了政治经济学的框架，但舍弃了政治经济学的立场与进一步追问的可能。以下两点需要读者重点关注：第一，与马克思站在无产劳动者立场上的批判性或李嘉图

站在维护市场资本立场上的批判性不同，费先生似乎希望同时维护地主、小农或雇工的利益以及农工结合的生产方式。第二，费先生设计的发展方案没有将生产关系或社会关系视为分析性概念，其内部视野中的社会张力是否会影响其方案的实践？这一问题并没有在两书中展现出来。实际上，文化功能论所要求的整体性叙事技巧，使得费先生一开始就放弃了具体论述江村、禄村社会内部的阶层或阶级关系的论题。但通过政治经济学的框架，费先生将劳方与资方的关系引向两个维度进行转置，一是乡村与城市资本，二是合作工厂的设置。由于与土地产权有关的各阶层之间、劳资之间的总体性社会关系被费先生模糊化处理之后，使得他提出的乡村工业改造方案也是模糊的。费先生虽然倡导所谓的内部视野，但这种内部视野实际上又是一种没有分化的一体性视野。由于无法从社会内部视野寻找到实践知识的突破点，费先生不仅难以窥见，乃至忽视了分配过程中的"社会断裂"，从而导致他的方案和民族志仍是整体描述式的。一旦结论没有社会针对性，就会变成具有跳跃性特征的宣言式归纳。

因此，政治经济学立体的阶级或分层的分析方式并没有在两书中呈现。例如，人地关系的描述只是平面地展开，不论是在地地主还是不在地地主，对他们与农民之间的经济关系都只是进行概化的处理。再如，对于江村合作工厂的组织结构，费先生既没有对所有社员的身份、社会关系等进行描述，也没有对劳方与资方的社会联结维度进行具体论述。而且我们看到，资本、技术、机器都是来自城市与外来资本的。当合作工厂第一年运转时，社员与资方雇佣的高级代理人一同获利，但是当合作工厂失败之后，资方雇佣的高级代理人会有什么样的经济后果却不得而知。在雇工、承租者、租户、不在地主或完全所有者等不同阶层中，费先生做了产权以及地租分析，但他没有明确不同阶层的不同土地态度，而阶层之间又具有怎样的张力关系。更没有说明要实现不同阶层的合作，需要减少哪些社会摩擦系数？这些问题在两本书乃至费先生的整个学术生涯中，都鲜少提及。

费先生在两本书中虽然谈了很多土地、劳力的价值问题，但由于没有系统接受过"价值"学说，只能从文化角度谈乡村知识体系内部的价值设定方式。在禄村的土地研究中，费先生虽然对"工"有非常本土化的价值叙事，但他没有交代这种本土"工"价与外来的现代"工"价之间是如何具体对撞、变迁、转化的。因此，我们无法看到江村、禄村在整个中国，乃至世界分工体系中所花费的劳动力及其获得的商品、与"整个社会必要劳动时间"对应的"价值"之间的差额，这样也就无法真正追问导致劳力生存问题的根源。

对有关贸易交换与金融资金的内容，费先生也似乎退回到了社会文化分析的模糊整体论立场，基本舍弃了一切先验立场和判断。正是这种放弃，使读者无法看到某种具有激进性的方案设计，这与共产党的土地改革是很不一样的。在笔者看来，费先生的改良立场使得政治经济学的叙事脉络与文化功能论的理论追求之间存在一个缺口，也就是说政治经济学的具象分析难以完全衔接文化功能论的整体追求。用政治经济学的眼光来看，费先生的"价值"来源仍然强烈地依靠内部文化来定义，这就减弱了他之前将政治经济环境转化为内部接触力量时的看法，且使得打通内外之间的转化视野不充分。一个凭借外销手工业来补偿农业不足的社区，土地上生产的商品的"相对价值"是无法凭借内部力量定义的，因为微型社会内部无法树立一种物的"绝对价值"。这是费先生的乡村工业方案至今仍无法完全实践的根本原因。换言之，费先生的内部视野仍然距离文化功能论太近，距离激进的政治经济学较远。或者说，他没有彻底将城乡体系乃至整个世界资本体系视为一个内部问题，所以在边界上出现了解释困境。笔者在此强调的是，规避阶级或阶层的立场，确实让两本民族志的内容更为丰富，但彻底规避乃至抛弃，又会失却对腐败力量的锐利批判和底层大众的直接关怀。如果不能直陈权力与资本对农业、工业具有全面垄断的风险，费先生的文化经济很难吸收两种经济制度的长处："整合市场经济的生产效率与管理模式，并继承计划经济的公平分配与社会参与。"①

不过，用这种偏左翼的学术立场来要求费先生实在是过于严苛了。我们应该看到，费先生很早就开辟了中国民族志的政治经济学的可能性。他在叙述劳动、土地、资本等要素时，增添了政治经济学的社会文化维度，而不是在抽象层面探讨理论模型对应的现实状况——从根本上说，他已经从社会学与人类学的角度改造了政治经济学的分析框架。如前所述，费先生扩充了价值来源的文化维度，文化本身限制了生产与消费的方式，商品的价值属性受地方性的社会文化制约。在生产、分配、占有物品的方式上，不是按照个体为单位的，而是以社会组织或地方文化制度为基本框架的。只有改变相应的组织形态，如重新激活起一种合作式的内部分工方式，才能更加顺利地展开生产与分配行动。他对中国乡村土地与手工作坊中人与物的关怀，仍然是从农民集体的基本生存问题出发，这一点是文化功能论与马克思主义政治经济学的共同关怀。

总之，我们完全可以将《江村经济》《禄村农田》视为在宏观政治经济背景下展开的微观研究。费先生开创的不是政治经济学的民族志，而是民族志的政治经济学。两本书中对文化功能论与政治经济学的双重使用，是对社会实体的政治形式与生产方式之间的嵌套关系进行探

---

① 潘毅：《为什么要谈社会经济？——新乌托邦从理论到实践的跨越》，《中国图书评论》2014年第7期。

索的实质主义研究范式。它既不是形式主义取向的经济社会学或人类学，也不走向相对主义的文化解释范畴，而是在人类学、社会学追求平等与繁荣的知识目的下，展开的民族志的政治经济研究。

马库斯与费彻尔认为："近来学界对将政治和经济过程割裂的现实理解持怀疑态度，实际过程比表面上似乎能够表述事实的主导范式要复杂得多，因而它要求政治经济学去完成一个新任务，即自下而上地重建对宏观体系的理解。其最为激进的形式是，新政治经济学被推向精确的、解释的和文化的政治经济学，并最终被推向民族志的政治经济学。"① 费先生将其与文化功能论结合起来，是自下而上与自上而下的双重努力，是追求实践知识过程中导致的民族志的必然结果，是倡导学术介入社会的一种体现。未来观察后江村研究的民族志，只要是有明确政治经济学关怀的研究，就会产生这种学术结果，并且尚存在很大的努力空间。

---

① （美）乔治·E. 马尔库斯、（美）米开尔·M.J. 费彻尔著，王铭铭、蓝达居译：《作为文化批评的人类学》，生活·读书·新知三联书店，1998 年，第 117 页。

# 托尼的乡土中国重建方案与青年费孝通的三次系统回应 [①]

① 本文大部分内容发表在《开放时代》2018 年第 2 期。感谢谭同学、关凯、高朋、张亮、郭伟和、萧楼等师友的讨论、鼓励，尤其感谢《开放时代》匿名评审老师细致、中肯的建议。

## 一、卜凯与托尼的中国土地研究：费先生的选择

费孝通先生的学术进路，受众多先贤所影响。他在晚年展开学术反思时说：

> 我的思想哪儿来的呢？应该说是从我的老师那儿来的。我的几个老师中，第一个影响我的是吴文藻先生，第二个是潘光旦先生，然后是三个外国人，一个是 Park，二是 Shirokogorov，三是 Malinnwski。[1]

此外，梁漱溟、陈寅恪、顾颉刚、弗斯、布朗等学术前辈也在其晚年不断提及的思想谱系之内。不过，对青年时期的费孝通影响至深的英国学者理查德·亨利·托尼教授，却没有在费先生晚年所列的老师名单上出现。但我们在阅读《江村经济》《禄村农田》《乡土重建》等一系列经典专著时，托尼简直如影随形。[2]后者所著的《中国的土地与劳动》一书，曾经频繁出现在青年费孝通的一些专著之中，且引用频率超出上述老师中的任何一位。费先生在三本著作中多次声明，自己的土地研究以及对乡土重建路径的探讨，都是为了回应托尼所设计的中国复兴方案。

王铭铭教授就看到了费孝通先生与托尼之间的学术关联。他和张

---

[1]　费孝通：《从反思到文化自觉和交流》，《费孝通文集》第 14 卷，第 374 页。
[2]　美国学者巴博德（Burton Pasternak）曾经问费先生，在 LSE 真正极大影响了自己的人，是不是马林诺夫斯基？费先生给予了正面回答后，马上补充道："还有托尼。"参见费孝通：《经历·见解·反思——费孝通先生答客问》，《费孝通文集》第 11 卷，第 154 页。

瑞在整理费先生佚稿《新教教义与资本主义精神之关系》时，就清楚地发现托尼所著的《宗教与资本主义的兴起》一书影响了费先生有关宗教伦理与世俗社会之间的关系的论断。<sup>①</sup>不过，王铭铭教授在2006年发表的《从江村到禄村：青年费孝通的"心史"》一文中，却没有提及青年费孝通的心灵是否受到过托尼观点的激荡。<sup>②</sup>彼时，王铭铭教授希望从费孝通本人的社会身份角度，而非从费孝通对政治经济问题的直接关怀角度，去探寻其思想的渊源。或许是因为土地经济、劳动、城乡关系之类的议题，与从"心史""士绅""文明圈"出发讨论的议题有一定的距离，而没有进入王铭铭教授的视野。杨清媚受到王铭铭教授的影响，所以在其博士论文《在绅士与知识分子之间》中谈到费孝通时，没有谈及托尼。<sup>③</sup>不过，近来杨清媚同样从宗教与社会理论角度出发，看到了托尼与韦伯等人对费孝通的宗教伦理观的影响。<sup>④</sup>不仅如此，杨清媚还进一步发现了托尼对费孝通较为独立的影响。她初步梳理了托尼的土地与劳动研究与费孝通的几本民族志之间的关系，也就是说托尼与费孝通的关系终于不再被打包在韦伯、桑巴特等有关宗教社会学、宗教伦理经济学的研究序列之中。<sup>⑤</sup>但是，杨清媚的知识社会学进路仍然没有给有关土地与社会研究的政治经济学角度留下多少

① 王铭铭、张瑞：《费孝通佚稿〈新教教义与资本主义精神之关系〉整理后记》，《西北民族研究》2016年第1期。

② 参见王铭铭：《从江村到禄村：青年费孝通的"心史"》，载李友梅主编：《江村调查与新农村建设研究》，上海大学出版社，2007年。

③ 杨清媚：《在绅士与知识分子之间：费孝通社会思想中的乡土、民族国家与世界》，博士学位论文，中央民族大学，2009年。

④ 杨清媚：《费孝通读韦伯》，《读书》2016年第7期。

⑤ 杨清媚：《中国的土地与劳动：费孝通与托尼的比较》，云南士恒教育基金会主办的"哲学与文化中国"主题系列讲座论文，2016年6月15日；杨清媚：《土地与劳动：基于费孝通与托尼的比较》，费孝通教授"江村调查"八十周年学术纪念会论文，2016年10月22日。

空间。王君柏老师是目前唯一一位系统叙述过托尼与费孝通之间的学承关系的学者，[①] 但遗憾的是，他并未系统梳理过费先生是如何在自己的民族志中回应托尼的观点的。本文希望稍稍离开宗教与社会的角度，从政治经济议题和具体的社会关怀出发，独立梳理《中国的土地与劳动》一书对青年费孝通的几本民族志的影响。[②]

众所周知，托尼是伦敦政治经济学院的教授。其所著的《中国的土地与劳动》一书，出版于 1932 年。该书是托尼基于两个多月的实地考察以及同时代的卜凯、戴乐仁、陈翰笙、方显廷等学者的实证调查数据，写出的一本全面诊断中国问题的书。小巴林顿·摩尔盛赞此书是观察中国的最好棱镜；[③] 亚当·塞利格曼则称该书仍是农业问题研究者可以"持续开采的富矿"。[④] 费孝通先生于 1936—1938 年间在伦敦经济学院求学时，曾细读过此书，并将此书当作其博士论文《江村经济》的重要思想来源。在写作《禄村农田》与组织云南"魁阁团队"的调查研究时，托尼的问题意识被列为至为重要的回应对象。1947 年 1月 30 日，托尼为正因"李、闻事件"而在伦敦经济学院避难的费孝通主持了一场国际学术论坛。[⑤] 费孝通在学术论坛上发表了精彩的演讲，并在演讲过程中三度回应托尼。但他的回应并非仅仅指向著名的《宗教

---

① 王君柏：《托尼的中国研究及对费孝通乡村研究的影响》，《中国农业大学学报》2015 年第 5 期。

② 《乡土中国》没有列入本文的讨论范围，主要是因为该书只是费先生的一本讲稿，并且关怀的主题以及核心概念较多。

③ （美）小巴林顿·摩尔：《中国的土地与劳动》序言，载（英）理杰德·H. 托尼著，安佳译：《中国的土地与劳动》，商务印书馆，2014 年。

④ Adam B.Seligman, "R. H. Tawney and scholarship", *Society*, September/October, 1998。

⑤ 托尼代表国际联盟来中国调查时，费孝通曾与其有过一面之缘。托尼此次调查的成果就是《中国的土地与劳动力》一书。1947 年初，英国文化协会邀请费先生演讲，"托尼主持了这次演讲，表示他对我的交情"。参见费孝通：《经历·见解·反思——费孝通先生答客问》，《费孝通文集》第 11 卷，第 154 页。

与资本主义的兴起》论题，还是与《中国的土地与劳动》一书的延续
性对话。《乡土重建》一书的长篇自序，就是费先生此次会议的讲稿。

　　20 世纪 30 年代，中国农业经济研究方兴未艾。尤其是卜凯（John
Lossing Buck，费先生翻译为"巴克"）的中国农业经济调查，当时已
经在世界范围内声名鹊起。卜凯所著的《中国农家经济》《中国土地利
用》两书，全面进入了青年费孝通的阅读范围。但为何费孝通在研究
中国农村经济与土地问题时，在问题的设定与解决方向上，却更偏向
于托尼呢？这一点并非无关宏旨，它既是方法论的问题，也是理解费
先生如何组建其乡土重建方案的前提。在全面论述托尼的中国重建方
案之前，我想基于费先生自身的表述，指出他为何选择托尼而不是卜
凯的原因。

　　在整个 20 世纪，作为一个经济史家，托尼在中国农业经济研究领
域所受到的对待让人愕然。其关于英国中世纪结束前后的土地与农民
研究，几乎没有进入中国经济学界的视野。《中国的土地与劳动》也被
经济学家看作是一本文化泛谈的书籍。例如，凭借对该书的简单判断，
张五常教授就在他的租佃研究中说"此公对农业一无所知，经济也是
门外汉"。[①] 经济学家们推崇的是卜凯，缘由是后者组织了大量调查员，
用问卷的形式收集了海量的资料。这对于青睐数字模型的经济学研究
来说，自然是十分亲近的。当然，卜凯在 20 世纪早期的中国农业经济
研究领域的重要性，怎么描述都不为过，他的著作几乎是该领域最高
引的文献。然而，费孝通似乎对卜凯的研究并不买账。与张五常完全
相反，费先生在研究中国土地问题时高举托尼的旗帜，而对卜凯报以
冷静的尊重。

————————————
① 梁捷：《托尼：不该被遗忘的经济史家》，《博览群书》2007 年第 2 期。

卜凯着重使用类型学方法展开调查。在《中国的土地利用》一书中，他在土地所有者、半所有者和佃农的分类基础上，得出了中美两国国内的租佃关系大致相当的结论。[①] 这让费先生难以接受。即使在当下，许多研究中国土地的学者也仍然认为中美之间的农场存在根本差异。卜凯为了追问不同类型下的经济效率，实际上并不太关心社会制度与关系，对于土地之上的复杂社会网络也相对忽略，而历史文化与经济间的内在关系就更加不在其讨论范围之内了。"因此，他自己明显不感兴趣的土地所有权和租佃关系，被看作是一个次要问题"。[②] 但这并不促成费先生对卜凯的根本性不满。费先生公正地认为，不能因此去批评卜凯，卜凯先生自己本就没有打算去研究租佃关系。"因为这并不是他的研究目的，尽管有时候他的确针对'所谓的土地占有状况'中存在的政治、经济和社会问题发表过看法"。[③]

然而，在费先生看来，中国的土地问题是一片茫茫的丛林，过度地挥砍丛林中相互蔓延的枝蔓荆棘之后，呈现的精巧结论顶多给读者以虚无的震撼。立志从社会学与人类学角度考察中国的青年费孝通，怎会弃社会制度与古旧文化于不顾？"我们应该问一问，不考虑农村问题的制度化背景，我们的研究到底可以走多远？我想纯粹从方法论的角度出发来谈谈这个问题"。[④] 于是，费先生质疑卜凯：

> 很明显，当他得出这些结论的时候，他不仅假定了在中国和美国，租佃关系具有同样的意义，而且把租佃关系这一问题同其

---

① 参见（美）卜凯著：《中国土地利用》，商务印书馆，1937 年。
② 费孝通：《禄村农田》，《费孝通文集》第 2 卷，第 394 页。
③ 费孝通：《禄村农田》，《费孝通文集》第 2 卷，第 394 页。
④ 费孝通：《禄村农田》，《费孝通文集》第 2 卷，第 394 页。

他拥有丰富资料的根本性事实，比如农田规模、租率、生活标准、营养状况，等，分离开来。这例证了社会调查所带有的忽视单个事项之间的相互关系，也即制度性背景的危险。[①]

在费先生看来，关于土地制度的社会人类学与关于土地效率的经济学决然不可分割。尤其是在中国，各种土地类型之间没有泾渭分明的边界。一个名义上被定义的自耕农，可能同时租佃了少量土地，亦即也是一名佃农；在农忙季节的不同时段，还可能是他人地块上的雇工；为补充日常生活的短缺，农民还要想方设法变现自己的劳力。各种交叉的社会关系，而非小农园内的方寸土地，构成了农民总体而又多元的生活源泉，任何一个环节出现问题，都可能导致家庭的维系和劳动力自身的再生产出现问题。因此，如果不首先解决文化认识论的问题，经济学的效率研究就是伪问题。在这一点上，费先生与托尼将达成最大的默契。

但更为根本的问题是，费先生认为卜凯不懂中国农村的土地社会学与文化人类学也就罢了，关键是其资料也漏洞百出。由于卜凯的分类学过于武断，使得他的问卷设计也出现了诸多裂缝。费先生明确指出：

> 在这一调查中，按照美国的惯例，村民们被分成地主、半地主、佃农和无地雇农，以及不从事农作的村民这几类。在各个不同省份的研究中都使用了这同一种分类方法，并且假定所获数据具有可比性，然而，遗憾的是，在云南，正如我们将要看到的，

---

① 费孝通：《禄村农田》，《费孝通文集》第 2 卷，第 395 页。

集体所有者，比如家族佃农的社会和经济地位，同那些私人所有者的佃农的社会经济地位具有本质的差别。但是，由于显然是由那些不了解云南情况的人准备的问卷表中并没有列出单独的类别，这两种不同类型的佃农被划入了同一种类别。当云南佃农的数据同江苏佃农的数据作比较时，出现了一些更不可靠的结论，因为云南的集体所有者的佃农的处境与江苏的向不在地地主租种土地的佃农的处境是完全不能比较的。①

在卜凯的数据中，这样的研究设计问题并不是孤例。此外，费先生发现，卜凯的问卷数据收集者都是"不能胜任"的外行。许多调查者在询问村民时，遭到了善意的嘲弄。"巴克书中关于云南农村大米的产量是如此之高，以至于我们只能怀疑调查员把未脱壳的稻谷当成去壳的大米计算了。只要基础数据是由对调查工作不感兴趣并对研究结果不分担责任的学生们收集的，要想避免这些误差是很困难的"。② 而且这种误差是因为根本性的研究设计缺陷，以致无法在"平均"之后得出一个接近真实的数据。

当卜凯沾沾自喜地认为自己的数据还可以为其他学者所用时，费先生却用了极少见的嘲讽语气。有意思的是，这丝嘲讽之中还把托尼带了出来："看看在何种程度上以这种未经训练的人按孤立的方式收集的数据资料能够被其他专家，甚或像托尼教授这样的高级学者值得信赖的使用，将是十分有趣的。"③

托尼在描述中国的土地经济与劳力状况时，多次使用了卜凯的数

---

① 费孝通：《禄村农田》，《费孝通文集》第 2 卷，第 396 页。
② 费孝通：《禄村农田》，《费孝通文集》第 2 卷，第 397 页。
③ 费孝通：《禄村农田》，《费孝通文集》第 2 卷，第 397 页。

据。但托尼使用的前提是他对中国社会文化复杂性的认识，将那些纯粹的农业经济统计学数据，紧紧嵌入在社会文化的判断之中。在托尼那里，关于土地的政治经济学，与土地之上的社会人类学发生了重要的交汇。托尼同样委婉地批评了卜凯："如果不了解各个地方的风俗习惯，仅仅把农民划分成自耕农和佃农，有时候非但不能揭示出事实，反而会掩盖真相。"①

在托尼那里，青年费孝通认为自己找到了一个更为全面、辩证的通道，他说："托尼教授并没有把自己看作一个农业专家。从他的智慧和经验出发，他完全认识到中国的土地和劳动力问题应该在一个比'土地利用类型'更为广泛的基础上加以限定。"② 与托尼一样，费孝通在进入土地研究的丛林之前，谨慎、立体地环顾了一下四周，并将总体性的判断带入了丛林之中。因为一旦进入丛林，就容易忘记林中所见的风景只是一个局部。在阅读了托尼的中国研究之后，《江村经济》的书写脉络明显同时交替着托尼的箴言和其导师马林若夫斯基的教诲，并持续地贯穿在青年费孝通的文字之中。而在 *Earthbound China*（《云南三村》英文版）的导言中，费孝通直言不讳：

> 在我们看来，这一研究领域最好的一本书，是托尼教授的《中国的土地和劳动》。这是在当时所能得到数据的基础上，对1931年以前中国的经济形势所作的一个总结。所有的数据都来自其他调查者的工作。托尼的结论的价值并不仅仅在于它所提供的事实材料，而且还因为它是在中国所发生的总体经济变迁——一个可

---

① （英）理查德·R.托尼著，安佳译：《中国的土地与劳动》，商务印书馆，2014年，第29页。

② 费孝通：《禄村农田》，《费孝通文集》第2卷，第398页。

以和发生在工业革命时代欧洲的变迁相媲美的变动——的背景中来解释数据资料的。①

　　需要强调的是，青年费孝通的中国土地研究以及乡土中国向何处去的问题，同样受到了来自当时形形色色的乡建理论家或乡建实践者的影响，我们也可以在整个《费孝通文集》中多处看到他对梁漱溟、张东荪、晏阳初、吴景超、董时进等学者有关问题的回应。但是，在对中国文明的判断、发展问题的症结和实践路径等层面，我们实难看到在托尼之外，青年费孝通还会对谁有如此系统的回应和重视。因此，全面梳理《中国的土地与劳动》一书对青年费孝通的影响，再结合以往学者从宗教伦理观出发探讨的二者之间的学承关系，我们就能看到托尼与费孝通之间的立体联系。


## 二、托尼的遗产："成熟文明"视野下的乡土建设方案


### （一）托尼的"成熟文明观"

　　二十世纪二三十年代，为中国寻找救世出路的学者众多，但不带预设直面中国历史与现实境况的设计师却凤毛麟角。作为英国费边社的思想领袖，托尼系统讨论了西方资本主义的宗教与社会起源，并与马克斯·韦伯的理想型分析进路保持了一定的距离。此外，他立足丰富史料探讨了 16 世纪英国三农问题的结构性症结，并详细追问英国农

---

① 费孝通：《禄村农田》，《费孝通文集》第 2 卷，第 392 页。

民如何转变为工人，传统农业又依循何种路径走向了资本主义农业。《16世纪的农村问题》一书，是他在英国经济社会史研究领域的集大成之作。[①] 在面对中国类似的问题时，这位老练的知识猎人却告诫读者，以往的知识探求航路并不适用于锚定东方港湾。

小巴林顿·摩尔在评价托尼的研究时说："托尼充分意识到中国的农村问题不只是欧洲农村问题的重复。托尼拒绝将中国与中世纪的欧洲作简单类比，他提出，20世纪的中国问题实际上是具有经济文明特定阶段属性特征的一种问题。"[②] 托尼自己也明确说："中国，正是在她自身，在她自身的历史文化中，我们才能根据她的现代化需要，作出重新发现和重新解释。"[③] 因此，没有对中国文明的认识作为前提，任何问题诊断与发展方案，都是一种孤陋偏颇的"现在中心主义"。托尼能够自觉阻断轻车熟路的研究路径，却没忘记中英问题的出发点是一样的，即怎样在寻求经济出路之前，基于事实观察来定位古旧文明的性质，这是进一步提出济世方案的北斗之星。

中国农业文明的最大特点是什么？托尼在《中国的土地与劳动》一书的导论中有这么一段话：

> 中国农民用铁制工具耕地的时候，欧洲人还在使用木犁；继而，在欧洲人开始使用钢制工具时，中国农民仍在使用铁制农具。

① R.H.Tawney, *The Agrarian Problem in the Sixteenth Century*（London: Longman, Green and Co. 1912）. 在笔者看来，该书比韦伯的《经济与社会》更接地气，而托尼的《宗教与资本主义的兴起》又比韦伯的《新教伦理与资本主义精神》更为理性客观。
② （美）小巴林顿·摩尔：《中国的土地与劳动》序言，载（英）理查德·R.托尼著，安佳译：《中国的土地与劳动》，商务印书馆，2014年，第2页。
③ （英）理查德·R.托尼著，安佳译：《中国的土地与劳动》，商务印书馆，2014年，第208页。

中国所具有的经济制度和社会组织形式已经达到了很高的水平，中国人从未觉得有必要对这种制度和组织进行改良，或使用其他制度替代自己的制度。①

因此，技术停滞是托尼对中国农业问题的重要诊断，但他的诊断不是要在吵闹的"体用之争"中作出选择。导致农技的裹足不前是农业文明的惯性使然，它折射出文明内在的动力不足以及社会组织发育不良的弊端。

在 20 世纪初期，这种被认为是内卷的文明形态，遭遇了西方工业的冲击。社会的解组、变革与革命，都挤在不足一代人的时空中发生了。巨变洪流中所裹挟的元素形形色色，但托尼既未以保守的姿态去守护传统，也未曾像激进的革命者那样摒弃以往的一切，而是以冷静的姿态观察巨变中产生的混杂组合。五四运动、民族主义、军阀混战、革命主义、工业兴起、宗族崩散，托尼看到了这些力量在相互作用，拒绝以其中的任何一个立场作出判断。这种系统论观点，与他的文明判断是一致的："产生动荡的熔炉是一种成熟的文明，有着丰富的成熟经验以及严谨的品行准则，并结合了对西方实际成就的切实尊重，和对其自身价值系统中道德优越性的自性，忘记了这一切，会是一种极大的误解。"②

费孝通在阅读托尼的著作之前，已经在美国社会学家帕克教授的课堂上接受了中国文明是一种"完成了的文明"之判断。所谓完成了

---

① （英）理查德·R. 托尼著，安佳译：《中国的土地与劳动》，商务印书馆，2014年，第 3 页。

② （英）理查德·R. 托尼著，安佳译：《中国的土地与劳动》，商务印书馆，2014年，第 4—5 页。

的文明，其最大特征就是将以往的传统文化规范，无限期地当作未来一切行动的丈量准绳。[①]无论是托尼的成熟文明观，还是帕克的完成文明观，费先生认为都应成为中国经济变革需要直面的文化基础。这也意味着20世纪初期的中国内部有着一座坚固的高墙大坝，任何改造的方案都将面临巨大的文化障碍。

（二）中国农业的问题诊断：传统与现代的两个危机

古老文明以其强大的蓄容能力积攒了大量的人口。托尼有一个很形象的比喻，中国一些地方的农民，就像常年站在齐脖深的河水之中，只要涌来一阵细浪，就足以陷入灭顶之灾。[②]他认为中国的人口过于庞大，以至于现有资源不足以供养中国的人口。"他们之所以免于饿死，部分是因为他们自己令人敬佩的创造力和坚忍不拔的意志，部分是因为中国家族中的共产主义，部分是因为他们减少了自己的必要消费，并耗尽了自己的体能资本（physical capital）"。[③]托尼认为中国必须摆脱这种饥饿经济。费孝通后来在《云南三村》《乡土重建》中，与这种饥饿经济进行了对话，他将中国农村的经济生活称之为削减欲望的消遣经济或匮乏经济。正是因为这种"饥饿"与"匮乏"，才需要在农业以外去寻找出路。

中国农户的小规模分散经营，被托尼视作中国农业整体规划需要注意的根本问题。后来的诸多农业经济研究者也不断指出，这种微小农业的经营效率十分低下，完全依靠内卷化的经营方式、无限地投入

①　费孝通：《社会学家派克教授论中国》，《费孝通文集》第1卷，第122页。
②　这个比喻后来被美国人类学家詹姆斯·斯科特引为其《农民的道义经济学》一书的开篇引言。
③　（英）理查德·R.托尼著，安佳译：《中国的土地与劳动》，商务印书馆，2014年，第74页。

劳力来维持。一方面，托尼给足了中国读者安慰，他认为这种微型地块上展现的农业图景诚然是一种农业艺术，并且，这种农业艺术"从来没有得到过系统知识的帮助，完全是农民个人技巧的成就，所以，中国的农业理应得到喝彩"。① 但是另一方面，这种农艺的生成是几千年的劳力累加得到的。"那些欣赏中国农民技术专长的人，似乎又每每忘却了中国农民为获得这种成功所投入的人力成本。人们可能会为中国农民在对抗巨大困难时所表现出来的奇迹般的创造力而喝彩，但也对造就这种巨大困难的环境与条件感到遗憾"。② 农用土地的小块分散，必然浪费农民的时间和劳动，也妨碍了排水、灌溉以及农作物病害的防治，关键的是，古旧的农业耕作方式未能对农业科学的最新进步提供应有的刺激。没有技术突破或者不愿意自觉地展开农业的改造，是农业文明发展的一个瓶颈。依靠人力的大量投入，单位土地上确实可能维持高产，但土地的繁荣并不意味着人的繁荣。用黄宗智先生的概念来说，"内卷化的劳力密集型耕作"实际上是一种高危经济。③

此外，合作性不足是传统农业危机的另一体现。托尼看到中国乡村并不是一个自给自足的单位，农民为市场而耕作的程度也要比以往的想象高很多（当然会因地域不同而有差异）。农家的贸易如此重要，那么关于成本、价格以及交易、信贷的问题就十分重要了。农民个体无法应对这些问题，在交通运输、市场议价等方面，投入了过高的成本。根本原因就在于组织性不强，以致只能被动地适应市场。

① （英）理查德·R. 托尼著，安佳译：《中国的土地与劳动》，商务印书馆，2014年，第 42 页。

② （英）理查德·R. 托尼著，安佳译：《中国的土地与劳动》，商务印书馆，2014年，第 42 页。

③ 黄宗智：《长江三角洲小农家庭与乡村发展》，中华书局，2000 年，第 11—12 页。

　　托尼并不认为中国是"集约农业"。我们都熟知弗里德曼、魏特夫等人由于水利灌溉的合作需求，而判定中国的农业是集约耕作。[①] 但是，托尼认为，集体维护水利的动力并不是来自民间社会本身，而更多的是自上而下为税收经济和维持政治秩序而生的。在农业生产方式的革新、农具的发明创新以及耕作方法的更替上，丝毫没有集体合作可言。集体合作的缺乏，导致中国农业迟迟无法获得其"现代性"，科学系统的农业生产方式很难在中国产生。

　　如果说内卷、低效以及缺乏合作的耕作方式是托尼对传统农业的诊断，那么 20 世纪的中国三农问题还面临了更大的现代危机。那就是土地权向城市的外流和大量在外地主的出现，传统的租佃关系在现代工业的侵袭下发生了变质。在《中国的土地与劳动》一书中，托尼详细论述了佃农群体的生产方式及其"租佃关系"。在 20 世纪 20 年代，托尼认为中国城市的工商业主通过对城郊乡村土地的投资，形成一批在外地主。"在中国的大多数地区，土地的所有者有别于土地耕作者，还没有形成一个具有共同利益以及共同政策的独立群体。然而，由于在外地主现象日渐普遍，这种情况终于有了改变……在外地主并不居住在土地所在地的乡村，他们与农业的关系纯粹是金融关系……这种现象发展得最快的地方，当然是大城市附近。"该问题后来成为青年费孝通频繁回应的焦点。

---

　　① 　参见（美）魏特夫著，徐式谷等译：《东方专制主义》，中国社会科学出版社，1989 年；（英）莫里斯·弗里德曼著，刘晓春译：《中国东南的宗族组织》，上海人民出版社，2000 年。

（三）救世方略一：抵御不在地主的资本风险、建立合作组织、推动工业建设

农业是一个累积资金较为缓慢的产业，而且在春天播种和秋天收获之间必须要找到资金来维持生计，小农的微薄资金储蓄根本不够供应日常开销。因此托尼认为，在所有以小农经营耕作为主的国家里，乡村社会的根本问题并不是工资收入问题，而是资金借贷问题。在外地主大量出现，农民个体直接暴露在资本面前，这些资本逐渐开始购买农村土地，掌控农业中国的经济命脉，随后自耕农开始消失，佃农增加。尤其是在城郊附近，很难见到自耕农比率高的村庄，不在地主及其金融资本不仅没有反馈乡土社会，反而在更加急剧地抽空中国农村。城市资本只看重地租、利息。"中国农村迫切需要资本，而中国的资本却并不拿来用之于农业改良，反而是在上海转用于土地价格投机"。① 农业文明遭受了前所未有的危机。

与此同时，国民政府组织的一系列乡村建设运动，在托尼看来十分失败。如果想求助于国民政府解决资金借贷问题，那也无异于镜花水月。在政府难以自保的年代，农民怎样解决乡村社会中的金融与借贷问题？托尼认为迫切地需要建设合作组织。传统的合作组织顶多具有防御风险的作用，完全不具有农业改良和资本筹措的目的，托尼召唤以现代化为目标的合作组织。他看到农村地权的外流依靠的高利贷这个中介方式，借高利贷需要抵押，土地成了最好的抵押品。高利贷给城市资本以最好的可乘之机，高速率地导致了土地权外流。

"自古以来，农民就对放高利贷者和垄断者深恶痛绝……一个自然的补救办法就是农民自己组织起来，联合行动，一起谋求贷款，为农

---

① （英）理查德·R.托尼著，安佳译：《中国的土地与劳动》，商务印书馆，2014年，第99页。

产品销售寻找市场，购买必需品"。①托尼所设计的合作方案是全方位的，完全是出于一个人文社会主义者的总体关怀。除筹集资本以外，在交通建设与科技发明上，要组织力量共同推动；在购买、生产、信贷、销售等领域，由农民合作组织来展开；破除小农的那种虚假独立性形式，建立真正的集约农业，将分散的农业集合成大农场。他认为这些都是中外农业发展应该具备的进步条件。此外，托尼认为合作的真正动力，不是停留在愿景的宣传和阐述上，而是要从政治上层出发，由政府来触动合作的革命。托尼强调，这种全面的合作"是现今发现的能够保护小农，使他们免于放债人和中间商剥削的唯一办法，也是将小农们组织起来，协力互助并采取集体行动的唯一办法"。②

如果说推进合作运动是在乡土社会内的渐进改革方案，那么推动工业建设则是托尼认为的最直接的经济改革。他认为，使用机械动力的制造工业与矿业，是最为根本的救济措施。但是托尼并未像后来的费孝通那样，倡导城市与乡村工业并进的思路（尤其是发展分散性的乡土工业），而是寄希望于国民政府推动城市工业建设，转移农村压力。费先生同意建设合作组织的建议，但二人关于工业建设方案的具体实施路径则大异其趣。托尼发展农业合作组织是为了提高农民抵御风险及共办农事的能力，并没有系统论述合作组织建设与工业建设的关系，而费孝通则明确希望用合作组织来推动乡土工业的发展。

### （四）救世方略二：直面溃烂的政治与断裂的知识

我们应该看到，创建一个有效的政府体制是托尼的方案中极为明

① （英）理查德·R.托尼著，安佳译：《中国的土地与劳动》，商务印书馆，2014年，第84页。
② （英）理查德·R.托尼著，安佳译：《中国的土地与劳动》，商务印书馆，2014年，第89页。

确的首要前提。"他们必须创建一个稳固而统一的政治体制，没有这样一个政治体制，任何国家独立和经济建设都只是空谈。"[1] 托尼希望的政府，不是停留在口沫横飞层面上的政府。他希望国民政府主动表明愿意直接触及普通民众生活的态度，而不是停留在遥不可及的抽象的宣言之上。交通、科技、教育等技术性的内容，需要获得政治上的认可，并由稳健的主体来推行。这里显现了托尼务实的政治经济学救世路径，即关于工业建设、合作组织及教育改革，需要以一个强大的政治国家作为前提。

然而，托尼发现国民政府的"滥权"体制和官员的不作为将使一切乡土建设方案化为泡影。"这些官员并没有为这个国家发挥他们本应发挥，且凭其人员素质本可以发挥的影响"。[2] 在实际情形中，托尼所观察到的都是国民政府的垄断言论、拒绝批评。即使在历史长河中，托尼也断言，中国不存在有效政治。因此，在托尼看来，在中国建立一个有机的政治体制，要么是让国民党及其政府进行大刀阔斧的革命，要么是重新召唤一个能够解决时代问题、扎根农业文明的政党出现。但谈何容易？

官员群体已让托尼大失所望。那么同时代的知识分子呢？令托尼十分沮丧的是，知识群体提出的建立在"主义"和西学基础之上的各种救世方案，犹如沙滩上的无根堡垒。知识分子对中国现实图景的无知，简直让托尼匪夷所思："50多所中国大学里的政治学教授们没有一位能够说清楚，在中国的30个省、100余座城市以及1900多个县城

---

① （英）理查德·R. 托尼著，安佳译：《中国的土地与劳动》，商务印书馆，2014年，第176页。

② （英）理查德·R. 托尼著，安佳译：《中国的土地与劳动》，商务印书馆，2014年，第191页。

及 50 多万个乡村中，哪怕两三个省的市县乡的实际行政情况。"[①] 在托尼看来，民国之后的知识分子有一个巨大的问题，他们对西方舶来的德先生与赛先生的了解，要比对自身文化母体的真实架构还要清楚。国民政府的学者们"对海牙国际法庭以及美国高等法院如何行使职权"的熟悉程度要远甚于对自己家门口的现实状况。

西化知识分子的思想与大众格格不入，各种虚无的"主义"在沉疴遍地的社会面前，极具讽刺性。原理与实践、规划与实施、言语与行动之间均发生了巨大的断裂和分离。作为一名实地观察者，托尼对知识阶层与普通大众的隔绝状况极为惊诧。

教育也沦为从一个阶层上升到另一个阶层的阶梯，并没有成为提高普通大众的知识素养和社会福祉的平台。学校里舞文弄墨、装腔作势的人太多，纸上谈兵的知识分子能够教育出的下一代，无非是一种机械性的复制，甚至于更加愚化年轻人。

> 大学的氛围就像温室，而不像原野。中国的教育在很多时候看起来，就像是故意用教育方法使下一代人变得愚蠢，变得神经质，变得了然无趣……除非知识阶层与大众的鸿沟能够填平，否则民族的团结不过是一句空话。[②]

知识分子的机械性及其与真实社会的脱节，官员的腐败与滥权，加上文字传统的惯习熏染，中国官员及知识分子共同构建了中国毫无

---

① （英）理查德·R. 托尼著，安佳译：《中国的土地与劳动》，商务印书馆，2014年，第 194—195 页。
② （英）理查德·R. 托尼著，安佳译：《中国的土地与劳动》，商务印书馆，2014年，第 199—201 页。

实效的"文牍政治":

> 中国的政治以发表宣言为始，亦以发表宣言为终。中国人一个会议接着一个会议，一个计划接着一个计划，一个报告接着一个报告。立法会议制定了那么多的法条，编纂的法律文书卷帙浩繁、堆积如山。但如果没有合适的机器来传输这些动力，轮子也无法运转。就好像一台机器出了毛病，大家不去修理机器，反而坐下来写出一篇《论机器出毛病》的论文，然后通过一个议案，称这件事情应该明天开始办。①

总之，知识分子与官员一样，停留在繁多的主义、文牍、方案、计划的口舌之争上，行动者寥寥。

然而，面对溃烂的政治与断裂的知识，托尼还不忘提醒自己：仅仅是猛烈批评目前现象还远远不够，纯粹的批评无非只是一遍遍的诅咒，于事无补。他仍然呼吁政府与知识界要面向社会本身，在行政机构中破除文牍政治，在大学教育中开设面向中国现实的应用课程，解聘那些完全不懂自己国家现实的西学"布谷鸟"，聘请具有实际经验的专家，甚至可以派人前往国外实习。但是外国经验可以借鉴，不可照搬。欧美的已有方案和路径不是具有思想指导性的，而是工具性的。托尼希望召唤知识分子回到基层，让不在地主的资本回馈农村，落实基础工业建设。这些观点后来在费孝通的《乡土重建》一书中得到了系统的回应。

---

① （英）理查德·R.托尼著，安佳译：《中国的土地与劳动》，商务印书馆，2014年，第188页。

## 三、费孝通对托尼的三次系统回应与发展

### （一）《江村经济》：不在地主假设的验证、合作组织建设与农工相辅的变革

对于托尼诊断中国的观点，《江村经济》几乎都有回应。其中，有两个观点是费孝通最为关注的：一是城市不在地主与乡村佃农之间开始呈现出一种金融关系；二是乡村发展的最大出路是发展农村合作组织与工业建设。

托尼关于不在地主的判断几乎得到了费孝通的全盘验证（但随后在《禄村农田》中又进行了巨大修正）。费先生在江村的调查资料显示，该村约有三分之二的田底权被城镇中的不在地主集团所占有。不在地主的大量涌现，意味着传统地权格局发生了大转变。以往的地主、佃户共处一个社区，租佃关系、土地分配是相对稳定的；即使有少量地主居住在城镇，也仍然保持租佃关系而非金融关系。传统乡村的土地并不单单是生产的资料，它同时与权力、地位、名誉联系整合在一起，土地关系就是人的关系，并且这种关系是可视的。但是不在地主制度产生之后，性质就变了。尤其是托尼所谓的城乡之间金融投资关系的出现，导致了乡土社会的一系列问题。原因在于，城镇资本对乡村进行投资，看重的是以土地为媒介而产生的货币利息，而非以往的分成地租。同时，城镇市场中的土地价值与乡土社会中的真实价值存在一定的差距。土地的价值寓于佃户交租的能力之中，不在地主试图排除村社内部的道德约束以及不可控天气因素的干扰，将农村土地的利润来源视作一种金融常态。费先生说：

田底所有权仅仅表明对地租的一种权利，这种所有权可以像买卖债券和股票那样在市场上出售……由于城里土地市场的交易自由，地主和他们占有的土地之间的个人关系缩减到最小的程度。大多数不在地主对于土地的位置、土地上种的庄稼，甚至对于交租的人都一无所知。他们的唯一兴趣就是租金本身。[①]

这样一来，土地被"虚拟化"之后，传统社区内的土地经济阀门被打开，从而面向更广大的资本市场。费孝通在《江村经济》一书中接受了托尼的逻辑：只有当城乡金融关系密切的时候才出现不在地主制，城市资本下乡投资，地权外流，乡村衰竭。这种形式理性的思维进路在某种程度上将资本入侵视作乡村社区解组的最关键原因，费先生后来对这一观点进行了修正。

在合作组织的建设与乡村工业的推动上，托尼与费孝通的观点基本接近，但略有差异。

托尼认为中国农业的科学性不足，首要在于生产形态的合作性不足。对于这一点，费先生回应道，农户间并非没有合作。家庭内成员不同年龄、性别的分工，村社内对水利、道路、机械的公共分配一直存在，但是这些劳动合作与组织，并不是服务于更为高效的集约生产，而是土地细分基础上的小农耕作。由于劳动力充足，在农地上不断添加劳动力就可以弥补甚至解决技术突破的匮乏问题，从而没有合作起来推动高效农业的动力。

传统乡村中的互助会组织，一般是在农业的常态中运行的，它能

---

① 费孝通：《江村经济》，《费孝通文集》第 2 卷，第 134 页。

够帮助该社区内的部分成员在遇到青黄不接或者天灾人祸时，顺利走出困境。但如果该社区内所有的成员悉数遭殃，那就难以奏效了。当世界性的工业资本甚嚣尘上时，传统互助组织所遭受的侵蚀都是难以预料的。尤其是高利贷资金进入乡村后，由于借贷个体没有抵御的能力，就容易以田底权相抵，造成土地权的外流。费先生继承了托尼的这一判断，认为"高利贷的存在是由于城镇和农村之间缺乏一个较好的金融组织"。① 农民的组织性越弱，乡村就越难以与城市并进发展，遑论抗衡。因此，费孝通与托尼一样，极力倡导在乡土社会中建立起基于资金借贷、农工生产、消费分配的合作组织。

倡导合作组织，不仅是为了应对农业生产，还是为了建设乡土工业。托尼的工业发展方案并没有考虑乡土社会内部的手工业，费先生则在《江村经济》中阐释了建设乡土工业的重要意义：

> 在目前的土地占有制下，农民以付租的形式，为城镇提供了日益增多的产品，而农民却没有办法从城镇收回等量的东西……农村地区工业的迅速衰退打乱了城镇和农村之间的经济平衡。广义地说，农村问题的根源是手工业的衰落，具体地表现在经济破产并最后集中到土地占有问题上来……经济萧条并非由于产品的质量低劣或数量下降……萧条的原因在于乡村工业和世界市场之间的关系问题。蚕丝价格的降低是由于生产和需求之间缺乏调节。②

由此推断，费先生已经充分认识到，农村问题的首要根源不是农

---

① 费孝通：《江村经济》，《费孝通文集》第 2 卷，第 198 页。
② 费孝通：《江村经济》，《费孝通文集》第 2 卷，第 200 页。

业本身的不发达，而是工业的衰退。

合作组织的建设，既可以抵御城市"不在地主"的金融风险，也可以辅助振兴农村中的工业。费孝通跟费达生说："改进产品不仅是一个技术改进的问题，而且也是一个社会再组织的问题。"[①] 对于缫丝厂来说，劳力、资金的合作入股与相互合作的生产方式是一个重要原则，基于投入比例计算的公平分配也是该厂的运行准则。可见，费孝通同时在理论与实践层面上推进了托尼的工业设想。关键的是，费先生的乡村工业是在地化的实践，既与农业经济结合在一起，也与社会组织的变革联系在一起。

需要指出的是，费先生的江村经济调查及相关的发展方案设计，是以他对自身文明的判断为前提的。在《江村经济》的前半部分，没有直接描述西化对中国乡村的冲击波。一方面，他认为传统文化将继续在新的变革间隙发挥巨大作用；另一方面，唯有分析当下经济现象中的文化内核，才能为新的经济方案找到方向。这种内发视野与托尼在《中国的土地与劳动》中对中西学者提出的戒律是一致的：脱离了中国的文化惯性，将对中国经济产生误解。

（二）《禄村农田》的消遣经济观及其对托尼的修正

《江村经济》写完之后，费孝通又转向了对江村之外的广阔天地的追问。从伦敦回来之后，费先生立刻在云南展开了进一步的思考。这个思考与托尼之问密切相关：

> 一个受现代工业影响尚浅的农村中，它的土地制度是什么样的呢？在大部分还是自给自足的农村中，它是否也会以土地权来

---

① 费孝通：《江村经济》，《费孝通文集》第 2 卷，第 200 页。

吸收大量的市镇资金？农村土地权会不会集中到市镇而造成离地的大地主？ [①]

在《禄村农田》一书中，费孝通再次重点回应了托尼提出的"不在地主"现象和城市金融问题。他觉得江村与托尼的观察"颇为吻合"，但禄村调查的结果，却和这种说法不合了。通过比较，发现禄村的农田单位产量要高于江村，但却不存在不在地主现象，地权关系主要集中在社区之内。村社之内的地权流动主要是因为偿还高利贷，而高利贷的产生则一般源于婚丧嫁娶或其他文化仪式资金的需求。村民很少借钱，因为土地上的农业利润很低，远低于资金借贷利息。所以，费先生说利用都市资本来经营农田的行为是"憨包"的表现。

托尼太过注重土地的资本回报了，因此费孝通认为禄村的案例证伪了土地生产力低效与地权流动静止之间的正面相关关系。对比江苏和云南的两个研究，费先生发现农村金融的竭蹶是导致土地权外流的根本原因，而农村金融的竭蹶主要是由农村自留资金减少以及资金输出增加所导致的。为什么靠近都市的农村金融容易竭蹶？费先生又进一步追问到，靠近什么样的都市？如果都市仅仅意味着工商业发达，问题就会被转置成工商业的发达与农村土地权外流有什么关系了。是工商产品流入农村后，导致农民的消费增加从而卖地的吗？为什么近代以来，靠近都市的土地权不断流入城市呢？费先生给出的答案就是"自给性的降低"：

自给性的降低，就是说以前自己可以供给的手工业消费品，

---

① 费孝通：《禄村农田》，《费孝通文集》第 2 卷，第 222—223 页。

现在不再由自己供给了。都市工商业的现代化，使农村原有的手工业不能维持，这样减少了农家的收入，使农村除了农产物之外，没有其他力量来吸收都市资金。①

传统社区中，诸如纺织、工匠之类的职业都是保留在农村中的，家庭手工业可以吸收回来一部分资金，以平衡家庭消费。因此在乡镇之间，存在一条输入输出的平衡通道。但现代工业发达却把这平衡打破了。手工业敌不过机器工业，一旦手工业崩溃，农村金融的竭蹶跟着就到。

> 这样看来，农村土地权的外流，和都市确有关系。可是这关系并不像托尼所说，是因为靠近都市的农田生产力高，自然有吸收都市资本的倾向，而是在靠近都市的农村，凡有传统手工业的不易抵挡现代工业的竞争，容易发生金融竭蹶。换句话来说：土地权外流不一定是靠近都市的农村必遭的命运，若是一个原来就不靠手工业来维持的农村，它遭遇到的都市威胁，绝不会那样严重。②

对于托尼将城市资本与农村土地之间的关系定位为金融投资关系的观点，费先生极为不满，认为它只是一种经典的基于土地肥力基础上的地租理论："托尼特别提到的用于解释租佃关系的发展的土地的肥力，只是这一情境中的一个次要的有影响的因素，尽管它也很重要。土地肥力只是使得租佃关系变得可能，但它本身并不足以产生租佃关

---

① 费孝通:《禄村农田》,《费孝通文集》第 2 卷，第 388 页。
② 费孝通:《禄村农田》,《费孝通文集》第 2 卷，第 390 页。

系。"①

　　费先生修正了托尼的观点，认为中国现代化过程中的农村问题之源不在金融，而在劳力的出路。如果城市有效吸收了禄村的劳力，禄村的命运就会被改变。

　　　　都市的工业和乡村的农业竞争劳工时，农业才有改良的希望。我在第三章的开端已提到托尼的名言：中国的问题，其实十分简单，就是资源不足，人口太多。工业发达增加了资源，减低了农田所负担的人口压力。在这过程中，人的劳力价值提高，农田的经营中才值得利用节省人力的机器。②

　　要解决这个问题，就要发展有针对性的工业。乡土社会中依靠农业是无法实现财富积累的。基于农作本身的财富积累没有长久性，即使富裕的地主在第一二代内产生，也会在持续的家庭细胞分裂中瓦解。"但是工业却不同。通过它，财富可以持续地积累。当来自工业的财富被用于购买土地时，购买力将是持久的，因此由于分家而造成的破坏性力量将不再起作用，因而，地主阶级的地位将或多或少变得更为稳固。"③但发展什么样的工业呢？难道一定要像托尼说的那样，走大工业发展道路吗？费先生指出："西方的工业革命至少威胁到了中国农村的小农们成为工业家的潜在劳动能力。对于没有组织起来的自营小手工业者的大众来说，这是一场没有希望的战争。"④

---

① 费孝通：《禄村农田》，《费孝通文集》第 2 卷，第 424 页。
② 费孝通：《禄村农田》，《费孝通文集》第 2 卷，第 390 页。
③ 费孝通：《禄村农田》，《费孝通文集》第 2 卷，第 429 页。
④ 费孝通：《禄村农田》，《费孝通文集》第 2 卷，第 421 页。

费先生同意托尼关于合作化组织的建设，但是这一建设必须因应具体的工农改革。

> 回到依靠手工业来补充农民家庭收入的不足这一传统原则上去，并不意味着保留古老的工业技术。力争在村庄里保持传统的工业实践是不现实的。我们所应该保留的是作为传统工业形式——与中国农村情势相配合的分散了的工业——的基础的根本原则……中国的现代工业应该以一种能尽可能广泛地分配由改进了的技术方法所带来的利润的方式而组织起来。假定这是我们的目标，我们将推荐分散的工业体系……更为根本的是为人民大众拓展工业机会，这一考虑促使我们在经济组织中提倡合作原则。[1]

《禄村农田》研究给费先生提供了一个发展托尼重建方案的具体例证。但无论怎样的方案，费先生都没忘记从文化视野去观察经济出路。通过田野调查，费先生发现禄村人普遍具有"宁愿少得，不愿劳动"的心态。在这里，他比较了中西经济观的差异。他认为西方的经济逻辑建立在"以最少痛苦换取最大快感"的假设上，一个人越希望享乐、消费，越需要耐苦劳动、生产。欧洲的韦伯、桑巴特、托尼等人认为，西洋现代资本主义的基础是深深地筑在中世纪传下的宗教精神上的，并将"此岸"的生产与"彼岸"的消费割裂，是一种充满着宗教色彩的非人本主义观。费先生将这种经济观称作"迂腐"，其迂腐之源在于缺少了一种灵动的社会关系视角。"生产是增加物品满足人们欲望的能力，这种能力一定要和消费者发生关系之后，才能出现，所以生产本

---

[1] 费孝通:《禄村农田》,《费孝通文集》第 2 卷，第 427—429 页。

身是以消费为不可或缺的完成条件，效用并不一定是物的内在性，而是和消费者所具有的关系。"[①] 禄村人民的劳动，不是独立的生产；农民产下的谷子，不会凭空消失，而是会进入人的肚子。

由此，费先生提出了一种"消遣经济"。"欲望的满足不一定要看作快感的源泉，若说这种行为不是快感的创造，而是痛苦的避免，也一样可以言之成理的"。[②] 农民通过减少欲望，仍然可以享受其可接受的生活水平。如果说劳动之痛大于忍受欲望之痛，那么大可不必劳动；反之，忍受了欲望的痛苦大于劳动的不幸，那么人们就应该劳动。这是费先生"消遣经济观"的精髓，中国文化中隐藏的这种"消费观"或许能提供一个理解今日中国经济的角度。

至此，费先生不仅发展了托尼的城乡关系命题以及工业变革的具体路径，而且从文明视角回应了部分工业应该扎根乡土的文化缘由。可以说两本专著最为集中回应的对象就是托尼。值得一提的是，这两本民族志，可谓"民族志的政治经济学"的典范，其书写逻辑是贯彻了文化人类学与政治经济学的双重维度的。也就是说，马林诺夫斯基与托尼共同对费孝通产生了巨大影响。

（三）乡土重建："匮乏经济"的文化症结以及知识分子的乡土复原

1947年初，费孝通参加了托尼在伦敦政治经济学院主持的国际学术会议，演讲题目是《中国社会变迁中的文化症结》，该文是《乡土重建》一书的开篇内容。费先生认为托尼揭示了西洋丰裕经济的精神起源，即资本主义的发展与西洋宗教观的历史关系，资本主义丰裕社会

---

① 费孝通：《禄村农田》，《费孝通文集》第 2 卷，第 318 页。
② 费孝通：《禄村农田》，《费孝通文集》第 2 卷，第 319 页。

之所以在英国产生，是因为人们有一套"无餍求得"的精神文化支撑。但是他强调，同时代的中国并没有"无餍求得"的营市文化，离丰裕经济更是遥遥有距。费先生在《乡土重建》中接续他在《禄村农田》中的"消遣经济"概念，用"匮乏经济"的概念来概括中国的经济文化状态，以回应托尼的演讲。

如果说费先生在《禄村农田》中提出的"消遣经济"，还保留了对中国农民生存方式的合理性判断的话，那么在《乡土重建》中论述"匮乏经济"的文化根由时，就变成了其时中国的"症结"了。费先生论述的核心是土地与人力如何在数千年的历史中形成"中和位育"的格局（费先生引用潘光旦的译法，将"位育"翻译成"adaptation"），以形成"匮乏经济"的状态。其逻辑在于，第一，中国的旧世界是个匮乏的世界，人多地少，众人涌向土地求生，土地之上从来不缺少耕作的人力，也就失却了改造农技提高效率的动力，"劳力便宜，节省劳力的工具不必发生……技术停顿和匮乏经济互为因果，一直维持了几千年的中国的社会"。① 第二，农事是季候性的生产，消费却是终年的常态，有限的产量需要维持长久的生活延续，必定要抑制消费。第三，趋求稳定的农地生产方式与儒家的身份安排，让人不会去轻易地冒险，刘邦、项羽、朱元璋毕竟是少数，人人要取而代之，必定破坏契洽。"没有机会的匮乏经济是担当不起这一种英雄气概的"。② 所以，中国社会上上下下倡导克己复礼、安分知足，"这一套价值观念是和传统的匮乏经济相配合的，共同维持着这个技术停顿、社会静止的局面"。③

费先生认为这种"匮乏经济"无法在大转变时代继续维持。即使

① 费孝通：《乡土重建》，《费孝通文集》第 4 卷，第 303 页。
② 费孝通：《乡土重建》，《费孝通文集》第 4 卷，第 304 页。
③ 费孝通：《乡土重建》，《费孝通文集》第 4 卷，第 305 页。

他承认传统社会曾经给予若干人生活的幸福或乐趣，但他明确表示"绝不愿意对这传统社会有丝毫的留恋"。不过，不留恋并不是说他要全盘抛弃。费先生赞成在中国原有的乡土社会中改造社会组织，尤其是在传统乡土工业破败后，可以通过改良传统社会中的人来适应新的工业秩序。他可以接受社会解组并重建社会的思路，但不接受全面溃败的结论。

在《乡土重建》中，费先生再次回应了托尼的城乡关系命题。费先生认为，中国的城市与乡村之间，向来是城市依靠乡村的补给而得以延续，城市本身是个消费体，并不是生产性的社区，但由于掌握土地与政治资本，一直保持微弱的联系；西方工业产品的入侵，打破了城乡之间的微弱纽带，都市破产，乡村变得更加自给自足。费先生提出要重建中国的乡土社会，首先应该是重建城镇，规避以往不在地主靠地租延续的方式。"在都市方面，最急的也许是怎样把传统的市镇变质，从消费集团成为生产社区，使市镇的居民能在地租和利息之外找到更合理、更稳定的收入"。[1] 这样才能重建一个互助的城乡关系。

当现代都会在 20 世纪的中国崛起之后，商业资本夷平了以往分散的乡土工业，几无反馈地汲取中国乡村，中国的乡村就"瘫痪"了。[2] 城乡之间的传统联系被切断，坚韧的小农经济蜷缩回更加自给自足的状态。即使在天灾荒年，小农因为具有自身匮乏经济的节欲传统，不至灭亡。但"瘫痪"是一种慢性的疾病，不加治疗就会腐蚀生产的能力。尤其在战时状态中，就会导致乡土社会的"日益损蚀"。

如果说城乡之间出现了社会性的"断裂"，那么基层行政的僵化就

---

[1] 费孝通：《乡土重建》，《费孝通文集》第 4 卷，第 318 页。
[2] "瘫痪"不是"崩溃"，这两个概念截然不同：一个意味着改良，另一个意味着革命。

是一种政治断裂。在费先生看来，传统基层行政的运作，是在一种双轨政治中实现的。一是自上而下的皇权，到了县级就不再往下渗透，乡土社会的日常政治与皇权相距甚远。二是自下而上的自治团体，由绅士、乡约代为管制。乡绅与衙门的汇合，就是基层行政体系了。只要双轨运行正常，相对来说就是有机的基层政治体系。但是，20世纪30年代实施的保甲制度是把自上而下的政治轨道筑到每家的门前，1934年实行的警管制则把这轨道延长到了门内，国家力量试图以单一的"保长"行政角色统合乡绅与衙门，双轨制度和自治体系的有机性便被破坏了。也就是说，传统的代表性力量被悬置了。尤其是那种具有乡土责任担当的贤士逐渐退出历史舞台。在这里，费先生用了很大笔墨说明自己不是在为绅士辩护，而是强调原本有机的上下联系和自治方式被现代政治制度所抽空，却没有有效的替代，反而导致淤塞。

由此，费先生找到了乡土重建的重要切入点。"从基层乡土去看中国社会或文化的重建问题，主要是怎样把现代知识输入中国经济中最基本的生产基地——乡村里去。输入现代知识必须有人的媒介。知识分子怎样才能下乡是重建乡土的一个基本问题"。[①] 都市工业对乡土的反抽以及政治体系对双轨制度的破坏，导致了乡土社会的日益破败，土地权外流，人才不归，传统乡土落叶归根的有机传统以及储备人才的功能也在日益衰竭。一些没有归乡和无法归乡的人才聚集在都市，形成了城市"团阀"，利用权势进一步压榨乡村，都市和乡村之间日益断裂。托尼有关知识分子、政府官员与社会之间的断裂命题，被费孝通从一个更为具象的城乡视角所进一步唤醒。重建有机的城乡联系是乡土重建的关键出路。

---

① 费孝通：《乡土重建》，《费孝通文集》第4卷，第435页。

费先生认为城乡之间的断裂对小农伤害并不大，对地主和知识分子来说却是一个陷阱。农民可以再返回土地求生，城市地主与知识分子却失去了真正的食宿来源。所以，现代工业首先冲击了传统地主依赖土地的食利方式。地主的出路在哪里？费先生指出：适应新的局势，放弃靠地租生活的方式，和农民共同合作，参与"确立民族工业的阵地"。但是，让地主放弃地租谈何容易。地主的保守性以及在压力面前难以自觉的意识，阻碍了这个可能。但费先生警告道："特权所给人的享受会向灵魂深处索取它的代价。"[1] 现代工业及政治权贵组合的"利维坦"，会将小农与地主一并吞没。不在地主与知识分子一样，唯有发展工业，并带着现代工业技术下乡，才是自觉的出路，也是为农民和农业寻找一条共同的出路。

## 四、结语

整理托尼的中国研究，目的是要指出青年费孝通在 1936 年至 1949 年间的所述所思之中存在怎样的思想火种。理清这一段学术传承，对试图理解费先生文字的后学来说，犹如一面棱镜，可以破除以往学术继替格局的单向度视野，更何况这面镜子是如此清晰、立体。

费先生对托尼的继承，具有整体性、内发性、变动性、联系性四个面向。其一，对中国文明的观察与乡土发展道路的设计，二者均没有执拗地展开对单个问题的考察，而是立足于农业文明的整体性来展开，集合各区域的特殊性来反思总体的复杂图景。其二，农业文明的

---

[1]  费孝通：《乡土重建》，《费孝通文集》第 4 卷，第 374 页。

内发性特征是二者共同坚持的，传统的惯性是当下实践必须考量的因素，他们均认为大而化之的改革注定不接地气。其三，二者均在动态的研究框架中去设计中国的救世道路，在这一点上，费孝通先生同时秉承了托尼及其导师马林诺夫斯基的研究路径，他将当代乡村视为传统力量与变革力量的"接触场"。其四，二者设计的方案都是基于交互视野上的系统观，政治经济改革、社会重组以及文化变迁中的各个因素具有千丝万缕的联系，牵一发而动全身。

除了继承，还有创新。第一，费先生修正了托尼的不在地主假设，即不是因为城市资本的利润取向导致了不在地主的大量发生，而是因为乡土社会本身工业传统的衰弱导致外来工商业的入侵。土地被典当的原因不是为了利润，而是生活的逼迫所致。原先的手工业、农业生产、文化体系以及城乡关系是互为嵌套的，但这种平衡被外来力量所阻断。第二，费先生不仅倡导大城市的现代工业建设，更加提倡分散性的乡土工业，并且，这种乡土工业实践应该是与农村社会合作组织的改造并举的。费先生提倡的工业道路是多元的，不同类型的都市、城镇的工业道路各不相同，对于乡村来说，只有那种分散的工业建设才能反哺农村。第三，托尼称中国农业经济是一种"饥饿经济"，费孝通则将其称为"消遣经济"与"匮乏经济"，即能忍受欲望的诱惑，从而实现生命的继替。在今天看来，如果这种文化经济的特征还能保留，或许仍将成为未来中国抵抗世界性经济风险的文化保护墙。第四，托尼和费孝通都认为，乡土社会的复原需要同时召唤负责任的基层官员和有机知识分子的回归，但费孝通看得更清楚的是，今天的知识分子和基层官员很可能是同一类人，他们不仅需要克服双重利益立场，而且要同时贯通庙堂之上的意志和底层社会的需求，从多个角度恢复以往双轨经济中的有机性特征。

回头来看，托尼与费孝通的乡土重建方案仍然具有重大意义。当今中国学界围绕土地经营道路问题，已经吵得不可开交，但学界提出的任何一条路径，似乎都与费先生保持了一定的距离，却没有系统的说明与反思。但不论是评估今天的新型城镇化道路，还是重建乡土社会的互助经济；不论是从政治经济学角度去观察农业实践，还是从文化人类学出发考证经济行动的文化惯性，费孝通与托尼对文明的共同判断，以及他们从具体的城乡关系之中去探寻中国乡土重建方案的做法，都值得引为当代实践的参照。

# "新战国世纪"与"新圣贤"

## ——费孝通先生晚年的世界秩序观 [①]

① 本文发表于《世界民族》2015 年第 1 期。

## 一、新世纪圣贤观的提出

1992 年 5 月至 6 月间，费孝通先生为了总结山区经济的发展经验，在山东沂蒙山区进行了一段为期不短的调研。途中，费先生参观了曲阜三孔、登了泰山、到费县寻根问祖。在沂蒙考察结束时，又奔赴邹平县为梁漱溟先生扫墓。很显然，原本以发展国家经济为目的的实用主义考察，中途却贯穿了观三孔、登泰山、问费祖、扫梁墓等一系列能够引起重大心灵激荡的行动，这些行动中饱含"传统""祖先""儒家""圣贤""心性"等潜在的主题，必然引起费先生在经济考察之外的诸多心灵思考。回北京后，费先生发表了一系列与山东之行有关的文章。其中，《孔林片思》尤为重要。正是在这一篇文章中，费先生强调了 21 世纪乃"新战国世纪"，首次在多民族统一国家与世界秩序层面提出了全世界需要一位"新孔子"的观点。

> 新的孔子必须是不仅懂得本民族的人，同时又懂得其他民族、宗教的人。他要从高一层的心态关系去理解民族与民族、宗教与宗教和国与国之间的关系。目前导致大混乱的民族和宗教冲突充分反映了一个心态失调的局面。我们需要一种新的自觉。考虑到世界上不同文化、不同历史、不同心态的人今后必须和平共处，在这个地球上，我们不能不为已不能再关门自扫门前雪的人们，找出一条共同生活下去的出路。[1]

---

① 费孝通：《孔林片思》，《费孝通文集》第 12 卷，第 298 页。

费先生这里召唤的"新孔子"，其处境是要面对世界文化冲突与心态失调的局面，其方式是文化自觉，其目标是和平共处与共同延续生存。与此同时，"新孔子论"是与费先生的时代判断一同提出的，这个判断便是"新战国世纪"。《孔林片思》发表之前不久，费先生还抛出了新的"战国世纪论"。所谓"战国世纪"，是费孝通先生的一个比喻，他将20世纪的世界格局比喻成中国的春秋战国时代，国与国、族与族、群与群之间合纵连横、互相征服、争夺、对抗或抵制。与此相应，21世纪就是世界范围内的"新战国世纪"。

然而问题是，在"战国性"的世纪之交，费先生真的只是呼唤某一个人来担纲世界秩序吗？如果不是某个人，那到底是怎样的圣贤才能挽世纪于狂澜？费先生在2003年对此作了明确回答：

> 人类每逢重大的历史转折时期，就会出现各种各样所谓"圣贤"。其实，这些"圣贤"就是那个时代所需要的，具有博大、深邃、广阔的新思路和新人文理念的代表人物。我曾经把当今世界局势比作一个新的战国时代，这个时代又在呼唤具有孔子那样思想境界的人物。我确实已经"听"到了这种时代的呼唤。当然，今天的"圣贤"，不大可能是由某一种文明或某一个人物来担当。他应该，而且必然是各种文明交流融合的结晶，是全体人类"合力"的体现。[①]

因此，"新圣贤"确实不可能是单一的人物或人文，而是一种"合力"，是各种文明的交融。这种对综合性新圣贤的呼唤，与对"21世

① 费孝通：《"美美与共"和人类文明》，载氏著：《费孝通在2003：世纪人类学遗稿》，中国社会科学出版社，2005年，第169页。

纪乃新战国世纪"的判断是相契合的——因为在那一比喻中，21 世纪的世界格局必然是 20 世纪分久必合的延续结果，新圣贤将是"合"的体现。中国的历史具有强烈的"合"的传统。这一点与欧洲共同体的一体化进程是有所不同的。当代欧洲在历史上从未成为完全意义上的"一体"，因此在构建现代化过程中的超级民族共同体方案时，一方面无法从传统中挖掘、动员足够的历史文化资源，另一方面要面对来自民族国家的利益博弈与政治拦阻。虽然诸如哈贝马斯这样的学界巨擘仍然不断将欧洲一体化或其现代化过程视作一个"未完成的方案"，并不断付诸文化上的努力，[①] 但是在 2010 年之后，随着欧洲各国元首宣布多元文化主义失败，使得建构超级文化共同体的努力仅剩寥寥星火，遑论从欧洲出发构建世界性的文明秩序了。

反观费先生，他从中国一统的历史文化视角出发构建的"新世纪圣贤论"，不仅试图概括并解释中国图景，而且尝试建构一种具有宏观视野的世界秩序观。自 1992 年以后，费先生在其晚年的一系列文章中不断传递其"新圣贤"的内涵：所谓的"新圣贤"，是一种在文化自觉的基础上，通过全球性的跨文化交流与合作，进而推动并形成的美好心态，以及综合性的世界秩序。

然而遗憾的是，费先生多次强调的"新战国世纪论"与"新圣贤论"，几乎被学界所忽略。笔者发现仅有极少数学者注意到了"新战国"这一概念，[②] 但没有人细致阐述过"新战国世纪论"与"新圣贤论"，更未将二者并置讨论。在笔者看来，这一被学术界"遗漏"的重要遗产，

---

[①] 参见（德）哈贝马斯：《现代性：未完成的方案》，载汪民安等主编：《现代性基本读本》，河南大学出版社，2005 年；（德）哈贝马斯：《欧洲是否需要一部宪法？》，载曹卫东主编：《欧洲为何需要一部宪法？》，中国人民大学出版社，2004 年。

[②] 参见王铭铭：《超越"新战国"：吴文藻、费孝通的中华民族理论》，生活·读书·新知三联书店，2012 年。

是费先生在世纪之交传给后世的一个伟大的世纪方案。在这一方案中，如果说"新战国世纪论"是费先生对 21 世纪的时代判断，那么"新圣贤论"就是费先生在文化层面对 21 世纪的世界秩序展开的设计；"文化自觉""和而不同"等概念，则是"新圣贤论"中的具体内容和体现。"新战国世纪"与"新圣贤"（笔者在下文中统称为"新世纪圣贤论"），构成了费先生晚年的世界秩序观，该世界秩序观是一系列重要思想的经纬背景。不了解这一世界秩序观，我们就无法领悟费先生在拒绝以西方为中心的世界秩序时，倡导建立何种大同一体的秩序；更无法通透理解费先生晚年的美好社会说与王道霸道之争，遑论其文化自觉论和人文心态观。此外，面对当今世界图景与中国图景中呈现出来的问题，我们很可能会错过一次从费先生学术遗产中提取宝贵经验的机会。

在本文中，笔者不仅要强调"新世纪圣贤论"的内容和意义，而且试图解释这一有关世界总体性的秩序观背后，是怎样的形成逻辑，并将这一观点与费先生晚年的所有重要思考联结起来，从而让读者系统了解到费先生晚年到底具有怎样的世界主义观。需要指出的是，读者不应该将晚年的费孝通界定为一个世界主义者，因为其世界秩序观在某种程度上是从"中华民族多元一体格局"的论述中推衍出去的。换句话说，其世界秩序观是以多民族国家观为前提和基础的。

## 二、费先生晚年的三个焦虑

"孔林"中的费先生显然带有一种焦虑，这种焦虑首先来自对全球格局的观察。冷战结束以后，苏联解体、东欧发生剧烈民族冲突、海湾战争硝烟弥漫、全球范围内的跨国贸易盛行、世界经济渐融一体的同时南北差距加大，再加上中国政治经济改革迈向纵深，复杂的世界格局以及摸索中的中国道路，反复刺激费先生展开对未来世界秩序的思考。"全球化的特点之一，就是各种'问题'的全球化"。① 为了回应这些问题，必须寻找解决问题的出路。费先生在曲阜孔林的驻足、在泰山南天门的眺望、在淄博稷下学宫的思考，无疑使其在古风圣地，从世界混乱格局与中国改革的纵深时代中暂时跳跃出来，经过深度思考之后再度返回现实之中进行古今联系。这一思考过程促使他频繁地自我追问：21 世纪到底是一个怎样的世纪？结果，费先生将中国战国时期多元一统的经验，安之于对当代世界一体与新圣贤到来的期盼之中。

与此同时，两种西方的学术强音呈背反之势，不断冲击费先生的世界观。一种声音来自萨义德的《东方学》，② 在费先生看来，此类声音是西方学者积极的"自觉"。或许费先生是在某种程度上得到了这位美籍犹太人的启发，才在晚年不断强调中国学者亦需要进行文化自觉的反思。③ 费先生尤其认同萨义德对部分西方学者的批判，认为西方的视野不能代表世界的视野，更不能替代非西方的立场。另一种声音来自福山与亨廷顿等人，当时有关单向度的"历史终结论"④"文明冲突论"⑤等观点甚嚣尘上。尤其是对亨廷顿的"文明冲突论"，费先生晚年多次

① 费孝通：《"美美与共"和人类文明》，载氏著：《费孝通在 2003：世纪人类学遗稿》，中国社会科学出版社，2005 年，第 165 页。
② 参见（美）萨义德著，王宇根译：《东方学》，生活·读书·新知三联书店，2007 年。
③ 费孝通：《人类学与二十一世纪》，《费孝通文集》第 15 卷，第 375—388 页。
④ 参见（美）弗兰西斯·福山著，黄胜强、许铭原译：《国际学术前沿观察：历史的终结及最后之人》，中国社会科学出版社，2003 年。
⑤ 参见（美）塞缪尔·亨廷顿著，周琪等译：《文明的冲突与世界秩序的重建》，新华出版社，2002 年。

表示了拒绝乃至厌恶的态度。①"文明冲突论"延续了 20 世纪乃群雄争霸之世纪的观念，而费先生认为绝对不能将争霸的冲突气氛带入 21 世纪，不论其冲突的借口是军事、经济、政治还是文明。这表明了费先生用"新世纪战国论"拒绝了亨廷顿的理论。与此同时，费先生认为"西方舆论自鸣得意"，②因为后者自以为找到了一统世界的西方法门；但是"9·11"事件之后，费先生看到这种西式法门的缺陷："事件后事态的发展使我很失望，这种'恐怖对恐怖'的做法，让我看到西方文化的价值观里太轻视了文化精神的领域。"③如果西方文化提供不了一条解决世界性冲突的圣贤之道，那么就应该到非西方的世界传统中去寻找这位"圣贤"。既然治理者必须是一位综合性的"新圣贤"，那么中国、印度、南美、非洲等地都应贡献其文明精髓。④"新世纪圣贤论"通过应对同时代的世界问题，首先否定了"文明冲突论"对 21 世纪的预设，同时缓解了费先生因全球秩序问题而生的焦虑。

其次，对西方的单一民族国家理论，费先生也怀有深度的焦虑。他认为，威尔逊的《十四点和平纲领》、罗斯福与丘吉尔的《大西洋宪章》，是欧美的民族国家单方面提出的空洞世界秩序论，⑤没有真正考虑西方之外的他者文明。其中的逻辑很清晰，如果"十四点原则"与《大

---

① 费孝通：《小民族 大家庭》，《费孝通文集》第 15 卷，第 107 页；《人类学与二十一世纪》，《费孝通文集》第 15 卷，第 383 页；费孝通：《"美美与共"和人类文明》，载氏著：《费孝通在 2003：世纪人类学遗稿》，中国社会科学出版社，2005 年，第 157、166 页。

② 费孝通：《"美美与共"和人类文明》，载氏著：《费孝通在 2003：世纪人类学遗稿》，中国社会科学出版社，2005 年，第 158 页。

③ 费孝通：《"美美与共"和人类文明》，载氏著：《费孝通在 2003：世纪人类学遗稿》，中国社会科学出版社，2005 年，第 159—160 页。

④ 费孝通：《人类学与二十一世纪》，《费孝通文集》第 15 卷，第 384 页。

⑤ 费孝通：《面向世纪之交 回顾传统文化》，《费孝通文集》第 13 卷，第 55 页。

西洋宪章》完全主导了世界秩序,那么所有"国家"必须为自身的"民
族国家"进行自证。费先生很早就拒绝了单一民族国家论,在 20 世纪
80 年代末期,费先生完成了《中华民族多元一体格局》的写作,我们
可以将该文视作从民族国家理论的反方向进行的自我宣言。并且,这
种多民族统一国家的自我论证,并非向内蜷缩的,而是可以推己及人,
向世界秩序推进的。虽然,"多元一体"概念来自对中华各民族的历史
观察,但并不影响这一概念的推衍。"多元一体"成为费先生在区域、
国家、洲际、世界等各分析层次上皆可运用的概念。在当时的世界背
景下,很容易将中华民族多元一体秩序的思考,转移到整个世界秩序
的思考上去。李亦园先生认为,费先生的多元一体民族观将会对 21 世
纪世界共同体有所助益。[①] 费先生自己也说:"各种文明几乎无一例外
是以'多元一体'这样一个基本形态构建而成的。"[②]

在我们探讨全球化和不同文明之间的关系的时候,中华民族
的"多元一体格局"给了我们一些启示。我们知道,古代中国人
的眼里,"中国"就是"天下",也就是被看作是一个"世界"。所
以中国人常说的"分久必合,合久必分",并不是现代西方人一个
"民族国际"的"统一"或"分裂",而是一种"世界"的分崩离
析和重归大一统。[③]

---

① 费孝通:《中国文化与新世纪的社会学人类学——费孝通、李亦园对话录》,
《费孝通文集》第 14 卷,第 393 页。
② 费孝通:《中华文明的启迪》,载氏著:《费孝通在 2003:世纪人类学遗稿》,中
国社会科学出版社,2005 年,第 183 页。
③ 费孝通:《中华文明的启迪》,载氏著:《费孝通在 2003:世纪人类学遗稿》,中
国社会科学出版社,2005 年,第 183—184 页。

如果说"新圣贤"应对的是"文明冲突论"的焦虑,"新战国世纪"应对的是西方民族国家建构的世纪秩序之焦虑,那么,如何塑造"新圣贤"呢?从哪个层面进行塑造呢?这是费先生需要面对的实质性内容。20世纪的政治对立与经济裂痕等问题,使费先生认为无法仅仅从政治与经济领域寻找一个济世良方。况且,费先生在行行重行行的实践之路上,亦发现现实中不仅存在经济与生态的失衡,同时存在心态的失衡,而生态与心态的失衡是单向度的中心主义所导致的。[①]要平衡世界性的秩序,不仅要重视经济建设,而且要重视心态建设。这是费先生晚年的又一个焦虑。

从20世纪90年代早期,费先生已经开始注意到自己以往的研究有两点偏颇:一是只重生态而忽略心态;[②]二是"只见社会不见人"。[③]因此,费先生提倡展开人的心态研究。而这种研究并不一定要完全从西学中汲取,"这次到了孔庙我才更深刻地认识到,中国文化中对人的研究早已有很悠久的历史"。[④]费先生关注的历史主题便是人与人如何和平共处,他认为孔子以降的中国文化提供了"仁""义"等文化资源,这是心态建设的基石。在写作《个人·群体·社会》一文时,费先生就通过反思涂尔干、布朗及其导师马林诺夫斯基的社会观,认为不能独独强调"社会实体论",而应从辩证的角度看待人的内心世界与社会秩序的关系。实际上,"心态"概念来源于费孝通的另一位老师史

① 费孝通:《关于"多元化的西部文化"和"文化生态失衡问题"的谈话》,《费孝通文集》第15卷,第347页。

② 费孝通:《孔林片思》,《费孝通文集》第12卷,第297页;《略谈中国社会学》,《费孝通文集》第13卷,第18页;《关于"多元化的西部文化"和"文化生态失衡问题"的谈话》,《费孝通文集》第15卷,第347页。

③ 费孝通:《个人·群体·社会——一生学术历程的自我思考》,《费孝通文集》第12卷,第495页;《略谈中国社会学》,《费孝通文集》第13卷,第17页。

④ 费孝通:《孔林片思》,《费孝通文集》第12卷,第295页。

禄国。史禄国先生在研究中国北方通古斯民族时，就提出了"Psycho-mental Complex"的概念。① 费先生晚年将这个概念承接了下来，译为"心态"。而这种"心态"，又与费先生从潘光旦先生那儿学习到的有关"中和位育"的新人文思想强烈相关：即人人各育其位，才能催生世界性的心态秩序。"如果人人能有一个共同的心态，这种心态能够容纳各种不同的看法，那么就会形成我所说的多元一体，一个认同的秩序（Consensus Order）"。② 中华传统文明中，可以提取这种心态经验为世界秩序做出相应贡献。而世界性的"新圣贤"，就应该具有这种心态：

> 这个思想是我在山东游孔林的时候，突然有感而发的……我在孔林兜圈时，突然意识到孔子不就是搞多元一体的心态这个秩序吗？而他在中国成功了，形成一个庞大的中华民族。中国为什么没有出现像捷克斯洛伐克及苏联那种分裂的局面，是因为中国人有中国人的心态……能否在整个世界也出现这样一种认同呢？大同世界嘛。③

综上，"新战国世纪""新圣贤"及人的心态建设，是应对费先生三种焦虑的药剂。费先生对"新世纪战国"的判断与对"新孔子"的呼唤，蕴含了他对整个世界的愿景以及实现愿景的基本法则。他在研究美好中国何以可能的同时，也在思考美好世界何以可能。我们可以

---

① 费孝通：《略谈中国社会学》，《费孝通文集》第 13 卷，第 4 页；《人不知而不愠——缅怀史禄国老师》，《费孝通文集》第 13 卷，第 85 页；《简述我的民族研究经历和思考》，《费孝通文集》第 14 卷，第 104 页；《我对中国农民生活的认识过程》，《费孝通文集》第 15 卷，第 13 页。

② 费孝通：《略谈中国社会学》，《费孝通文集》第 13 卷，第 4 页。

③ 费孝通：《略谈中国社会学》，《费孝通文集》第 13 卷，第 4 页。

看到，不仅存在中华民族多元一体格局，也可以存在世界多元一体格局。不仅古代中国需要一位孔子，当今世界也需要一位"孔子"。这个"孔子"应是一个跨越宗教、民族、国家、洲际的圣贤。"新世纪圣贤论"的提出，不仅是为了回应"文明冲突论"，而且试图在真正意义上，通过综合各种文明，展开文化自觉与心态建设，实现世界一体的美好秩序。"在全球性的大社会中要使人人能安其所、遂其生，就不仅是个共存的秩序，而且也是个共荣的秩序。也就是说，不仅是个生态秩序，而且是个心态秩序"。① 通过对心态秩序的强调，费先生将激活中国的历史文化传统，力求献策于世界秩序。

### 三、王道对霸道：拒绝政治与经济的单向度

费孝通先生将世界格局比喻为中国的春秋战国时代，有丰富的时代内涵。他不仅认为中国可以为世界一体格局提供历史文化资源，而且认为，通过借鉴中国的历史经验，预示着世界格局将分久必合，但"合"的前提是出现一位救世的"圣贤"。这位"圣贤"并非单独的人物，而是多元文明的交融，或一种普遍的文化制度。因此，20 世纪末的世界犹如秦汉一统前的中国，处于转折之中的状态，它召唤一种综合性的"卡里斯马"。但问题是"卡里斯马"的魅力源自哪里？

费先生认为，近五百年来，西方本有机会为世界一体秩序贡献力量。哥伦布发现新大陆以后，世界不再隔绝。一个本来"各美其美"的世界，只有"美人之美"才不会出现冲突。然而，西方的近代史却

---

① 费孝通：《中国城乡发展的道路——我一生的研究课题》，《费孝通文集》第 12 卷，第 315 页。

是一部攫取非西方国家资源的血泪史，"美人之美"的秩序并未出现，遑论"美美与共"。西方"在这五百年里，并没有找到一个和平共处的秩序，使他们能同心协力来为人类形成一个共同认可的美好社会。相反，从海上掠夺、武装侵略、强占资源开始，进而建立殖民统治和划分势力范围，世界形成了以强制弱、争霸天下、战争不绝的形势"。[①]

"一战"后和"二战"后，都是建立世界和平秩序的绝佳机会。"十四点原则"以及《大西洋宪章》都是从政治层面制定的世界性纲领，但均未经得住时代的检验，只是一套吸引人的理想。"现在正值冷战结束的时刻，却只提出一个空洞、没有内容、没有号召力的所谓'世界新秩序'"。[②] 冷战结束本是另一个机会，但在全球范围内，原本的殖民主义、帝国主义转变成了一种攫取经济利益的新自由主义，引起了世界范围内的"东西差距"与"南北问题"。"现在两霸的对立结束了，曾经有一段时期，美国人以为美国世纪来临了，就是说它要做'秦始皇'了，要统一全世界"。[③] 在费先生看来，这是妄想。无论从政治层面还是经济层面，西方建立世界一体秩序的理想都落空了。根本原因就在于这些秩序没有道德基础，无法向前推进。[④]

> 一个全球性的社会，不能只有利害的层次而没有道义的层次。没有比当前的世界更需要一个道义的新秩序的了……如果目前的世界秩序正好缺乏这个要件，我们中国世代累积的经验宝库里是否正保留着一些对症的药方呢？[⑤]

---

[①] 费孝通：《对"美好社会"的思考》，《费孝通文集》第 12 卷，第 462—463 页。
[②] 费孝通：《面向世纪之交 回顾传统文化》，《费孝通文集》第 13 卷，第 55 页。
[③] 费孝通：《关于教育的思考》，《费孝通文集》第 12 卷，第 430 页。
[④] 费孝通：《面向世纪之交 回顾传统文化》，《费孝通文集》第 13 卷，第 56 页。
[⑤] 费孝通：《略谈中国社会学》，《费孝通文集》第 13 卷，第 18 页。

20世纪90年代，与当下世界范围内的"中国威胁论"相同，西方流行一种"黄祸观"。面对这种"黄祸观"，费先生予以反击，认为中国可以为世界秩序提供美好的文化给养。当西方没有为这个世界秩序贡献更多的力量时，中国文化可以从道德风气与心态层面提供秩序整合的道德资源。为什么中国战国时代能够百家争鸣？就是因为中国有一股文化凝聚的力量。通过考察淄博古都，费先生联想到"稷下学风"，这是一种属于中国战国时代的人文风气。"战国为什么有这样一种风气呢？我想并不是哪个人特别有见识，提倡出来的，而是当时正逢奴隶制度向封建制度转变的时期，正是这个社会变迁，形成了这种风气。现在我们又遇到了一个相似的时期，不过范围不是山东这一块齐鲁文化，而是全世界的文化。这也是一个'战国'时代。"①20世纪末，费先生观察到新的世界秩序正在形成，但这种秩序只是通过经济共同体与政治上的分分合合推动的，还没有一种具有世界道义的、以人为核心的秩序形成。"经济秩序还没有形成一个统一的体系，还是由一双看不见的手把它控制在一起……政治上还走不到一起，欧洲共同体还搞不起来……这样一个世界人心不安，因为道义的秩序（moral order）还没产生。"②

道义秩序如何产生？费先生认为必须在政治与经济层面之上，建立起世界性的心态观。这种心态是各种想法、观念、意识的汇集，是精神层次的汇融。费先生晚年前所未有地强调了心态的重要性。③这

---

① 费孝通：《略谈中国社会学》，《费孝通文集》第13卷，第2页。
② 费孝通：《略谈中国社会学》，《费孝通文集》第13卷，第3页。
③ 费孝通：《略谈中国社会学》，《费孝通文集》第13卷，第4页；《面向世纪之交 回顾传统文化》，《费孝通文集》第13卷，第56页。

个直接从史禄国教授那儿借鉴过来的概念，成为费先生拒绝西式政治、经济秩序的核心理由。由此，费先生建立了有关人类社会的三层秩序观：

> 我认为人的社会有三层秩序。第一层是经济的秩序（economic order），第二层是政治上的共同契约（common contract），有共同遵守的法律，第三层是大众认同的意识。这几个东西假定出不来，大概这个世界还要经过一个战国时期，全世界的战国时期……第三个秩序即道义的秩序，是要形成这样一种局面：人同人相处，能彼此安心、安全、遂生、乐业，大家对自己的一生感到满意，对于别人也乐于相处。[1]

三层秩序和谐共存，才意味着世界秩序达成一体。我们完全可以这样理解，世界秩序中的"新圣贤"，除了能够确保政治、经济领域不会出现紊乱之外，还需要具有一套能够让全世界人民遂生乐业的心态观。这种圣贤心态由文化道德力量来左右，而非枪炮与金钱。"新圣贤"是一位以德服人的圣贤，而非以力制人的霸者。在这种心态观的基础上，费先生晚年数次强调了"王道与霸道"之分，并将王霸分野与世界秩序的形成联系起来。

在《东方文明与二十一世纪和平》一文中，费先生首次提出中国文化传统中的"王霸论"，以批评欧美中心主义。"以力服人者霸，以德服人者王"，[2]以德服人就是用仁爱之心来处理自己与别人的关系。中

---

[1]　费孝通：《略谈中国社会学》，《费孝通文集》第13卷，第3—4页。

[2]　费孝通：《东方文明与二十一世纪和平》，《费孝通文集》第14卷，第5页；《从反思到文化自觉和交流》，《费孝通文集》第14卷，第377页。

国的历史经验主张王道而反对霸道，推己及人，在个人和个人、群体和群体之间建立价值认同；而当时美国主导下的科索沃战争，就是一种以霸权制人的表现。① 为了进一步诠释"王霸论"，费先生多次强调了其有关美好社会的叙述。认为"美人之美"是美好世界的标准，但在霸权世界中，强调他人"从我之美"的心态是一种对他者价值标准的凌驾，将引起纷争。② 而在德性世界之中，人与人、群体与群体之间能够从各美其美上升至美人之美，最后达到美美与共，天下大同。也就是说，德性世界秩序的形成，必须要以美人之美的心态作为基础。西方文明中到处充斥的种族冲突与殖民主义，表明其文明中没有凸显出"美人之美"的文化基础。如果说西方文明为世界秩序提供了经济一体化的纽带，那么除此之外，东方文明还能在文化心态层面有所贡献。

> 在这种心态上建立起来的世界就不会容许霸权主义的横行，大小各种群体才能建立起和平互利的经济和政治关系。在经济上不设置障碍，而是真正平等互利，不采取单方面的短期利益的保护主义，坚持开放和竞争。在政治上，不以力服人，强迫别人接受不平等条约，不干涉别的主权国家的内政，用平等协商来处理国与国、地区与地区之间的矛盾，用对话代替对抗。③

费先生赞成从中国的道德传统中发掘建立世界秩序的文化资源，

---

① 费孝通：《必须端正对异文化的态度》，《费孝通文集》第15卷，第45页；《重建社会学与人类学的回顾与体会》，《费孝通文集》第15卷，第77页。
② 费孝通：《东方文明与二十一世纪和平》，《费孝通文集》第14卷，第6—7页。
③ 费孝通：《东方文明与二十一世纪和平》，《费孝通文集》第14卷，第7页。

反对仅仅从西方文化中寻找世界性的道德根基，更反对以政治、经济为轴心建立世界秩序，尤其是需要对西方的现代化理论予以审慎的态度。"充满'东方学'偏见的西方现代化理论，常成为非西方政治的指导思想，使作为东方'异文化'的西方，成为想象中东方文化发展的前景，因而跌入了以欧美为中心的文化霸权主义的陷阱"。① 但需要提醒读者的是，费先生在拒绝全盘西化的同时，并不同意与西方完全隔绝，因为西方也有诸如萨义德、马林诺夫斯基这样具有文化自觉精神的群体。需要警惕的是那种以霸权制人的殖民主义、种族主义、极端民族主义、文化沙文主义、单线进化主义。② 当前世界已经完全进入"你中有我，我中有你"的联系状态，世界性的秩序需要众国拾柴。③ 当"一分为二，二降二升，四分为多"的格局出现时，每个国家应该在这个世界秩序中实现"多中有我"。④ 只有各国规避"唯我独美"的本位中心主义，⑤ 个个自觉，交融合作，才能塑造新世纪的"新圣贤"，和平美好的世界社会才能到来。

---

① 费孝通：《人文价值再思考》，《费孝通文集》第 14 卷，第 194 页。
② 费孝通：《交融中的文明》，载氏著：《费孝通在 2003：世纪人类学遗稿》，中国社会科学出版社，2005 年，第 179 页。
③ 费孝通：《论梁漱溟先生的文化观》，《费孝通文集》第 11 卷，第 341 页；《从小培养二十一世纪的人》，《费孝通文集》第 11 卷，第 525 页；《中国城乡发展的道路——我一生的研究课题》，《费孝通文集》第 12 卷，第 315 页；《交融中的文明》，载氏著：《费孝通在 2003：世纪人类学遗稿》，中国社会科学出版社，2005 年，第 182 页。
④ 费孝通：《开发大西北》，《费孝通文集》第 12 卷，第 19 页。
⑤ 费孝通：《对"美好社会"的思考》，《费孝通文集》第 12 卷，第 464 页。

## 四、"新圣贤"的位育：未完成的世纪方案

费先生晚年的一系列思考都是以"新世纪圣贤论"作为认识论背景的，其有关美好社会的畅想，有关王霸之争，有关心态建设，有关中和位育、天人合一、和而不同的新人文思想，以及文化自觉的论述，都是以 21 世纪是一个趋于统一的"新战国世纪"，世界需要一位"新圣贤"的判断作为前提的。因此，"新世纪圣贤论"与费先生晚年的其他重要思想互为表述。下面，笔者简要阐述一下"文化自觉"概念与"新世纪圣贤论"之间的关系。从《费孝通文集》《费孝通在 2003：世纪人类学遗稿》两种专著中，笔者找出了 12 篇详细论述"文化自觉"的文章（见表1），其中有 9 篇同时出现了有关"新世纪圣贤论"的详细论述，2 篇未提及，1 篇粗略提及。笔者认为，两个世纪之交出现的"文化自觉"概念，实际上是与"新世纪圣贤论"同时提出的，二者具有内在的一致性。一方面，在世界多元一体的"新战国世纪"，文化自觉的主体所处的系统已经不再是某个单一的文化系统，而是一个包含他者的世界性体系；我们需要自觉的对象，不仅是自身的文化系统，也不仅是民族国家内外的差异与不平衡，而是整个世界内的差异与混乱。另一方面，一个世界性的"新圣贤"，必须具有文化自觉的能力，而这种自觉需要排除任何单向度及中心主义的倾向。在费先生晚年的诸多论述中，我们可以看到，"新圣贤"形成的基本动力，很大程度上来自跨文化交流过程中的文化自觉。[1]

---

[1] 费孝通：《费孝通在 2003：世纪人类学遗稿》，中国社会科学出版社，2005 年，第 170—179 页。

表 1　互为表述的"新世纪圣贤论"与"文化自觉"

| | "新世纪圣贤论" | "文化自觉" | 发表时间 |
|---|---|---|---|
| 《开创学术新风气》 | 无 | 详细论述 | 1997 年 1 月 |
| 《反思·对话·文化自觉》 | 粗略提及 | 详细论述 | 1997 春 |
| 《人文价值再思考》 | 详细论述 | 详细论述 | 1997 年 3 月 |
| 《完成"文化自觉"使命，创造现代中华文化》 | 无 | 详细论述 | 1998 年 2 月 |
| 《从反思到文化自觉和交流》 | 详细论述 | 详细论述 | 1998 年 6 月 |
| 《中华文化在新世纪面临的挑战》 | 详细论述 | 详细论述 | 1998 年 9 月 |
| 《重建社会学与人类学的回顾与体会》 | 详细论述 | 详细论述 | 1999 年 9 月 |
| 《新世纪、新问题、新挑战》 | 详细论述 | 详细论述 | 2000 年 7 月 |
| 《经济全球化和中国"三级两跳"中对文化的思考》 | 详细论述 | 详细论述 | 2000 年 10 月 |
| 《人类学与二十一世纪》 | 详细论述 | 详细论述 | 2001 年 7 月 |
| 《文化自觉——传统与现代的接榫》 | 详细论述 | 详细论述 | 2002 年 8 月 |
| 《"美美与共"和人类文明》 | 详细论述 | 详细论述 | 2003 年 8 月 |

此外，我们可以进一步来看看"文化自觉"是如何因应新世纪的"新圣贤"呼唤的。在笔者看来，"文化自觉"概念是费先生为了应对 21 世纪可能出现的三种倾向而提出的策略。第一是为阻止全球化格局中可能出现的中心主义倾向，破解少数霸权力量主宰世界秩序而提出的策略。[①] 如果世界格局由一位"新圣贤"来维持、制衡的话，那么这位"新圣贤"所具有的特质就必定不能只是西方的，还有来自其他文

---

① 费孝通：《反思·对话·文化自觉》，《费孝通文集》第 14 卷，第 161—166 页。

明的、通过"文化自觉"而产生的文化资源。20世纪末至21世纪初，世界一统的理想还未实现，如果要避免霸权主宰，就需要"文化自觉"来表述占少数权力席位的声音。① 第二是"文化自觉"必然产生对不同国家模式的自我认识，在差异纷呈的国家认识中，相应会生成许多对单一性民族国家理论的抗议。例如，费先生有关中华民族的自我觉知，既是对西方民族国家理论的否定式宣言，也是对世界"新圣贤"的忠告之言。② 而当前对"中国模式"的辩证性认识，可以从费先生的论述中吸取灵感。第三是对以利益为中心的单向度"现代化"过程予以否定。在对自我与非我的双向觉知过程中，要追问塑造"我"的现代化过程是怎样的现代化、谁的现代化？"在跨入21世纪之前，对20世纪世界'战国争雄'局面应有一个透彻的反思，为的是避免在未来的日子里，'现代化'的口号继续成为人与人、文化与文化、族与族、国家与国家之间利益争夺的借口"。③ 费先生认为，"文化自觉"能够提供有关现代化的反思。

因此，如果我们将"文化自觉"视为21世纪"新圣贤"所应具有的优秀特质，那么就可以找到塑造这位"新圣贤"的具体方法，进而有望进入天下和谐大同的新世纪。此外，费先生所叙述的有关何为美好社会、如何回归王道伦理、应该具备怎样的新人文思想以及世界需要怎样的人文心态等内容，都可以视作世界性的"新圣贤"身上所应具有的内在特质。这样一来，"新圣贤"就由一个抽象的概念转变为一个具象的、可以共建的对象。纵观费先生晚年的所有论述可以发现，

---

① 费孝通：《完成"文化自觉"使命，创造现代中华文化》，《费孝通文集》第14卷，第341页；《中华文化在新世纪面临的挑战》，《费孝通文集》第14卷，第404页。

② 费孝通：《新世纪·新问题·新挑战》，《费孝通文集》第15卷，第285页；《经济全球化和中国"三级两跳"中对文化的思考》，《费孝通文集》第15卷，第323页。

③ 费孝通：《人文价值再思考》，《费孝通文集》第14卷，第122页。

主要围绕"何为新圣贤"这一问题，他构建了一个有关 21 世纪的世界性方案。

费先生晚年的"新世纪圣贤论"超越了 20 世纪的"战国争霸论"，超越了"文明冲突论""民族国家论""西方现代论"。作为一个世界性的世纪方案，费先生晚年为学界乃至世界提供了极为重要的思想遗产。但是目前，它仍然是一个未完成的方案，有待全世界来合作完成。当今世界，局部冲突仍然不断，面对极端主义、恐怖主义、他国威胁论等对世界秩序进行反动的力量，全世界迫切需要建立互相合作、互相嵌入式的合作模式，因此，费先生的"新世纪圣贤论"与目前的时局是相契合的。充分注意这一世纪方案，有助于对新世纪世界秩序的认识与建设。

最后，笔者认为，后学不仅要从费先生早年的经典研究中借鉴观点、方法，还需要从其晚年提出的、未被充分注意的这一世纪方案中寻找灵感。即应将费先生晚年所有的重要思考视为一个整体，勿一叶障目，以致失去对全象的认识。"新世纪圣贤论"是其晚年思考的经纬，只有了解这一隐藏在文本中的关键线索，才能把握费先生晚年思想的全貌。令人欣慰的是，近年已有少数学者开始关注费先生晚年的相关论述。例如，王铭铭教授的《超越新战国》[1]以及高丙中教授对"世界社会"概念的相关论述，[2]就是从费先生的相关论述中出发的。对于后学来说，这些研究无疑极大地激发了费先生的学术遗产。笔者期盼自己及后学同仁能够从费先生原有的叙述出发，去关照现实世界图景。

---

[1] 参见王铭铭：《超越"新战国"：吴文藻、费孝通的中华民族理论》，生活·读书·新知三联书店，2012 年。

[2] 高丙中教授在第三届"海外民族志暨美国社会民族志研究工作坊"的主题演讲《中国人类学的世界社会及其民族实践》中，详述了"世界社会"的概念。

在笔者看来，"新世纪圣贤"的塑造仍然是一个未完成的方案，实现对其"超越"还需要以"新圣贤"的基本建设为前提，仅从民族国家角度提出理论性的"超越"，可能还有一些操之过急。我们对西方的批判，也应该是在吸取西方精髓基础上的批判，对自身文明的认识更不应妄自菲薄。同样，强调"世界一体"的概念十分重要，但前提是要理清这一概念的内在逻辑。对于费先生的思想遗产来说，如果离开"美好社会""心态建设""王道霸道""中和位育""天人合一""和而不同"等一系列相关论述，那么有关"新世纪圣贤"或"多元一体"的概念就是十分空洞的。

# 重返"土"范畴

## ——费孝通先生的学术遗产 [①]

### 一、中国人类学研究：从土范畴开始

20 世纪的中国人类学，在很大程度上可以说是从"土"的范畴中开始发声的，费孝通先生的研究便是其中的代表。如其经典著作《乡土中国》与《乡土重建》，刻画了以"乡土"为本色的中国图景。在《江村经济》《生育制度》与《云南三村》等几本著作中，土范畴也占据了叙述的中心位置，尤其是关于土地的生产方式、供应能力、边界属地、社会属性以及土地对人的束缚与解放等，都是费先生极为关注的主题。费先生在 20 世纪末期提出的小城镇方案和在弥留之际提出的 21 世纪新方案，都是基于"土"范畴而提出的具有总体性指导意义的现代性方案。费先生的这些方案远远还未达成——用哈贝马斯的话来说，这远远是一项未竟的事业。[①] 不论"后现代""后工业""后乡土"之类的思潮怎样泛涌，中国当代的现代化建设仍然需要从以费先生为代表的那一代学人中去吸取"古旧"的灵感。

虽然，在当下的人类学研究中，出现了形形色色的试图离开"土"范畴、"告别乡土中国"的经验研究与理论探索，但在面对"中国"、研究"中国"的过程中，不论是"本土人类学"研究、"家乡人类学"研究，还是"海外中国"研究，不论是理论的探索还是中国模式、中国特色的建构，我们都应该全面理清作为中国文化根基的"土"范畴具有何种内在的维度，思考多样性的中国传统与现代化之间的关系。这种认识与思考是有意义的，正如李约瑟所判断的那样，"现代中国"

---

① 参见（德）哈贝马斯：《现代性：未完成的方案》，载汪民安等主编：《现代性基本读本》，河南大学出版社，2005 年。

具有"古代传统"；①或如佩里·安德森所说的，"现代性的外表一再暴露其深层的古旧"，②研究"现代"应立足于中国的实际与历史。费先生在很早之前就看到："一切东西，不单是古旧，而且在习俗中已是根深蒂固地确立了。"③在某种意义上，土范畴就是这种根深蒂固的东西，它不会因为任何舶来的现代化方式而消失。"我并不愿承认，中国从西洋传入了新工具，必然会变成和西洋社会相同的生活方式"。④也就是说，某些现代文明或西方文明都可以与中国的文化传统进行良好的结合，但不能替代。

在展开本文所谓的"土范畴"之前，有三点需要澄清。第一是土范畴在社会经验层面上的所指。它不仅是指纯粹自然的土，更重要的是指与"土"直接相关的生产方式、社会制度与社会观念。尤其是在社会层面上，"土"范畴是指在中国悠久的历史中不断变动的社群形态、生产制度与观念体系。这种深深嵌入中国社会中的"土"范畴，极具深度与广度。它所赖以维系的空间，既可以小到一个宗族、部族或村寨社区，也可以大到民族国家、帝国、天下抑或朝贡体系。我们可以从"土"这一人类学研究范畴中，看到有关"人"的生产方式与意识形态。我们知道人是会死的，但土不会轻易死去，即使土地上的人与社会一拨接一拨地更替，土地却是恒在的，至多在"地皮"的使用方式上发生变化，"地骨"不会变，人们使用土地的观念与制度也不会在短时间内更替，与土相关的一切社会事实更不会因某个人的离

---

① （英）李约瑟著，劳陇译：《现代中国的古代传统》，生活·读书·新知三联书店，1987年，第23页。
② （英）佩里·安德森著，刘北成等译：《绝对主义国家的谱系》，上海人民出版社，2001年，第14页。
③ 费孝通：《社会学家派克教授论中国》，《费孝通文集》第1卷，第122页。
④ 费孝通：《乡土重建》，《费孝通文集》第4卷，第301页。

去而瞬间变更。因此，从"土"范畴中发掘中国文化内核及其所寄存
的社会观念，与从"人"着手来研究中国相比，是一个更为开放的视
角。当然，我们也不能完全脱离自然范畴来谈社会观念上的"土"，而
应将自然范畴与社会范畴结合起来讨论。一方面，土地中的自然要素
是多样的，广义的土地，同时包括水、气等自然界供给生物生活的资
源；但另一方面，这种多样性又限于人与社会对土地的认识程度与使
用手段，即不同社群的知识、观念、意义会让土地产生巨大的价值差
异。"土"范畴是这两个方面的综合。

　　第二点是要指出土范畴在文化领域所具有的包容意义。土范畴既
不能被简化为语义学上与"洋气"相对立的"土气"概念，也不能被
定位为在文化层次上与上层"文明"相对立的底层概念。洋气可以与
土气结合，文明与乡野之间也没有那么泾渭分明，而是共同内涵于土
范畴内部的。费先生明确指出，中国的传统文化是从"土地里长出来
的文化"，新的文化也要"从土地里拔出"，[①] 文野之间没有绝对的分界
线，"泥腿子"也可以成为读书人，甚至于王侯将相。另外，现代文化
与乡土之间也不是对立的。在费先生看来，不同的经济文化模式在不
同时代的土地之上各有其对应的社会关系，[②] 但同一个地方也可以兼容
不同的经济文化模式。在费先生所说的中国"三级两跳"过程中，现
代文化本身可以与中国的土范畴融为一体。在笔者看来，中国的土文
明中本身就蕴含了转向现代文明的动力与要素，假以一定的条件与前
提，它就是"现代"本身。

　　第三点是研究视角上的扩展。中国的土范畴不能与"本土人类学"
中的自我本位范畴等同起来。自 20 世纪 70 年代之后，随着反思人类

---

　　① 费孝通：《土地里长出来的文化》，《费孝通文集》第 4 卷，第 176 页。
　　② 费孝通：《乡土重建》，《费孝通文集》第 4 卷，第 302 页。

学以及"后现代""后殖民""后工业"等一系列主义、话语的兴起，西方的人类学研究框架遭到了许多学者的质疑，东方的人类学者于是提出要用"本土人类学"或"家乡人类学"的范畴来应对西方人类学话语的危机。这种学术倡导只是将亚洲或中国的文化置于西方文化的对立面，并没有让中国人类学研究获得一种不证自明的独立性。相反，作为他者的西方仍或隐或显地存在于诸多民族志文本之内，诸如《甜蜜的悲哀》或《东方学》之类的著作让学者从一个极端走向另一个极端，在本质上却殊途同归，中国文化传统的本根正逐渐被抛弃。

而本文所谓的"土"范畴，并不是要将中国人类学研究放在"本位—他者"这个虚假对立连续统中的某一点上，而是认为，中国土范畴经过一百年的变革，对外来的他者文化已经具有极大的适应度或容纳度了。甚至可以说，已经成为这个具有张力的连续统本身，而非某一个截面。因此，我们在观察中国，尤其近代中国时，也可以自觉地"兼用"来自他者文明的研究框架。这种"兼用"，是基于中国文化传统和当代实际情形所展开的一种策略式运用，而不是简单的"拿来主义"。

具体到费孝通先生的研究，尤其是文化领域的研究，土范畴类似于他说的"文化传统有机体"。

> 文化是一种传统的东西，我们每个人都生长在这里面。我们的语言、习惯、情绪和意见都是不知不觉地在这里面养成的……在这种意义之下，我们可以说传统、习俗和文化，是一个有机体……中国就是这一种有机体，在它悠久的历史中，逐渐生长，并在地域上逐渐扩张。在此历程中，它慢慢地，断然地，将和它所接触的种种文化比较落后的初民民族归入它的怀抱，改变它们，

同化它们，最后把它们纳入这广大的中国文化和文明的复合体中。①

综上，本文所阐述的"土"范畴，是指在经验上拒绝对"土"进行纯粹自然取向的理解，而是关注与"土"相关的生产方式与意识形态；在文化上拒绝将"土"理解为边缘与底层，而是将其看作一个富有张力的、本身蕴含文明与现代化动力的复合体；在方法上拒绝以"本土"为唯一的研究取向，而是立足于土范畴的基架，倡导对中国进行一种历史的、多维度的解读，任何独重本土或贬土媚洋的研究方式都是不可取的。在本文中，笔者将重点回顾总结费先生的三个现代化土方案，这是费先生给我们留下的巨大学术遗产；然后阐述当下几种试图离开土范畴、土方案的主流话语，并指出其对土范畴存在的误读；最后，笔者将讨论土范畴的几个内涵，并倡导日后的中国人类学研究都不应回避、拒绝土范畴而贸然展开各式各样的讨论。所谓的"新农村""新城镇"建设，也应回到"中国文化传统有机体"这一内部视野，在土范畴中展开文化自觉，这是中国人类学研究应有的题中之义。

## 二、费先生的三个土方案：从乡土重建到 21 世纪新圣贤

"要理解一个人思想的来龙去脉，必须有个全局观点，要在这个人的全部著作中去寻找。"② 同样，要理清费先生土范畴，也必须从其一生

① 费孝通：《社会学家派克教授论中国》，《费孝通文集》第 1 卷，第 121—122 页。
② 费孝通：《皓首低徊有所思》，《费孝通文集》第 11 卷，第 38 页。

的著述脉络中去理解。众所周知，费先生一生设计了诸多"土"方案以应对中国的现代化危机，或费正清所谓的"冲击—回应"问题。而在笔者看来，费孝通在青年时期提出的乡土重建方案、在 20 世纪 80 年代提出的"多元一体"方案以及在晚年时期提出的小城镇方案和"21世纪新圣贤"方案，是其一生中最为重要的四个"土"方案。其中，"多元一体"方案是基于中华民族关系格局而提出的全局性认识，无关本文宏旨，故笔者未将其纳入本文讨论的范围内。

（一）青年费孝通的乡土重建方案

我们首先来回顾一下青年费孝通的乡土重建方案。1934 年，在世界性资本的冲击下，江浙等地的丝织工业出现了前所未有的危机。为了复兴丝织业"救中国"，青年费孝通明确表示："要在中国的本土上建筑起一个切当的、新的社会组织，来拉开 20 世纪人类历史的序幕。"[1]丝织工业要兴起，就要考虑中国的内在情形。费先生当时就认为不能贸然发展都市工业："我们一定要在农村设厂，不能在都市中设厂，而教农民离乡，使丝业脱离农村。要在乡立厂，这厂的规模，就受该地人口的限制。这是都市工业和乡村工业的一个根本分歧点。都市工业是以人去就机器，乡村工业是以机器去就人。"[2]因此，费先生复兴丝织工业的方案是扎根乡土的，不仅考虑了土地与桑蚕、丝料的乡土性，而且考虑了劳动者的乡土性。这个"土"方案不仅蕴含着以人为本的理念，还隐含着一种平等与自由的前提，即不能因为发展工业就要去牺牲某部分人的自由，不能让人变成机器的附庸。当同时代的梁漱溟、晏阳初等人轰轰烈烈地兴起乡村建设运动时，青年费孝通就意识到那

---

[1] 费孝通：《复兴丝业的先声》，《费孝通文集》第 1 卷，第 241 页。
[2] 费孝通：《复兴丝业的先声》，《费孝通文集》第 1 卷，第 242 页。

种破坏古旧文化、"在旧地上另起新屋"的行为，一定要慎重和思虑周全。他说："好像一个接生的医生，要看得见母亲的呻吟和痉挛。"①

如果说梁漱溟的乡村建设方案与费孝通的重建方案都考虑到了文化传统的延续性，那么晏阳初的平民教育方案则以一种要脱胎换骨的姿态宣告，一定要改变"愚、弱、私、贫"的传统乡土社会。费先生对于"弱、私、贫"三点不置可否，但是对于"愚"字，则完全予以反对。在《乡土中国》的开篇——《文字下乡》一文中，费先生就以反讽的手法回应了那种认为乡下人"土气""愚昧"的偏见。②乡土社会中的人并不"愚昧"，所谓的"愚昧"来自评价者的知识体系。如果这套知识体系完全来自庙堂之上，或是全盘西化的，而非扎根乡土的眼光，那么其对乡土的评价必定是偏颇的。

乡土中国的"贫"是费先生最为关注的问题。在某种程度上，《江村经济》一书甚至可以说是费先生为了应对中国农村贫困危机而提出的"土"方案。这个方案以土地为中心，展开有关经济生产、社会组织、文化习俗等方面的讨论。在该书最后一章论述"中国的土地问题"时，费先生几乎将所有的笔墨用在了如何改造社会组织与土地生产方式上。③衡量经济价值的标准、对生产方式和社会组织的改造，全部依凭人们有关土地的知识体系与思想观念。④"名誉、抱负、热忱、社会上的赞扬，就这样全部和土地联系了起来"。⑤土地是中国人的财产观念的核心，中国人的安全感也完全来自土地。因此，要改造乡土中国的"贫"，实现社会的延续和发展，首先要从改造土地上的社会组织

① 费孝通：《复兴丝业的先声》，《费孝通文集》第1卷，第247页。
② 费孝通：《乡土中国》，《费孝通文集》第5卷，第316—317页。
③ 费孝通：《江村经济》，《费孝通文集》第2卷，第199页。
④ 费孝通：《江村经济》，《费孝通文集》第2卷，第131、133、134页。
⑤ 费孝通：《江村经济》，《费孝通文集》第2卷，第129页。

和生产方式入手。费先生用极为详尽的材料证明了，在中国农人所谓"土"的生活世界里，他们可以同时从事不同类型的生产劳动，兼及农工。"事实上，中国的大多数农民同时也是工匠"；[①] 可以吸收"三种不同的历法"，[②] 可以过不同的日子。也就是说，土范畴在解决"贫"的问题时，具有极大的包容性。但对"贫"的改造不能仅靠迅猛的西化手段，而应如费先生的导师马林诺夫斯基所指出的那样："这一过程必须逐步地、缓慢地、机智地建立在旧的基础上。"[③] 人地比例失衡、人们持守土地的观念、土地权的外流以及手工业的崩溃，共同造成了中国的"贫"。因此，土地既是保障，也是一种束缚。只有打破这种束缚，才能解决"贫"的问题。虽然费先生没有在《禄村农田》中提出具体的解决束缚的方案，但这本民族志展现了中国的方块农田中蕴含着国家、族群、宗族、家庭、个人等不同阶层的意识、观念与权利边界等要素，并为其日后提出各种"土"方案打下了坚实的认识基础。[④]

如何解决人地矛盾与土地束缚问题呢？发展乡村合作工业是青年费孝通给出来的答案之一。发展乡村合作工业，并非是简单地恢复传统乡村手工业，而是要将传统生计方式改造成一种新型的乡土工业，需要将乡土中的人重新组织起来。这种乡土工业虽然在劳动方式上部分地离开了土范畴，与"旧的基础"有所不同，但在社会组织、文化传统、生产类型上仍然是扎根于土范畴的。他在《江村经济》《云南三村》[⑤] 两书中提出要以农村合作组织来发展乡村工业，在《禄村农田》

---

① 费孝通：《云南三村》结论，《费孝通文集》第 2 卷，第 417 页。

② 费孝通：《江村经济》，《费孝通文集》第 2 卷，第 107 页。

③ （俄）马林诺夫斯基：《江村经济》序言，载费孝通：《费孝通文集》第 2 卷，第 215 页。

④ 费孝通：《云南三村》序言，《费孝通文集》第 2 卷，第 136 页。

⑤ 费孝通：《云南三村》结论，《费孝通文集》第 2 卷，第 424 页。

中则提出要重建一种适合中国农村"消遣经济"①类型的工业，都是基于土范畴而提出的理念。在《人性与机器》一文中，他直接指出："社会机构不像机器可以过了洋不变质。它是一定要在人民生活的土中滋长出来。"②青年费孝通不仅将这种基于乡土特性的合作视作体现真正民主的途径，更为重要的是，他从农民合作促进经济平等的理念出发，推衍到世界性的民主也需要世界各国人民的合作才能实现。费先生说："中国的传统中深植着一个关于天下（T'ien Hsia），关于四海一家（Global Community）的理念。"③也就是说，土范畴的传统中就蕴含着合作与天下大同的思想。

要强调的是，在费先生看来，发展工业并不是与农业冲突的，乡村工业是农业的延伸而非替代，"农业靠土地的生产力供给我们植物的原料，工业则把这些原料制造成可以消费的物品"。④费先生在《中国乡村工业》一文中指出："在家庭经济上，农业和工业互相依赖的程度反而更形密切。中国的传统工业，就是这样分散在乡村中。我们不能说中国没有工业。中国原有工业普遍地和广大的农民发生密切的联系。"⑤并且，传统的乡村工业是用来帮助农业维持庞大的乡村人口的，

---

① 费先生在《禄村农田》里区分了三种经济形态，一是资本主义兴起时期，以生产为中心的经济；二是资本主义成熟时期，以消费为中心的经济；三是中国传统农村经济，即所谓的"消遣经济"。中国的消遣经济与资本主义经济不同，后者是离不开市场的支持的，而消遣经济则只是部分地依靠市场。一方面，乡土中国可以实现内在的自给。（参见费孝通：《禄村农田》，《费孝通文集》第2卷，第317—323页。）另一方面，内在的人情关系网络可以部分支撑"物"的流动。即在中国走向自由市场之前，中国的消遣经济是紧紧"嵌入"于波兰尼所谓的"社会"之中的。〔参见（匈牙利）卡尔·波兰尼著，冯钢译：《大转型——我们时代的政治与经济起源》，浙江人民出版社，2007年。〕
② 费孝通：《人性和机器》，《费孝通文集》第3卷，第393页。
③ 费孝通：《云南三村》结论，《费孝通文集》第2卷，第431页。
④ 费孝通：《中国乡村工业》，《费孝通文集》第3卷，第3页。
⑤ 费孝通：《中国乡村工业》，《费孝通文集》第3卷，第5页。

是以工辅农，而非以农辅工。在 1949 年以前，中国农村的土地能够双重吸收农业的劳力与工业的资本（包括农民自身积攒的资本），"这笔资金既不能在工业里翻覆地再生产，最后依旧得向土地里钻"。[①] 面对都市工业资本以及世界资本主义的压力，费先生认为中国的乡村工业仍然是有前途的，关键在于通过何种手段来改造乡土中国。费先生的手段包括：让机器适应乡村、建立农民合作组织、联系都市与乡村、发展乡土工业等。由此可知，费先生基于中国农村特性而设计出来的工业建设方案，并不排斥外来资本与技术，而是将工业生产、农村建设、资本积累等现代性的过程置于中国内在的实际情形和历史脉络中进行设计，充分考虑了传统中国的社会文化形态。费先生认为，中国的土范畴是一个活的东西，现代化的工业设计必须尊重这一活的对象。不过，现实是残酷的，"中国乡土社会中本来包含着的赖以维持其健全性的习惯、制度、道德、人才，曾在过去百年中，不断地受到损蚀和冲洗，结果剩下了贫穷、疾病、压迫和痛苦"。[②] 要挽回这种颓势，就要重建乡土经济、政治和文化体系。在经济层面，费先生明确指出了发展乡土工业的具体要素，而在资本、交通、动力、劳力等方面，"乡土还是我们复兴的基地"。[③] "新兴工业所需要的资本，虽然有一部分可以从国外和都市中积聚，但是最后还是得在广大的农民身上去吸收。吸收的方法尽管不同，归根到底还是要取给于土地"。[④]

此外，在乡土重建的过程中，也要重视土范畴中的意识形态以及政治治理方式。在意识观念层面，费先生认为要完成中国的乡土重建，

---

① 费孝通：《中国乡土工业》，《费孝通文集》第 3 卷，第 10 页。
② 费孝通：《乡土重建·损蚀冲洗下的乡土》，《费孝通文集》第 4 卷，第 354 页。
③ 费孝通：《乡土重建·损蚀冲洗下的乡土》，《费孝通文集》第 4 卷，第 407 页。
④ 费孝通：《战后经济问题》，《费孝通文集》第 3 卷，第 87 页。

要将传统的意识形态与动态的社会变迁结合起来，儒家中和位育的思想、克己复礼的观念、注重身份的伦常体系以及天下大同的美好理想等，是内在于乡土之中的，可以激活并适应现代社会。①需要指出的是，费先生并不是在为传统的儒家思想张目，而是认为东方与西方有不同的时势，所以完整的"世界社会"图景，不能仅由西方来擘画。②在政治治理方式上，费先生认为任何大刀阔斧的、由上而下的或纯粹西化的单轨政治都是不合中国国情的；现代政治治理必须考虑中国基层自治的基础，否则将会造成政治与社会的脱节。③

（二）20 世纪 80 年代的小城镇方案

如果说青年费孝通提出的乡土重建方案，是基于文化、政治与社会组织的乡土传统而提出的现代化方案，那么完全可以说，这一现代化方案是内含于中国土范畴之内的。费先生曾说过："从基层乡土着眼去看中国的重建问题，主要的是：怎样把现代知识输入中国经济中最基本的生产乡村去。"④也就是说，中国的传统机体能够承载合理的新式发展模式，立足于文化自觉，借助外力，不断革新、发展。费先生理解的现代化，只是改造中国、实现人民富裕的一个总体性方案，它不代表与过去的决裂，更不是一个放之四海而皆准的标准程序，而是内在于中国历史和不同区域的地方性知识之中，"现代化实际上是对一

---

① 费孝通：《乡土重建·中国社会变迁中的文化结症》，《费孝通文集》第 4 卷，第 300—313 页。

② 费孝通：《乡土重建·中国社会变迁中的文化结症》，《费孝通文集》第 4 卷，第 313 页。

③ 费孝通：《乡土重建·基层行政的僵化》，《费孝通文集》第 4 卷，第 334—343 页。

④ 费孝通：《乡土重建·对于各家批评的总答复》后记，《费孝通文集》第 4 卷，第 435 页。

个由来已久的历史过程的新提法，也表示了这个历史过程的一个新阶段"，其目的是让"各地、各族、各国人民获得事实上的平等"。因此，现代化是中国的现代化，任何发展方案的提出，必须立足于中国范畴。20 世纪 80 年代的现代化的主要内容之一是发展乡镇工业，而费先生认为"乡镇工业是从泥土里长出来的，我把它称为草根工业"。[①] 这种"草根"，就是中国实际。

> 我们已经认识到，我们所要走的应当是一条独立自主的、从中国实际出发的、为广大人民服务的社会主义现代化的道路……中国的现代化必须是从中国社会实际出发的现代化，它的具体步骤和形式不可能完全雷同于任何时代的其他国家的现代化，它必然有它特殊的形式。[②]

费先生在改革开放后提出的、以小城镇为依托的、发展乡村工业的方案，完全继承了以往乡土重建方案中的平等理念。非但如此，到了 20 世纪 80 年代，费先生所说的"特殊形式"，不仅包括中国五千年的文化传统，而且包括社会主义国家实践中的平等传统。新的方案加进了新的传统：新中国的成立为土范畴注入了前所未有的平等、正义内涵，即在土地之上必须体现权利平等的意识形态。如果说 20 世纪 40 年代的乡土重建方案中所含的城乡平等内涵是费先生个人的呐喊，那么，20 世纪 80 年代的小城镇方案中所追求的共同富裕则是一种集体的呼声，这种呼声以土地权利平等为前提。其实，不管是什么样的现代化，都要考虑农民、少数民族以及贫困群体的发展。"如果中国的

---

① 费孝通：《社会学的使命》，《费孝通文集》第 11 卷，第 129 页。
② 费孝通：《略谈中国的现代化》，《费孝通文集》第 8 卷，第 20 页。

工业化不是发生在社会主义的时代，经济文化比较落后的少数民族必然会受到排挤，不但得不到现代化之利，反而会受到它的危害"。①

小城镇就地解决农村剩余劳动力的"离土不离乡"模式，"对农业不发生破坏作用，对农民不产生贫困化的后果"。② 这种模式要因地制宜，不同的小城镇应有不同的发展模式，就像在乡土重建方案中对江村、禄村、易村、玉村有不同的发展设计一样。费先生在 20 世纪 80年代提出的小城镇模式衔接了乡土重建方案的设计模式。例如，在 20世纪 80 年代，"农村开始复兴，生产了大量商品，迫切要求有自己的集散中心，小城镇的复活势所必至"。③ 在这里，他将农村复兴与城镇复活两个目标放在了一个共变的体系中。也就是说，我们可以将小城镇方案看作乡土重建方案的延续，而非改头换面。况且费先生也明确说过，自己的小城镇研究是在农村研究的基础上发展出来的。④ 同时，小城镇的工业发展方案又是涵盖乡土工业重建方案的。为此，费先生提出了一种分层次的嵌套发展模式："高层次的小城镇的销售范围不仅包含低层次的小城镇及其销售范围，而且高层次的小城镇自身也具有属于低层次小城镇的销售范围"。⑤ 这样一来，通过串点成面，以面带点，以往的乡土重建方案就与小城镇方案衔接了起来，"江村模式"实现了向"苏南模式""温州模式""珠三角模式"乃至"中国模式"的转变。

小城镇模式要想从历史中汲取新的发展动力，必然仰赖社会主义的集体遗产。20 世纪 80 年代早期，费先生就发现："吴江小城镇兴盛

---

① 费孝通：《略谈中国的现代化》，《费孝通文集》第 8 卷，第 26 页。
② 费孝通：《农村工业化的道路》，《费孝通文集》第 9 卷，第 86 页。
③ 费孝通：《做活人口这块棋》，《费孝通文集》第 9 卷，第 35 页。
④ 费孝通：《小城镇，再探索》，《费孝通文集》第 9 卷，第 350 页。
⑤ 费孝通：《小城镇，大问题》，《费孝通文集》第 9 卷，第 226 页。

的主要和直接的原因是社队工业的迅速发展，而不能说是多种经营、商品流通的结果。"① 人民公社时期遗留下来的集体合作观念与现存组织，为推进小城镇工业发展提供了社会动力。依托集体合作组织的遗产与小城镇的辐射作用，原先受到压抑的农村、城镇商品经济能够得以释放，新的流通渠道能够得以开辟，中国农村、城镇就能"自觉地适应、促进"新事物的发展。更为重要的是，小城镇作为连接城乡的纽带以及农村复兴的中心依托，能够将整个中国盘活起来。小城镇不仅是农村剩余劳动力的"蓄水池"，也是连接城乡的纽带。一方面，"离土不离乡"的劳动力转移模式既让农民走出了传统的生计模式，又保存了传统乡土的完整性；另一方面，小城镇又连接了中国各个都市，"乡镇工业离不开城市，城乡工业也离不开乡镇工业。乡镇工业实际上已经成为城市工业体系中的一个组成部分，两者的密切结合是区域经济发展的必然现象"。② 在这个意义上，费孝通先生的土方案迈向了一个新阶段。

立足于吴江地区的考察，费先生将眼光不断地扩展至苏南、苏北、温州、珠三角、少数民族地区乃至全中国。在对不同发展"模式"的分析中，费先生十分注重各地特色。以"全国一盘棋"的眼光，将不平衡性、差异性、历史性与多样性统合到中国特色的现代化这一目标中去。一方面，在论证不同区域的发展特色时，注重地方的土地特性；另一方面，在论证整体中国的发展模式时，注重"和而不同"的中国土地特性。为了让乡土工业和小城镇方案更具开放性的视野，费先生以发展乡镇企业为中心，论证了"区域性城乡经济协调"发展模式的

---

① 费孝通：《小城镇，大问题》，《费孝通文集》第 9 卷，第 211 页。
② 费孝通：《小城镇，再探索》，《费孝通文集》第 9 卷，第 359 页。

重要性，① 并且举出了具体的措施。② 20 世纪的最后 20 年中，费先生"行行重行行"，足迹遍布全国各地，写下了无数基于地方特色、促进区域发展的精彩篇章。他由此得出一个结论：不同的区域模式可以通过优势互补、区域合作，走向联合，最终实现"全国一盘棋"。③

费先生以小城镇为中心，将具有中国内在视野的土范畴理念发挥到极致，认为一切现代化方案都离不开对地方性知识与中国性知识的双重考察。他对乡土工业以及城镇工业的设计完全尊重地方生态，各种商品流通网络、特色生计模式也完全是民间的、内发的。④ 日本学者鹤见和子将费先生的这个发展方案概括为"内发型发展"，是"适应于不同地域的生态体系，根植于地域居民的基本生活需要和地域的文化传统，依据地域居民的共同合作，开创出发展方向和道路的一种创造性的事业"。⑤ 而陆学艺、李友梅等中国学者也曾引用过"内发型发展"的概念。⑥ 费先生本人也比较赞成鹤见和子的这一概括："新生事物似乎都不可能和传统模式相脱节，而且常常是脱胎于传统模式的。我指出这一点体会，很可能与日本鹤见和子教授的'内发型发展论'有相通之处。"⑦

在笔者看来，这种内发型的发展理念与本文所说的中国土范畴尽

---

① 费孝通：《小城镇，再开拓》，《费孝通文集》第 9 卷，第 426、440 页。

② 费孝通：《推动乡镇企业继续前行》，《费孝通文集》第 9 卷，第 482—486 页。

③ 费孝通：《全国一盘棋》，《费孝通文集》第 11 卷，第 328。

④ 费孝通：《贫困与脱贫》，《费孝通文集》第 10 卷，第 516 页。

⑤ （日）鹤见和子著，胡天民译：《内发型发展的理论与实践》，藤原书店，1999年，第 32 页。

⑥ 参见李友梅：《费孝通与 20 世纪中国社会变迁》，上海大学出版社，2005 年；陆学艺：《内发的村庄》，社会科学文献出版社，2001 年。

⑦ 费孝通：《对中国城乡关系问题的新认识——四年思路回顾》，载费孝通、（日）鹤见和子等：《农村振兴和小城镇问题——中日学者共同研究》，江苏人民出版社，1991年，第 8 页。

管有很多契合之处，但并不等同。费先生的乡土重建方案与小城镇方案是内外兼修的，他同意"洋为中用"，并一向认为只要我们坚持中国文化传统的自觉，就可以借助外力发展自身。而中国土范畴本身拥有的接纳外物的张力，与费先生的现代化方案相契合。费先生曾经强调过，鹤见和子的概括"虽有一定的理由，但我认为内发并不排斥外来的影响"。[①] 一味强调内发性，就有可能导致内外之间的区隔与对立。因此，我们不宜过度强调"内发性"，现代化的发展既需要考虑中国模式的特色，也需要对整个世界有所认识、有所作为。如果我们再将眼光移到费先生于 21 世纪前后所设计的另一个土方案，就可以看到中国土范畴中的世界性魅力。

（三）21世纪的新圣贤方案

20世纪90年代，费先生认为扎根于乡土的工业以及中国乡镇企业已经具有世界性的意义，并可以"接受世界性的、现代化的挑战"。[②] 但是，在20世纪的最后10年中，中国的土地开始面临新兴力量的侵蚀。随着中国政治经济体制改革的深化以及新自由主义的流行，将土地作为商品在市场中自由流转的呼声渐起，资本驾驭土地的能力前所未有。不仅离地的农民越来越多，失地的农民也越来越多，中国的土范畴与世界性资本的运作逻辑不可避免地发生了冲突。如果说在费孝通倡导乡村工业以及小城镇方案的时代，资本在购买土地的时候，很大程度上需要向土范畴中的权利观念和土地意识妥协的话，那么进入20世纪90年代后，资本将土地自由化、货币化的能力已经是游刃有余了。与此同时，中国的贫富差距、区域失衡、生态破坏等问题也逐

---

① 费孝通：《新世纪·新问题·新挑战》，《费孝通文集》第15卷，第277页。
② 费孝通：《异军突起的中国乡镇企业》，《费孝通文集》第11卷，第475页。

渐显现出来。在整个世界秩序中，塞缪尔·亨廷顿对世界文明重组与秩序重建的宣言，[①]以及福山振臂一呼"历史已经终结"，[②]都让费先生感觉到中国在新的时代面临了新的危机。关键是如何回应这些问题与危机？费先生给出的药方仍然是从中国的土范畴中去寻找，但这一次他主要是从文化与心态的层面上给出建议。

费先生认为"20世纪有点像世界范围的战国时期"，充满硝烟，但这只是起点，而非终点，世界终将会走向文化交融的"一体化"。[③]在他看来，现代化过程就是全球一体化的催化剂："现代化使人的流动和接触加强。静止的、封闭的小社区，经过开放和改革，逐步成为世界性社会或全球大社会有机的结合部分。这个过程无疑会产生一套共同的东西。"[④]费先生不仅要做减法，还要做加法，提倡"共同层与多元层"的建构。[⑤]所谓减法，就是世界共融为一体；所谓加法，就是允许在世界舞台上展示文化的多样性，让"百家争鸣"走向"百家齐放"。费先生认为全球一体化是历史的前景。虽然我们的历史未必会朝着某个指定的方向前进，但如果非要指定一个方向的话，那也只能是全球的方向，求同存异的方向，多元一体的方向。

费先生的乡土重建方案与小城镇方案更加注重在历史脉络与社会结构中发展经济、促进平等，而其21世纪"新圣贤"方案则将眼光投向了未来，注重从心态与道德秩序上促进平等、正义。虽然我们的工

① 参见（美）塞缪尔·亨廷顿著，周琪等译：《文明的冲突与世界秩序的重建》，新华出版社，2002年。
② 参见（美）弗兰西斯·福山著，黄胜强、许铭原译：《国际学术前沿观察：历史的终结及最后之人》，社会科学文献出版社，2003年。
③ 费孝通：《从小培养二十一世纪的人》，《费孝通文集》第11卷，第521页。
④ 费孝通：《从小培养二十一世纪的人》，《费孝通文集》第11卷，第525页。
⑤ 费孝通：《从小培养二十一世纪的人》，《费孝通文集》第11卷，第526页。

业化要通过自身的努力以及借鉴世界性的经验，克服改革过程中出现的土地、人口、贫困、生态和区域发展不平衡等问题，不过他似乎更加注重 21 世纪的人与教育，既要培养出"善于在文化多样性的世界里能和平共处、并肩前进的 21 世纪的人"，又要"在精神文化领域里建立起一套促进相互理解、宽容和共存的教育体系"。① 费先生认为，发展文化教育与发展经济同样重要，"世界经济一体化是在文化多元化的基础上形成的，因为只有各个民族国家的充分发展，才能促进彼此之间的合作和交流，也才有利于实现世界经济一体化"。② 依笔者对费先生的理解，要抵御各种跨国资本、权力、军事力量的侵蚀，要实现世界性的平等，就必须用文化与道德来制衡自由主义市场的紊乱，以王道来制约霸道。③ 费先生并不同意"历史终结论"与"文明冲突论"，"我们东方的传统立场和观念和他（指亨廷顿）不同，我们对文化的看法所代表的方向是进入'道德'层面和讲中和位育，而不是冲突和霸权……21 世纪的人类社会需要一种新的道德力量"。④

如果说 20 世纪是世界性的"战国时期"，那么 21 世纪便是一种新型的"战国时期"。这里的"新"是指新秩序，而非新冲突。费先生在《孔林片思》一文中，着重思考了世界性的道德秩序应该基于何种根基之上、需要何种力量来推动等问题。

① 费孝通：《从小培养二十一世纪的人》，《费孝通文集》第 11 卷，第 529—530 页。
② 费孝通：《从小书斋到新型图书馆》，《费孝通文集》第 11 卷，第 111 页。
③ 费孝通：《经济全球化和中国"三级两跳"中对文化的思考》，《费孝通文集》第 11 卷，第 324—325 页。
④ 费孝通：《重建社会学和人类学的回顾和体会》，《费孝通文集》第 11 卷，第 77—78 页。

　　我在孔林里反复地思考，看来当前人类正需要一个新时代的
孔子了。新的孔子必须是不仅懂得本民族的人，同时又懂得其他
民族、宗教的人。他要从高一层的心态关系去理解民族与民族、
宗教与宗教和国与国之间的关系……我急切盼望新时代的孔子的
早日出现……他将通过科学、联系实际，为全人类共同生存下去
寻找一个办法。①

　　如果读者由此而得出结论，认为费先生试图在"新战国时期"找
到某个人来担任这位"新圣贤"，那就大错特错了。

　　我曾经把当今的世界局势比作一个新的战国时代，这个时代
又在呼唤具有孔子那样思想境界的人物……当然，今天的"圣贤"，
不大可能是由某一种文明或某一个人物来担当。他应该而且必然
是各种文明交流融合的结晶，是全体人类"合力"的体现。②

　　在这里，费先生试图回到古典社会学时代的"社会"概念，来寻
求新时代的集体欢腾。他认为新的世界社会需要一种能够满足整体道
德要求的心态意念，这种心态意念能够寓于整个世界社会之中，形成
一种合力，支持多元共融。在费先生看来，"美好社会"的意念"是个
人的主观意识和群体社会律令内外结合的统一体"。③ 这个统一体便是
我们的道德基础，而"没有道德基础的新秩序，是不可能号召大家向

---

　　① 费孝通：《孔林片思》，《费孝通文集》第12卷，第298页。
　　② 费孝通：《"美美与共"和人类文明》，载氏著：《费孝通在2003：世纪人类学遗
稿》，中国社会科学出版社，2005年，第169—170页。
　　③ 费孝通：《对"美好社会"的思考》，《费孝通文集》第12卷，第461页。

一个共同的目标前进的"。①

那么，"美好社会"的意念要从哪里来？答案就是从土范畴中来。这里的土范畴，不仅指中国的价值和信仰，还指美国、印度、英国等国家的价值和信仰，"表现为诸如神话、传说、宗教、祖训、哲学和学说等多种多样形式的价值信念"。②只有当各地本土的信仰与价值共同遵循"新圣贤"的道德约束时，美好的世界社会才会来临。因此，"新圣贤"和"美好社会"不仅体现了每个人的人生导向，而且也是群体用社会力量来维护的社会规范。③一言以蔽之，"新圣贤"的出现是维护世界秩序与促进经济平衡发展的道德根基。

费先生的这个世界性文化方案，完全源于他对中国道德传统、历史进程的反思与借鉴。

> 中国为什么没有出现像捷克斯洛伐克及苏联那种分裂的局面，是因为中国人有中国人的心态，而中国人的这种心态是怎样形成的，汉族怎样形成这样一个大民族，11亿人是怎样形成这样一种统一的"认同"？这样一个中华民族，过去大家不觉得它的伟大，因为它的形成是最自然不过的，似乎是在无意中形成的。我们应该想一想，能否在整个世界中也出现这样一种认同呢？④

在新世纪中，"新圣贤"体现为一种共识，中国必须为这种共识的形成贡献自己的力量。"在这种共识形成的过程中，中国人应当有一份。

---

① 费孝通：《面对世纪之交 回顾传统文化》，《费孝通文集》第13卷，第56页。
② 费孝通：《对"美好社会"的思考》，《费孝通文集》第12卷，第461页。
③ 费孝通：《东方文明与二十一世纪和平》，《费孝通文集》第14卷，第5页。
④ 费孝通：《略谈中国社会学》，《费孝通文集》第13卷，第4—5页。

各国都应当有自己的思想家。中国人口这么多，应当在世界上的思想之林有所表现"。① 同样，"美好社会"的内涵也是各群体从不同客观条件下取得生存和发展的长期经验中提炼出来，在世世代代实践中逐步形成的，"各是其是，各美其美"。② 中国将会为美好世界的形成提供自身独到的经验。

但不管是哪一个族群，还是哪一个国家，都不可"独是其是，独美其美"。费先生意识到"新圣贤"的出现与"美好世界"的实现都将是艰难而曲折的："本位中心主义必然会发展到强制别人美我之美，那就使价值标准的差别形成了群体之间的对抗性矛盾。古代孔子从根本上反对本位中心主义……凡是自己不愿接受的事，不要强加于人。"③ 因此，"美人之美"并不是要"从人之美"，而是容忍不同价值标准的并行不悖。要摆脱本位中心主义，回到多元并存的观念。费先生认为，"各美其美"和"美人之美"并不矛盾，而是相成的，"只要我们能更上一个认识的层次，大家在求同存异的原则上完全可以建立起亲密的共同合作相处"。④ 这一理念不仅是文化层面的，还可以运用到经济层面与政治层面。例如，应用到经济领域，是不阻碍有利于双方的竞争，不采取只图单边利益的短期保护主义，坚持相互开放和机会均等；在政治领域，不干涉他国内政，不以力服人，而是以对话代替对抗，通过平等协商来处理国与国的矛盾和冲突，从而创建一个和而不同的全球社会。⑤

---

① 费孝通：《孔林片思》，《费孝通文集》第 12 卷，第 298 页。
② 费孝通：《对"美好社会"的思考》，《费孝通文集》第 12 卷，第 462 页。
③ 费孝通：《对"美好社会"的思考》，《费孝通文集》第 12 卷，第 464 页。
④ 费孝通：《对"美好社会"的思考》，《费孝通文集》第 12 卷，第 465 页。
⑤ 费孝通：《创建一个和而不同的全球社会》，《费孝通文集》第 15 卷，第 290 页。

中国土范畴中的儒家、法家和道家等传统，也可以为世界性的秩序提供美好的价值理念，费先生晚年就主张"虚心""慎独""存异""无类"等儒家理念。他也很赞成萨义德的"东方学"，认为只有去中心化，才能达到"跨文化理解"。而在《费孝通在2003：世纪学人遗稿》一书中，费先生重返中国传统文化，对"克己复礼""天人合一""中和位育""和而不同"重新进行解读，为的是建造一个"各美其美，美人之美，美美与共，天下大同"的德性世界图景。如果说费先生从乡土重建方案到小城镇方案超越了区域，那么从小城镇方案到世界性的"新圣贤"方案则超越了国家。但两种超越都没有离开中国，前一个超越是基于当代中国的社会实际，后一个超越是基于中国的传统文化。由此可见，费先生一生的方案及其向更高层次的思想推进都是扎根在土范畴之中的。


### 三、两种"误读"与土范畴的几个内涵

从费先生一生论述的几个土方案中，我们可以看到中国土范畴是一个变动的文化传统有机体，其本身所具有的丰富特性与张力足以应对中国现代化过程中出现的各种问题。不论是在经济、政治领域，还是在社会、文化领域，只要加以挖掘、组织、改造与变革，就可以基于土范畴本身来展开我们的现代化工程。然而，在过去的20多年间，中国乃至东亚的人类学由于自身学科的研究取向以及外在时势的变化等因素，出现了诸多试图离开土范畴的研究取向。笔者认为，导致"离开"的原因不外乎以下几种。第一，人类学的专题性研究逐渐走入只关注单一性问题的窄胡同，缺少对整体中国的关怀；第二，全球化的

冲击、新自由主义的扩张与世界主义理念的兴起，使得"中国模式"遭到了不少人的质疑；第三，在西方人类学强势话语权的影响下，很多人认为费孝通等前辈的土范畴已经过时了；再加上费先生的行文风格过于朴实，很多人无法抓住其叙事背后所隐藏的逻辑与精华，转而投怀给外来的时髦概念与理论。20世纪晚期涌现的西式范畴以及中国学者对这些范畴不加反思的接受，不仅让中国人类学无法获得期盼已久的独立性，也让中国人类学者对费先生的土范畴产生了深深的误读，并由此产生了诸多试图离开土范畴的研究取向。其中，以下两种误读是最具代表性的。

第一层误读，是在文化层面的，有些研究者以偏狭的眼光看待土范畴。20世纪90年代，以研究大理白族而蜚声国际的日本人类学学家横山广子撰文表示要"离开'土'范畴"。[①]之所以要"离开"，是因为她所理解的"土"概念，含有"边缘"与"歧视"的意味。她在阐释"土"范畴时，明确提出"是以对比概念为前提的"，而这个对比概念便是"文"，"指高尚、文明和有学问"。[②]因此，在"文"和"土"对立的叙述框架中，"土"范畴具有野蛮、边缘与低级的文化特征，是进不了"帝国政府的眼里"的，地方文化精英自然要将"土"范畴从他们的文化视域中清除出去。在她看来，大理白族的文化精英为了"离开土范畴"，而将"土主"改为"本主"就是明证。更为关键的是，她将白族的这种"离开"行动与"统一的多民族国家的中国进程"联系起来，从而隐含了一个让人感到惊愕的结论：如果不离开土范畴，中

---

① （日）横山广子：《离开"土"范畴——关于白族守护神总称的研究》，载北京大学社会学人类学研究所编：《东亚社会研究》，北京大学出版社，1993年，第109—120页。

② （日）横山广子：《离开"土"范畴——关于白族守护神总称的研究》，载北京大学社会学人类学研究所编：《东亚社会研究》，北京大学出版社，1993年，第116页。

国的现代多元一体进程就是一个难以实现的方案。

诸如此类的观点认为，有"文"就有"土"，正是由于"文"的出现，才导致了"土"的边缘与低下。这类观点不但拒绝了"文中有土""土中有文"的实际情形，更加拒绝了费先生所说的一切"文"都是从"土"里长出来的理念。在简单的二元对立视野下，这类观点必定将族群文化构建与现代国家建设变成一种有方向却没有根基的文化进化，从而否认中国传统文化有机体生于土、长于土这个前提。如果坚持这种"文""野"之别，必将在精英与大众之间画出一道分割线，生生地造出阶级的文化分野。实际上，横山广子误解了费先生所谓"土"范畴的原意。费先生很早就认为："事实的本身无所谓'野蛮'和'文明'，这些名词不过是不同族团相互蔑视时的称呼罢了。"① 文化有差异，但不一定要强调阶级的鸿沟。费先生与潘光旦先生通过整理明清进士的籍贯，就发现有一半以上的功名学子来自农村，而他们从庙堂之上衣锦还乡以后，还能反哺乡村。因此，中国的土范畴可以孕育庙堂文明，庙堂文明也可以反哺土范畴。从另一方面来说，国家权力的运行与现代国家的改革，都是要尊重土范畴的文化逻辑的。②

即使在语义学中，土范畴也绝非仅指野蛮与边缘的意思。根据《说文解字》统计，从构字的频度来看，"土"排在第 12 位，收字共 131 个，重文 26 个，以及后来的新附字 13 个，共 146 个。仔细分析这 146 个汉字的内涵可以发现，既有指向自然界的泥土、田地、平原的，也有指向本地、乡土、民间的，还有一层被文野二元论的学者所忽略的重要意涵，即指向国土、边疆的。也就是说，土范畴的语义学同样

---

① 费孝通：《江村通讯》，《费孝通文集》第 1 卷，第 370 页。
② 参见（美）杜赞奇著，王福明译：《文化、权力与国家：1900 年—1942 年的华北农村》，江苏人民出版社，2008 年。

可以表明，国家与社会、"文明"与"野蛮"、中心与边缘等表面对立的概念也是寓于土范畴之中的。

第二类误读，是经验观察层面的。在这类误读中，有些研究试图以一种本体蜕变论的视角来告别乡土中国，还有些研究则以现代都市理论和公民研究视角来论断离土离乡的农民应具有何种现代身份。此类误读的经验背景是自 20 世纪 90 年代之后，随着市场改革的深化，中国农村和城市均发生了深刻的变化。有些研究由此推断费先生剖析的乡土中国已经面目全非，"现代性"与传统乡村格格不入。再加上乡土经济的凋敝、人口的流动、土地的商品化等因素，乡土中国发生了极大的蜕变。许多研究将中国农村发生的这种"蜕变"建构成一系列中国农村的问题，通过引进西方民主与现代乡村治理的理念，将中国乡村装进一条固定的通道之中。（赵旭东将其称为对"中国问题"的想象，而非"理解中国"。[1]）例如，为了应对经验现象的变化，有人提出了许多离开土范畴的研究概念：既有学者[2]试图用"半熟人社会""新乡土中国""后乡土中国"等来替代以往的土范畴；又有学者仅仅基于经验观察，就宣告中国人类学可以"告别乡土社会"或"走出乡土"。[3]似乎在"新乡土中国"里，农民不再被土地束缚，而是被资本、权力等因素所宰制，费先生所谓的传统文化有机体在各种现代问题的冲击下似乎已经"烟消云散"了。如果说对农村的"现代"分析框架已经

---

[1] 赵旭东：《从"问题中国"到"理解中国"——作为西方他者的中国乡村研究及其创造性转化》，《社会科学》2009 年第 2 期。

[2] 参见贺雪峰：《新乡土中国——转型期乡村社会调查笔记》，广西师范大学出版社，2003 年；徐杰舜：《新乡土中国——新农村建设武义模式研究》，中国经济出版社，2007 年；陆益龙：《后乡土中国》，商务印书馆，2017 年。

[3] 参见周大鸣：《告别乡土社会——广东改革开放三十年的思考》，《中南民族大学学报》2010 年第 4 期；陈心想：《走出乡土：对话费孝通〈乡土中国〉》，生活·读书·新知三联书店，2017 年。

将传统乡土范畴彻底改头换面，那么，对中国都市与工业领域的农村流动劳动力的分析，则基本上被外来的分析概念所套牢了。费先生的分析框架在这类研究中似乎成了调味品、补充剂，即使重新启用"差序格局"之类的经典概念，其结果要么是被简化，要么是完全抽离了费先生的原意。例如，从利益最大化逻辑出发阐述的"理性""工具性""公民社会"等概念，已经不是对土范畴的补充，而是试图在土范畴之外另起炉灶了。

　　借用鲁迅先生的一个概念来说，土范畴真的"本根剥丧"①了吗？还是一些学者对"德先生"与"赛先生"的崇信过了头，忘了根之所在呢？当代中国农村的变迁速度与危机一定比费先生在半个多世纪前所面临的情形要更急速、更严重吗？"离乡又离土"的劳动力转移模式与费先生的"离土不离乡"模式真的格格不入吗？如果带着这些问题来审视一系列试图告别乡土的话语，我们就会发现这些话语误解了费先生所说的"中国实际"。费先生在提出一系列乡土重建的方案时，并不拒绝外来的形式与手段，但他更强调通过乡土的人与物来展开实质性的运作，外来的形式与手段不能成为目的，人才是目的。在后来的小城镇方案中，费先生不断强调要考虑中国实际，虽然试图告别乡土的经验研究者也强调中国实际，但两种强调是不同的，后者通过将中国定位成"有问题的"对象，然后借用舶来的现代式手段进行整治，其在手法上与晏阳初等人将中国定位为"愚弱私贫"的国家并没有什么不同。费先生承认农村、农民确实有一定的问题，但这些问题需要农民自己来解决。此外，他也完全相信内发型的发展方式和治理模式能够解决很多问题。这是对自主性的真正追求，要让形式服务于我们

---

　　① 鲁迅：《破恶声论》，载氏著：《鲁迅全集》第 8 卷，人民文学出版社，2005 年，第 26 页。

的目的，而不是将形式当作目的。"中国式的现代化和那些"西化""洋化"的不同之处，就在于我们是自主的现代化"。① 因此，我们在分析当代的"离乡又离土"的农民工现象时，就不能生搬硬套西方的都市视角或现代公民视角。需要指出的是，土范畴并不是只在乡村中存在，在都市中也一样存在。就像中国的乡土信仰、民间宗教、宗族组织、社会结合方式等不仅在乡村中存在，在都市中也存在一样。如果放弃土范畴，而用那些纯粹舶来的概念，就不是在认识实际，而是在脱离实际。费先生当年提出小城镇方案时，并没有说其是唯一出路。"这只是个起点，事物将会不断变化，不断发展"。② "我相信，我们应该从自己的土地中生长"。③

造成上述误读的根源，还在于一些学者对土范畴进行了简化的理解。土范畴是一个极富弹性、包容性又与时俱进的有机体，而不是一方孤立的土地、一束静止的文化要素，更不是某种不变的传统。就像我们在理解一块农田、一个村落、一片区域乃至整个中国时，都不能进行孤立、片面的理解一样，任何现代化的建设方案（如当前的新农村、新城镇建设），都需要对土范畴进行详细而全面的考察。下面，笔者将全面展示土范畴的几个基本内涵。

第一，土范畴的社会性与观念性。本文所讲的土范畴，并不仅指土地本身，其核心在于与"土"直接相关的社会制度与意识形态。任何一个国家、区域、村落的土地，都有其复杂的、多层次性的社会制度相伴随。人们对土地的使用观念、转让方式等都是由"社会"决定

① 费孝通：《现代化与社会问题》，《费孝通文集》第7卷，第460页。

② 费孝通：《小城镇研究的新发展》，《费孝通文集》第10卷，第538页。

③ 费孝通：《经历·见解·反思——费孝通先生答客问》，《费孝通文集》第11卷，第197页。

的；任何人试图私自订立土地规则，都必须从社会维度出发；土地不
能依据个人的癖好来定价。如何使用、发掘、转让、占有、分配土地，
都由相应的社会意识形态来制约，如果外在的意识与观念要介入某一
方的土地，需要与先在的意识与观念进行协商，实现道德、制度与结
果上的平等，或者说是有条件的妥协。我们知道，一个村寨、部落、
族群或国家的土地分配结果，经常在很早之前就已经形成了。因为有
关土地的观念、意义与制度在土地分至具体家庭之前就已经进入人们
的脑海中了。土地的观念性就像政治哲学大师沃尔泽在描述"物"的
意义时所说的，"分配是依据人们所共享的关于善是什么和它们的用途
何在的观念而定的"。① 因此，在不同的社会，不同的土地具有不同的
意义和价值，这也是费先生强调"因地制宜"的原因所在。

　　第二，土范畴的历史性与包容性。土范畴自身的内涵会随着社会
文化、政治经济的发展而不断变化，这类似于吉登斯所谓的"结构化"
过程。土地的社会性与观念性特征，是人们构想和创造的，而构想与
创造是一种社会过程，因此我们需要在过程中关注土范畴。提出自己
的乡土重建方案时，费先生从未宣称中国的乡村与城镇具有什么不变
的特性。其后来的小城镇方案与乡土重建方案相比，增加了社会主义
中国的维度。例如，在肯定社会主义平等、民族区域自治政策的基础
上去发展小城镇。而在提出 21 世纪"新圣贤"方案时，他又增加了对
世界形势的考量。因此，土范畴不会拒绝"新"的实际、经验、概念
与理论，但是拒绝完全向"全面 X 化"的转化。（这里的"X"代表一
切单向度的理论设计。）在不同的时代，土范畴会增加自身内涵的丰富
性，它蕴含了多样的历史传统。在土范畴基础上设计的中国现代化方

---

① （美）迈克尔·沃尔泽著，褚松燕译：《正义诸领域》，译林出版社，2002 年，
第 6 页。

案，是要贯通中国的多个传统的。

第三，土范畴的复合性与多样性。研究中国土地制度的学者指出，土地不仅具有经济属性，而且具有社会、象征、政治等属性，而这些属性交织在一起，构成了土地制度的复合性特征。[①] 如果仅用某种属性作为交换土地的唯一媒介，就会遭到认同其他属性的社会群体的反抗。因此，"从来不曾有过一个普遍适用的交换媒介"，[②] 也没有哪一种单向度的土地哲学可以驾驭全球。强调土范畴的复合性，就是要求我们在展开现代化建设时，不允许任一维度去支配其他所有的维度。因此，在对待土地问题时，土地的任一维度都不能成为完全的支配手段。例如，有关土地的经济资本维度不能成为唯一的指标，必须考虑社会、象征、政治等意涵。目前，许多倡导中国土地流转的学者就仅仅将焦点聚集在经济维度上，从而大大简化了土范畴对当地人的意义。如果说各种属性构成了土范畴的复合性，那么土范畴的多种存在形态则表明了其多样性："其实中国的乡村一词之中，不知包含着多少不同的群体和不同的生活形式。所以若是我们要研究中国乡村，一定要先承认中国各地的乡村并不是同一的东西。"[③]

此外，土范畴还具有多层次性与嵌套性等特征。例如，随着区域等级的扩大，土范畴内在的意识形态与社会制度也会发生变化，各种观念与制度嵌套在一个总体性的范畴之中。不同形态、不同层次的土范畴之间肯定会存在冲突，但是在费先生看来，不论是历史还是未来，融合是总的趋势。这一点还可以延伸到其对世界新秩序的构建原则上，

① 张小军：《复合产权：一个实质论和资本体系的视角——山西介休洪山泉的历史水权个案研究》，《社会学研究》2007年第4期。

② （美）迈克尔·沃尔泽著，褚松燕译：《正义诸领域》，译林出版社，2002年，第2页。

③ 费孝通：《社会变迁研究中的都市和乡村》，《费孝通文集》第2卷，第115页。

如费先生在提出 21 世纪"新圣贤"方案时，拒绝接受任何试图让世界成为清一色调的理论模式，也没有要求全世界都接受中国的美德思想，而是强调"各是其是，各美其美"，并以尊重为前提实现融合。

综上所述，我们在考察土范畴时，如果能立足于其复合性与多样性、历史性与包容性、社会性与观念性，无论在文化层次上，还是在经验层次上，就不会轻易简化、误读土范畴，更不会急于消灭一些概念或急于发明一些概念。在面对所谓的"中国问题"或"中国经验"时，也不会轻易地用一些外来的指标来论断自身的成败，而是在对自身社会进行全面考察、历史比较之后，再结合外来经验与理论去展开我们的现代化建设方案。尤其对于我们这些青年学人来说，要想理解何谓"中国"，要想获得真正的"内在中国"的视野，重返土范畴都是一条必由之路。

### 四、重返土范畴与文化自觉

早在 80 多年前，费先生就预见到中国农村与城市、农业与工业、内陆与沿海之间由于人口、资本、外来殖民力量的膨胀等因素，必将导致各种"断裂"。而改革开放 40 年来，各种断裂仍然随处可见。尤其是工业力量与各类资本急剧膨胀，并对中国的土地与劳动力进行了重新组合。由于在组合过程中经常不遵循土范畴的逻辑，导致土范畴中的伦理、平等等重要内涵被抽离，附和于工业生产与自由资本的逻辑。更重要的是，大片土地由农业用途转为工业用途，成为虚拟的商品，导致土范畴的复合性与多样性被简化，历史性与社会性也没有得到尊重，从而产生各种断裂性的冲突。近 30 年来涌现的所谓"农村问题",不仅是因土地易主而产生的人地关系问题,更在于土地的使用方式、使用观念也发生了深刻的变化。当土地由农业用地转变为工业用途时,其本身也就从自然状态转变成钢筋水泥的状态了。这一转变或者可以说是"巨变",意味着土范畴中产生了具有冲突倾向的社会关系。

但是,这并不意味着传统土范畴与现代工业文明完全无法调和,更不意味着土范畴就此失去了透视中国的研究意义。重返土范畴或者重新阅读费孝通等前辈的著作,并不是要我们在诸如"西方—中国"或"普遍—特殊"之类的二元论中去关照本土,更不是要我们完全回到《周易》《论语》《道德经》或者气、心、物之类的概念中去,而是倡导我们基于对自身历史与现实的考察,与所谓的现代理论进行对话,贯通新的概念与经验,重新思考何谓"中国"这一问题。中国历史与现实的复杂性、多样性表明,通往现代化之路不是任何一个单向度的理论所能概括的,费先生所有的土方案都拒绝单向度的设计,更毋庸说他对纯粹西化的鄙夷了。现代范畴是扎根于土范畴的,二者之间没有绝对的界限,而完全扬弃土范畴的现代化做法,只是一种没有根基的建设方案。当下倡导的新城镇、新农村建设,更需要在中国农村与城镇的实际情形和内在视野中展开,因此,我们还是要重新思考并借鉴费孝通先生的土方案的。

费先生在其晚年提出的"文化自觉"概念,就是对其一生所设计的现代化土方案的反思、总结与提升。

　　文化自觉只是指生活在一定文化中的人们对其文化有"自知之明",明白它的来历,形成过程,所具有的特色和它发展的趋向,不带任何"文化回归"的意思,不是要"复古",同时也不主张

"全盘西化"或"全盘他化"。自知之明是为了加强对文化转型的自主能力，取得决定适应新环境、新时代文化选择的自主地位。[①]

这种文化自觉，是从中国各种传统的内在视野出发的，同时倡导与任何合理的现代化方案进行对话。在费先生看来，文化自觉的过程就是一种全面综合的现代化过程，它的目标不仅在于中国秩序，也在于世界秩序的重建。"现代化应当是一个'文化自觉'的过程，即人类从相互交往中获得对自己和'异己'的认识，创造文化上兼容并蓄、和平共处局面的过程"。[②]费先生的21世纪"新圣贤"方案，就是从内在视野出发，倡导与世界的交融，而不是冲突的。现代化是一种以人为目的的手段，但它不是单一的手段，也不是目的本身，更不是制造冲突的借口。中国土范畴中所蕴含的行动逻辑与美好道德，能够化解那些单向度的现代化方案中"以力服人"的霸道行径，能够"让我们自身拥有一个理智的情怀，来拥抱人类创造的各种人文类型的价值，克服文化隔阂给人类生存带来的威胁"。[③]从乡土重建的理想到文化自觉的行动，费先生用了半个多世纪的时间与实践，通过总结与反思，将其土方案与对未来世界的畅想贯通起来，给后世留下了丰富的遗产。

最后应该强调的是，基于土范畴的文化自觉本身就内含了平等、正义与自主等基本准则。在文化自觉过程中对平等与正义的追求，对自主性的坚持，与土范畴的内在视野十分契合。对于少数民族、贫困群体及边区同胞来说："变革的动力发生于各民族自己的社会内部，变革过程所采取的步骤和方式要依据各民族的具体情况，由各民族人民

① 费孝通：《反思·对话·文化自觉》，《费孝通文集》第14卷，第166页。
② 费孝通：《人文价值再思考》，《费孝通文集》第14卷，第201页。
③ 费孝通：《东方文明与二十一世纪和平》，《费孝通文集》第14卷，第5页。

116

自己来决定。这就是说，整体的共同事业是依靠各部分内在的创造性来完成的。"① 外来的手段可以为我所用，并将不断融入中国的内在结构中去，这可能是一个永不停歇的结构化过程。但我们不能因为学习到了外来的手段、技术、理论、概念与经验，就对内在的土范畴产生偏见。费先生说："我在许多著作中确实能够广泛参考、评论西方观点，甚至能够在中国文化内部格局中强调弱小的'草根文化'或'小传统'的动力，在文化价值观上……做到不排斥外来文化，拒绝复制'文野之别'的根本原因。"②

正是这种基于中国文化传统的中西兼容视野，使得费先生的每一种现代化设计都充满了他所谓的"内生的创造性"，这是任何一种"全盘 X 化"都无法获得的自主性，最终将促使不同人群获得真正意义上的平等。同时，费先生基于内在视野所追求的平等，是一种尊重历史性、差异性的平等。他晚年提出的几个土方案，一方面继承了社会主义革命给中国带来的平等传统，另一方面又考虑了每个区域的特殊地理风情，从而力求实现历史性平等和差异性平等。

费先生穷尽一生留下的学术遗产，理应得到后世学人的尊重与审慎的借鉴。而那些试图解决"中国问题"的应用人类学研究，更应该重新回顾与反思费先生所倡导的土生土长的人类学。最后，笔者用费先生在《乡土重建》中的一段话来结束本文：

> 任何一个到中国乡村里去观察的人，都很容易看到农民们怎样把土地里长出来的，经过了人类一度应用之后，很小心地又回

---

① 费孝通：《对中国少数民族改革的一些体会》，《费孝通文集》第 7 卷，第 227 页。

② 费孝通：《人文价值再思考》，《费孝通文集》第 14 卷，第 191—192 页。

到土里去。人的生命并不从掠夺地力中得来，而只是这有机循环的一环。甚至当生命离开了躯壳，这臭皮囊还得入土为安，在什么地方出生的，还得回到什么地方去。[1]

或许在现象层面，我们看到当代中国的土文化正在不断衰竭，但它的实质与内核却是坚韧无比的。

① 费孝通：《乡土重建·损蚀冲洗下的乡土》，《费孝通文集》第4卷，第355页。

# 理解费孝通的研究单位

## ——中国作为"个案"①

———————
　　① 本文发表于《西南民族大学学报》2015 年第 5 期。感谢南京大学社会学院的
人类学硕士张雨男同学！本文有关利奇与费先生的对话及相关文献的梳理，无不得益于
他的研究工作，而他与笔者的讨论也是本文得以形成的重要基础。

## 一、分析单位的方法论旨趣与理解"个案"的两种可能

分析单位向来被视为社会科学方法论的焦点。沃勒斯坦在《现代世界体系》的开篇指出："我们时代的许多有关重大理论的争论，在某种意义上可归结为选择研究单位的争论。"[①] 在《开放社会科学》一文中，他对欧美使用"西方—民族国家，东方—文明帝国，非洲拉美等—部落联盟"三重分析单位的框架极为不满，认为这种具有先验倾向的研究单位划分法，只不过投射了老生常谈的西方中心主义。[②] 所以沃勒斯坦擎举着整个地球仪，向社会科学界宣布这是他的分析单位，并重新划分了"中心区、边缘区以及半边缘区"。王铭铭教授受到沃勒斯坦的影响，又结合吴文藻、费孝通等人的中国观，以及他自己对天下、朝贡体系的理解，提出了"三圈说"。[③] 从分析单位的角度来看，"三圈说"融合了世界、天下、中国、朝贡体系乃至区域等虽有关联但显然不在一个维度上的分析单位，使得读者不易理解目前该学说在学术谱系的边界以及在历史、现实中的指向。

在民族学、人类学的先贤谱系上，最看重分析单位的学者莫过于史禄国。他说："任何调查人类文化和生物现象变迁问题的调查者，迟早都会得出这样的结论：变迁应该发生在以单位形式存在的特定人类集团中，他们已进行多次尝试，并发现这种单位。例如，他们认为，

---

① （美）伊曼纽尔‧沃勒斯坦著，罗荣渠译：《现代世界体系》第 1 卷，高等教育出版社，1998 年，第 1 页。

② 参见（美）伊曼纽尔‧沃勒斯坦著，刘峰译：《开放社会科学》，生活‧读书‧新知三联书店，1997 年。

③ 王铭铭：《三圈说：另一种世界观，另一种社会科学》，《西北民族研究》2013年第 1 期。

变迁过程发生在'种族''国家'等或大或小的政治单位或者其他的集团中。"① 只不过，史禄国对这种偏重政治维度的分析单位不屑一顾，他希望寻找一个汇集地理、生物、文化等多重维度的分析单位。想必他也不会同意"世界体系"之类的概念，不仅因为这样的单位太大太抽象，而且寻找相对静止、较为概化的分析单位的做法，在他看来其实是一种"思维的停滞"。所以，他选择了极具历史动态性与共时互动性的"ethnos"，作为分析人类总体的基本单位。史禄国选择分析单位的做法及其旨趣，深刻影响了他的学生费孝通。

在东亚，围绕着"世界""亚洲""中国""区域""微型社区"等分析旨趣，不同层次的分析单位已经被赋予了方法论的意涵，并且"作为方法"的分析单位似乎演变成具有蔓延趋势的叙事模式。贡德·弗兰克秉承沃勒斯坦"作为方法的世界体系"的观点，重新审视了全球化视野下的东方，试图逆转世界体系在西方的历史神话。② 而早在1932年，日本学者竹内好就发表了题为《作为方法的亚洲》的演讲，认为东方或亚洲可以不借助"西洋近世"的启发，而以内省的方式来思考亚洲的内部关系与历史。③ 台湾学者陈光兴在《去帝国——亚洲作为方法》一书中步随竹内好，认为应在"去西方"的基础上，进一步抛弃内部帝国的眼光来实现亚洲的自我认识。④ 沟口雄三则收敛了"世界""亚洲"之类的宏大分析单位，在《作为方法的中国》一书中，

① （俄）史禄国著，杜实、田夏萌译：《ethnos(民族)及其变迁过程》，《满语研究》2015年第1期。
② 参见（美）贡德·弗兰克著，刘北成译：《白银资本：重视经济全球化中的东方》，中央编译出版社，2008年。
③ 参见（日）竹内好著，孙歌编，李冬木等译：《近代的超克》，生活·读书·新知三联书店，2005年。
④ 参见陈光兴：《去帝国——亚洲作为方法》，行人出版社，2006年。

以"中国"为单位来审视东亚与世界。[①] 汪晖受到莫斯、王铭铭等有
关"跨社会体系"概念的启发，并基于"区域作为方法"的分析立场，
通过总结中国历史研究中有关"区域"的论述与方法论，试图提出一
种不同于民族主义知识框架下的中国观。[②] 麻国庆在《作为方法的华
南》一文中，将华南的区域意义与方法论意义并置讨论，并在区域内
部置转了世界体系的中心与边缘眼光。[③] 此后，麻国庆又将帝国边缘的
华南区域延伸至具有世界核心纽带功能的南海区域，并以动态的历史
与共时的人流、物流眼光，深化了区域作为方法的视野。[④] 最近二三十
年，受李济、冀朝鼎、费孝通、施坚雅、苏秉琦、童恩正、滨下武志
等前辈学者的启发，作为承载地方史、经济史、社会史的"区域""走
廊""路带"等概念，越来越成为观察中国的核心分析单位。总之，分
析单位所跨越的时空范围的大小，并不会影响学术判断的终极旨趣，
相反能成为整个方法论的指导。如果回到中国人类学的黄金时代，吴
文藻所创领的燕京学派倡导以社区作为基本的文化单位来观察中国。
此外，小镇、城市、山川、流域、市场乃至日常生活、事件等，都已
经作为基本的分析单位出现在社会科学的不同领域中。

　　分析单位的经验层次错综复杂，从任何一个层次的分析单位出发
都可能导向其本身或更宏观、或更微观层次的结论。我们在某个单位
上做分析，未必要在该单位层次上做结论。沃勒斯坦分析世界体系的

---

[①] 参见（日）沟口雄三著，孙军悦译：《作为方法的中国》，生活·读书·新知三
联书店，2011年。
[②] 汪晖：《跨体系社会与区域作为方法——民族问题研究的区域视野》，第三届
东亚人文学论坛（暨两岸清华大学人文社会科学研讨会）论文，2012年。
[③] 麻国庆：《作为方法的华南：中心和周边的时空转换》，《思想战线》2006年第
4期。
[④] 麻国庆：《文化、族群与社会：环南中国海区域研究发凡》，《民族研究》2012
年第2期。

最初目标是与以欧洲为中心的学者对话；史禄国提出"ethnos"的分析
单位是为思考"人类"的普遍规律；竹内好观察亚洲就是为了研究亚
洲本身；沟口雄山重新检视"中国"概念及其历史观，就是为了获得
认识中国的自主性和判断东亚区域的内发性；而早期的区域研究史学
家、燕京学派以及后来的诸多学者，对社区、流域、区域的研究，就
是为了追求一种稳定且明确的中国观。总之，参考分析单位与结论单
位之间的异同，我们在理解格尔茨关于"研究地点不等于研究对象"
这一方法论名言时，不仅获得了从微观到宏观的弹性，还具有了反方
向的研究进路。

因此，在方法论上，通常所说的"个案"实际上指向两种研究单
位——直接分析对象与最终关怀对象。而由于两种研究单位未必存在
着对应关系，因此研究过程中可能呈现不同的进路。具体来说，以某
个时空层次的单位作为分析对象，其结论有可能指向三种单位层次。
一是以同层次的分析单位作为下结论的对象，例如分析中国以概括中
国；二是以低层次单位作为分析对象，以更为宏大的单位层次作为下
结论的对象，例如研究社区是为推论区域乃至中国；三是以诸如世界
体系之类的宏大单位作为分析对象，而以更加微观的单位层次作为下
结论的对象。我们可以在理论上将上述三种进路总结为"个案本身的
研究""个案之中的个案归纳研究"和"收敛性的个案研究"。

基于此，我们需要重新反思通常被加在人类学、民族学之上的方
法判定——即什么样的个案研究。由于分析对象与结论对象的单位很
可能殊异，那么我们指的"个案"到底是指直接分析对象还是最终关
怀对象？只是将作为分析对象的研究单位视为"个案"是否有些武断？
从现实中来看，大部分人认为民族志的研究个案仅局限在微观层次上
的社区、个体或事件，将这种微观分析单位与"科学"统计学相比时，

似乎更加衬托出民族志方法的局限。如果不能从社区范畴推论至国家范畴，那是不是也要否定从世界、国家通往区域、社区研究的进路？并且，更为关键的是，个案一定是指分析单位吗？研究者终极探索的研究单位，就不能称之为"个案"吗？

在中国社会科学领域中，能够涉猎个人、家庭、族团、村社、城镇、区域、流域、走廊、板块、民族、国家以及世界文明等分析单位的学者，非费孝通莫属。费孝通的不同分析单位固然体现了其相对的层次感和边界性，但每一种分析单位之间又具有各种明确的连接性。关键的是，费孝通所有的分析层次均指向一个关怀对象："中国"或"中华民族"。也就是说，从其整体的学术人生来看，其分析单位涉及多种层次的"个案"，但其结论性或探索性的单位却只是指向"中国"。

然而，近来许多学者一提到费孝通，就将其标为个案研究的代表，而该"个案"多半仅指乡村社区或小城镇。这不仅忽略了费孝通在选择分析单位上的多样性旨趣，而且几乎没有注意到其终极探索对象的"中国"维度。并且，费孝通的分析进路沿着三条路径向"中国"收敛：一条是从微观社区研究迈向中国或中华民族的总体判断，另一条主要是通过海外民族志的观察，展开与中国的比较，最后一条是在"中华民族"这一单位自身上的分析与研究。也就是说，费孝通的研究展现了"个案本身的研究""个案之中的个案归纳研究""收敛性的个案研究"三种进路。在这样的思路下，我们将看到埃德蒙·利奇对费孝通的批评是极为偏颇的，当代的许多中国学者对费孝通先生的方法判断也充满谬误。

## 二、利奇之惑与其他学者对费孝通的方法论误读

在展开费孝通的整个"个案"研究体系之前，我们先来温习一下人类学史上的著名公案，即埃德蒙·利奇与费孝通的隔世对话，然后再总结一些当代评价者的观点及其误读。

利奇在 1982 年出版的《社会人类学》一书中提出了他对费孝通的质疑："虽然费孝通将他的书冠名为'中国农民的生活'，但他并没有证明他所描述的社会系统在整个国家中具有代表性。"[①]利奇在作出评价时，并没有读到费孝通关于中国研究的其他书籍，在读完《江村经济》之后，利奇就将这个本应首先由从事非洲、美洲或澳洲部落研究的欧洲人类学家来回答的问题抛给了中国学者。

当知道利奇的批判时，利奇已经故去了，但费先生依旧很重视这一问题，并回应说："中国各地农村在地理和人文各方面的条件是不同的，所以江村不能作为中国农村的典型，也就是说，不能用江村的社会体系等情况硬套到其他的中国农村去。但同时应当承认，它是个农村而不是牧业社区，它是中国农村，而不是别国的农村"；[②]"江村固然不是中国全部农村的'典型'，但不失为许多中国农村所共同的'类型'或'模式'"。[③]费先生在回应时，没有直接将他有关乡土与城市、区域与民族的研究个案并置起来支撑的他"江村"或"禄村"个案，而是就这一分析单位本身的特性来勾连"中国"这一需要展开终极探讨的

---

① Edmund Leach, *Social Anthropology*, Fortana Paperbacks ,1983, p127.

② 费孝通：《人的研究在中国——缺席的对话》，《费孝通文集》第 12 卷，第 46 页。

③ 费孝通：《重读〈江村经济〉序言》，《费孝通文集》第 14 卷，第 26 页。

研究单位。这种强调"中国"关怀的回应方式并没有得到重视。

莫里斯·弗里德曼对费孝通也有类似的批评，但正如其学生王斯福所述，弗里德曼与利奇一样，他们不懂中文，更没有系统阅读过费的著作，因此给出仅有片段而非全象的方法论判断也属正常。王斯福在阅读《乡土中国》时，就与利奇、弗里德曼不同，他将费孝通在同时代写作的所有著作及其国家关怀并置讨论，因而兼具了内在与外在的多角度比较视野。①

但笔者更关心的问题是，当代中国研究者对费孝通的方法论定位就很准确吗？由于费孝通多次提及过"类型"与"模式"的概念，加上后学在关心其方法进路时，过于注重《江村经济》《云南三村》二书和其他关于社区研究的零散论文，这使得许多研究者在定位其方法时，标签以"个案研究"或"个案类型的比较研究"。这里的"个案"，仅仅是指分析单位，而且多半是指农村社区。

然而，问题不止于此。费孝通一旦被定位为"类型化个案比较研究"者，就会被视为一种方法论类型，与格尔茨的内在概括法、格拉克曼以及布洛维的扩展个案研究以及其他个案分析法并置。这些评价者在无意中似乎透露出这样一个观点：费孝通仅仅擅长个案类型比较，并不擅长扩展个案以及个案内部的概括分析。

卢晖临、李雪仅从分析单位的角度重新划分了个案研究的类型。他们认为费孝通从江村经济走向云南三村，再从村庄社区走向小城镇研究，就是一种"常见的"类型化研究进路而已（应该说明这在半个多世纪以前并不"常见"）。对于这种进路他们批评道："以小城镇（或者以小城镇为中心的城乡社区）为单位建立类型，与以村庄为单位建

---

① 王斯福：《社会自我主义与个体主义：一位西方的汉学人类学家阅读费孝通"中西对立"观念的惊讶与问题》，《开放时代》2009 年第 3 期。

立类型,在其反映总体(无论是中国社会也好,还是中国农村也好)的逻辑上,并没有什么区别。换言之,方法论上的缺陷一如其旧。"① 这种偏见将费先生的研究机械地置于几种不同单位的研究堆积里,忽略费先生阐释的有关社区、城镇、区域、板块、走廊以及不同民族、国家等不同层次分析单位之间的联系性质。并且,卢晖临、李雪之所以叙述费先生的类型化方法,只是为了烘托格尔茨与布洛维等人的方法论。他们十分青睐格尔茨"个案中的概括"(在个案之内概括意义)、从理论角度出发的"分析性概括"以及布洛维等人的扩展个案研究(即立足宏观视野观察微观个案)等方法,并认为这是费先生十分欠缺的。该文受到解释人类学与公共社会学的浓重影响(具体来说,就是受格尔茨与布洛维两个人的影响而已),从侧面贬低了费先生的研究。

谭同学在一篇方法论文章中看到了卢晖临与李雪偏颇的方法论倾向,试图重新强调费孝通的类型比较法的优势,并将格尔茨与布洛维等人的方法论特征纳入类型比较法中来。他指出:"说到这里,我们又回到了费孝通所提及的、西方强势话语未太在意的'类型比较法'。它看似与'扩展个案法'的立论基础相去甚远,却与之有着内在关联,并且由于它更接近于操作层面而对于后者有着或许是不可缺少的矫正意义。"② 在该文中,谭同学是通过强调"个案的田野深度"来为费孝通先生正名的,文中多次强调《云南三村》的重要性。不过,该文似乎仍然没有充分注意到费孝通一生著述里显示的多样性分析单位,从而使得该书作者不是依据费孝通先生的原著,而是李亦园、杜磊、马库

---

① 卢晖临、李雪:《如何走出个案——从个案研究到扩展个案研究》,《中国社会科学》2007 年第 1 期。

② 谭同学:《类型比较视野下的深度个案与中国经验表述——以乡村研究中的民族志书写为例》,《开放时代》2009 年第 8 期。

斯等人的旁证来论证他的观点。麻国庆教授在《费孝通先生的第三篇文章：全球化与地方社会》一文中，则隐约将费先生从微观社区、族群、区域至多元民族国家等诸种分析单位，纳入费先生晚年提出的"全球社会"这一总体性认识中。① 这对认识费先生的立体性方法论框架有所助益，但仍然有待详细论述。

在当下的社会科学界，由于大部分研究者将"个案"视作分析单位，而非最终的研究单位，并且又不具备沃勒斯坦那样划分世界体系的能力，只是将个案限定在微型社区的层次，再加上定量统计研究者排山倒海的质疑，使得一些研究者深深质疑"个案研究"的合理性。王富伟以几乎重述卢晖临、李雪之研究内容的方式，宣告"由于'异质性问题'的存在，个案研究不可能获得对'实体性整体'的认识"。② 他不仅将费孝通限定在社区单位层次的类型比较研究者上，而且认为费孝通完全没有用相应的手段去解决代表性问题。这种"复读机"式的论文再次忽视了费孝通方法论的复杂性及其对中国之终极关怀的研究理路。

总之，大部分关注个案研究方法的学者只是以"社区个案"以及"类型比较"的标签来敷衍费孝通的总体方法，并将其视为陪衬格尔茨、格拉克曼、布洛维等人的"绿叶"，鲜有类似于谭同学、麻国庆等为费先生方法论辩护的论文。笔者希望在前人有关个案理解的两种进路的基础上，回答以下问题并澄清相关的误解：费先生的研究单位体系到底具有怎样的复杂性？他的分析单位如何联结、收敛？他终极关怀的核心研究单位是什么？费先生的方法论体系中真的没有所谓的概括性、

---

① 麻国庆：《费孝通先生的第三篇文章：全球化与地方社会》，《开放时代》2005年第4期。

② 王富伟：《个案研究的意义与限度》，《社会学研究》2012年第5期。

扩展性特征吗？


### 三、费先生的终极关怀：向"中国"收敛的三条分析进路

审视一位学者的方法论体系，如果只是针对有限的著作与论文，就应指出其研究的历史背景，否则，就应以全象的整体观去阅读其全部著作，纵观其一生所涉猎的所有分析单位及其最为关心的研究单位。对于费孝通来说，即使在青年时代，除了江村、禄村这样的农村社区，还有许多研究涉猎了诸多分析单位。例如，他的本科毕业论文以亲迎习俗为研究内容，以中国为分析对象并划分了三大亲迎区域；其硕士阶段研究了连片的花篮瑶村寨，并归纳了花篮瑶社会制度。此外，他不仅分析了整个中国乡土社会以及生育制度的特性（同时提出了乡土重建的具体方案），而且以比较的方式关注了城市工业、城乡联系的内在机理。新中国建立以后，他主导参与民族识别工作，对民族这一单位的政治、文化意涵有了更深的认识。学科恢复重建以后，他开始关注不同的区域模式以及中国走廊、板块的归纳和比较。20世纪80年代，他立足于"中华民族"这一分析单位得出了个案内"多元一体"的研究结论。其一生中还出版了有关英美的海外民族志，在晚年更是提出了诸多有关全球秩序的探索成果。

总体看来，费先生一生涉及了诸多分析单位，但其核心关注的问题还是"何为中国"以及如何实现"志在富民"的"中国梦"。在回应这一总的关怀时，费先生笔下所有的分析单位呈现了三条进路，每条进路都向"中国"靠拢。分别是以"个案之中的个案归纳研究"来内察中国；以"收敛性的个案研究"（即对外部文明的探索）来外观中

国；以"个案本身的研究"来省思中国。

（一）以社区、区域等分析单位内察中国

青年费孝通在开始从事社区研究时，主动承担了一项责任，即把社区观察视作中国观察的基本前提，将文化功能主义学派对人类普遍规律的追求从研究单位上进行一次降格，即将发现中国视为研究的第一要义。在费孝通看来，他早期所从事的社区研究并非仅仅关怀社区本身，而是为国家的前途寻找出路。他的社区研究与其说是为了践行功能主义理论，不如说是为了实现吴文藻及其自身的国家主义情怀。

有学者评价说，青年费孝通的社区民族志只是一个个案或几个类型，没有进行个案外的扩展分析，这种观点完全忽略了费先生在论述时强烈关注外部皇权、上下相连的绅权、不在地主以及城市金融资本如何渗透乡村的叙述逻辑。花篮瑶、江村与禄村显然不是孤立的个案，也不是某一种类型，它们立足于中国内部，并与整个中国的各种要素相连。一个学者的研究能在80多年前就将外部性思考导入基本的分析单位，即使在今天看来也不是那么"常见"。

学界普遍认为，费孝通的研究视野随着时间的变化而逐渐从社区扩展到类型学分析，再延伸到小城镇研究领域，并通过区域研究逐步扩大到中国社会的整体思考。但这种渐进积累似的判断，又忽略了费先生一开始就拥有的整体中国视野。例如，他按照亲迎习俗，将"中国"划分为亲迎区、半亲迎区与不亲迎区三大区域以及关于差序格局的总体判断，甚至要早于其社区研究。

费孝通的社区研究心路历程倒是可以回应"利奇之惑"。在费先生最早的一部社区民族志中，"家庭""亲属"以及"族团"是最基本的观察对象。从微型的家庭分析入手，费先生切入族团关系研究，并将花篮瑶的族团关系变迁过程视为史禄国先生所说的"ethnos"过程。[①]
通过观察瑶汉之间的族团互动，费先生将其叙事内容放在"中华民族
的向心力"中展开。[②] 可以说，《花篮瑶社会组织》一书是费先生试图
从微观社区分析单位挺进"中国"的最典型叙述。

在江村调查期间，他坚持撰写江村通讯，并在通讯中表达了这样
一个观点："中国"本部没有一个一般标准的乡村社会组织形式，因此
他采用了先描述的方式，等材料充足后再对"中国"这一整体个案进
行认识。在云南调查期间，他坚持了这个学术计划，《云南三村》的类
型比较研究方法就是这样发展出来的。[③] 这并非是后知后觉的研究方
法，而是早期受到过吴文藻、史禄国以及马林诺夫斯基等人多重影响
的结果。但费孝通也坦承：应用类型比较研究法可能不是最佳办法，
只能说是一套实践性的且比较有效的研究方法，他内心里还是更倾向
于史禄国提出的"ethnos"这样具有动态性和交互性的研究单位。[④]

针对利奇的具体质疑，费孝通经过思考后给出了一个较具力度的
回应。在他看来，人文世界中所言的"整体"，并非数学上一个个相加
而成的"总数"；同一个整体中的个体类似于从一个模子里刻出来的
一个个糕饼，即个别是整体的复制品；在人文世界中所提到的"整体"，
应和数学的"总数"在概念上有所区分。他认为利奇混淆了数学上的
"总数"和人文世界里的"整体"，同时忘记了社会人类学研究的不是
数学，而是人文世界。[⑤] 费先生的这些回应正契合了本文的主题：我们

---

① 费孝通：《花篮瑶社会组织》，《费孝通文集》第 1 卷，第 468—469 页。
② 费孝通：《花篮瑶社会组织》，《费孝通文集》第 1 卷，第 476 页。
③ 费孝通：《包头篇》，《费孝通文集》第 10 卷，第 137 页。
④ 费孝通：《包头篇》，《费孝通文集》第 10 卷，第 138 页。
⑤ 杨清媚：《最后的绅士——以费孝通为个案的人类学史研究》，世界图书出版公
司，2010 年，第 26 页。

不能只关注分析性个案，也应追问我们最终探讨的个案对象是什么。

由于费孝通认识到，社区类型研究不容易快速达致总体目标，他在保留类型学中的联系性和整体性视野之后，将分析单位做了多维度的扩展。改革开放以后，费先生展开了小城镇研究。但小城镇研究并非是"另起炉灶"，而是以江村为代表的一系列农村调查的延伸。从村落社区到小城镇，费孝通扩展了中国研究的内部分析层次，并继续将中国作为整体性个案进行思考。[1] 在小城镇之后，费孝通开启了区域性的研究，将城与乡相联系，注重城乡一体新模式，而经济区域研究就是费孝通在小城镇研究之后的新思考。在他看来，经济区域的形成是农村和小城镇联系的再延伸。[2] 费孝通用生动形象的比喻来说明，自己通过经济区域分析后形成的"全国一盘棋"。[3] 此后，他又总结了苏南模式、温州模式、珠三角模式以及黄河中上游的区域发展模式。这些模式均是"全国一盘棋"中的"棋眼"，也是费先生晚年所关注的研究单位。

应该强调的是，从社区、小城镇到区域，并非是各种分析单位的研究堆集，每个层次的分析单位之间相互联系，并且一起指向认识中国和促进中国实践的目标。通过对费先生晚年著述的阅读，我们还可以看到其有关走廊、区域的分析单位论述，将慢慢具备"ethnos"那样的动态性与交互性特征。

---

[1]　费孝通：《关于扶贫和发展商品生产的几点意见》，《费孝通文集》第 11 卷，第 34 页。

[2]　费孝通：《农村、小城镇、区域发展——我的社区研究历程的再回顾》，《费孝通文集》第 13 卷，第 219 页。

[3]　费孝通：《农村、小城镇、区域发展——我的社区研究历程的再回顾》，《费孝通文集》第 13 卷，第 218 页。

（二）以海外民族志比较中国

从青年时代开始，费先生不仅从社区、区域等分析单位出发内察中国，而且同时根据自己的海外观察来展开比较。他晚年在面对整个世界秩序的重构时，十分关注中国能为世界秩序贡献何种文化力量。因此，在费先生的方法体系中，不仅存在从微观的分析单位推向中国关怀的逻辑，还交叉着一条从世界秩序向中国收敛的研究进路。

费孝通曾先后出访过美国、英国、澳大利亚、苏联等国家。每去一个国家都会有感而发，并写成文章，其有关英美的文章还曾结集出版。在游历过程中，他时刻带着比较的维度，每每发现新奇之处都会"反观自照"。从《旅美寄言》到《初访美国》再到《重访英伦》，字里行间无不展现出他对中国的关切。在《旅美寄言》中，费孝通每观察到一个细节，就试图与中国进行对比。而在《初访美国》一书中，他以杨庆堃观察美国现代化的通信为开篇，思考中国的出路到底是维持传统，还是全盘接受西方文化？[1] 在《重访英伦》的叙事中也贯穿着中英文化的比较维度，并以动态的眼光审视他所看到的海外现象。[2] 在《美国人的性格》一书中，费孝通介绍了美国人的民族性，并与中国人的国民性进行了比较。他还建议，该书应与其《乡土中国》一书进行对比阅读。

新中国成立后，费孝通到澳大利亚和苏联访问，延续了他对海外文明与中国文化比较的关注。在澳大利亚期间，通过对主流社会与土著社会的描述，思考了民族平等与民族互动的具体问题。通过比较，费孝通认为中国的民族区域自治制度可以更好地为民族平等和民族发展做出贡献。在参观苏联的研究机构时，费孝通也无时不感叹制度的

① 费孝通：《初访美国》，《费孝通文集》第 3 卷，第 287 页。
② 费孝通：《重访英伦》，《费孝通文集》第 3 卷，第 501 页。

差异。①

早期的出访经历为费孝通在 20 世纪 90 年代提出对世界格局的新认识埋下了伏笔。费孝通之所以能够在耄耋之年对世界形势有着如此清晰的把握，并回应亨廷顿及其学生福山等人的相关理论学说，无不得益于其早期所积累下的对这些国家的了解和认知。他不仅在国与国之间进行对比，而且试图从更大的宏观视野来看待国际秩序以及作为其最关注的个案——"中国"在世界中的位置。

费孝通认为中国儒家思想以及史禄国基于"ethnos"提出的心态观，可以为世界秩序提供文化支撑。在《孔林片思》一文中，费孝通追忆了孔子所处的群雄并立的战国时代。反观当代社会也正在进入一个全球性的"战国时代"，而这是一个相比较而言更大规模的"战国时代"。"我们当前人类需要新的孔子……这个新孔子不仅要懂得本民族文化，还要懂得其他民族文化。他要从更高一层的心态关系去解决世界上存在的问题。"②进而，他认为儒家思想中的和而不同、中和位育等观念将可以用于维系世界秩序。

费先生对世界不同文明的比较，展示了他对不同国家之间连接性的关注，但核心连接点仍是中国。他在不同时期的海外观察，既体现出一种对本土观念和不同文化价值观念的尊重，又力图展示文化之间"互译"和"沟通"的可能性。③而对"互译"与"沟通"的追求，使得其学术判断有了从中华民族多元一体通向世界多元一体的可能，并由此提出了文化之间"美美与共"的倡议。但我们应该注意到，对世界不同文明的比较与对新秩序的期盼，最终都收敛于"何为中国"与

① 费孝通：《红场小记》，《费孝通文集》第 12 卷，第 85 页。
② 费孝通：《孔林片思》，《费孝通文集》第 12 卷，第 296—298 页。
③ 费孝通：《人文价值再思考》，《费孝通文集》第 14 卷，第 198 页。

"中国何为"的问题，其论述世界秩序的出发点和落脚点均是"中国"这个研究单位。

### （三）从民族、走廊省思多元一体的中国

费孝通的分析单位从一开始就不只是微型社区。他在1933年的本科论文《亲迎婚俗之研究》中，直接以中国为对象，将中国分为"亲迎区""半亲迎区""不亲迎区"①——这种对文明的整体类型划分逻辑，远远早于沃勒斯坦的"世界体系划分法"和王铭铭的"三圈说"。且与社区类型比较法不同的是，其划分的分析单位就是中国本身。在这里，分析单位与最终关怀的研究单位合而为一。因此将费孝通的方法论视为一个从微观社区到类型比较再到整体中国的机械性框架的看法，忽略了费先生在青年时代就已有的关于整体中国的直接研究。

费孝通早期在《乡土重建》《乡土中国》等书中叙述的有关"差序格局""无讼社会"的结论，所表现出来的都是对中国社会特征进行整体性叙事的逻辑。在晚年为中文版《云南三村》写序时，他指明自己早期在江村和云南主导的社区研究就是为了科学地认识中国社会，进而思考应怎样建设一个国家。②

《花篮瑶社会组织》一书的重要性一直未被学界重视。虽然该书的分析单位只是花篮瑶片区，在时空范围内远远不及整个中国，但费先生提出的问题意识来自国家主义一脉，几乎与结构功能主义无关。费孝通在《花篮瑶社会组织》一书中探讨了如何实现中国社会的整合问题。他认为瑶山的多元和冲突的状态是正常现象，但瑶山如何在"中

---

① 费孝通：《亲迎婚俗之研究》，《费孝通文集》第1卷，第162页。
② 费孝通：《云南三村》序言，《费孝通文集》第11卷，第134页。

华民族"的意义上被中国文化所吸纳才是其真正关心的。[①] 他在文中明显表达出对国民党的民族政策的不满。

当看到顾颉刚发表的《中华民族是一个》一文时，费先生已经经历了花篮瑶调查的重要历程。费先生极力反对顾颉刚的说法，主张宽容的民族多元文化政策。费孝通认为顾先生虽然论证了中华民族的一体，但是仅有一个混元的一体而不考虑多元是不够的。[②] 花篮瑶的调查经历及其与顾颉刚的争论直接影响了费孝通的"中国"观。

1980 年，费孝通在《关于我国民族的识别问题》一文中提出了"民族走廊"的概念，三大走廊说与六大板块逐渐成形。其中，"民族走廊"的概念超越了单个民族的局限，从中国整体的宏观角度来思考民族与民族、民族与国家之间的关系。该概念强调民族之间"你中有我、我中有你"的互动，已经十分接近史禄国的分析单位了。1988 年，费孝通应香港中文大学的邀请，给 Tanner 讲座做了一个关于中国民族学研究的报告，即众所周知的《中华民族多元一体格局》。[③] 这篇文章不仅考虑了中华民族形成的历史进路，并将不同族群、区域等以往他所关注过的分析单位，整合进中华民族的大格局之中。费先生明确提出，作为多元一体的整体中国具有内在的明确联系机制，各民族通过移民、通婚、互市、文化融合、军事征服、社会交往等纽带而结为一体。因此，费先生的民族、走廊、板块等研究单位，并不是比"中国"更微观的单位，这些概念自身就构成了具有历时动态性和多元互动性的"中华民族"。由于分析性单位与结论性单位重合，我们可以将这种

---

① 费孝通：《亲迎婚俗之研究》，《费孝通文集》第 1 卷，第 172 页。

② 费孝通：《亲迎婚俗之研究》，《费孝通文集》第 1 卷，第 186 页。

③ 费孝通：《中华民族的多元一体格局》，《费孝通文集》第 11 卷，第 341—344 页。

进路称之为个案本身的概括研究。

### 四、结论：费先生个案体系中的连接性与扩展性

综上，费孝通一生以"何为中国"以及"中国何为"为研究目标，建立了一个复杂的分析单位的参考系统，并通过研究这一参考系统来达到他的目标。作为一个历史厚重的承载体，中国自三代以来，在帝国、郡县、天下、朝贡以及现代民族国家的框架中不断演变。由于其内部不同区域、地方的特性有所不同，因此需要建立一个具有多层性分析单位的参考系统；再加上20世纪的历史殊异性、空间复杂性，由此导致了中国内部"互为他者"的认识需求。与此同时，中国外部的"他者"也在不断交替，因此需要一个外部分析单位的参考，于是费先生又展开了一条从世界文明向"中国"收敛的分析进路。这是他一生方法论体系的辩证实践。

利奇、弗里德曼以及当代的许多方法论研究者，之所以对费先生的研究框架有所误解，原因不外乎以下两点。第一，费先生作为分析单位的"个案"，并不是只有社区，而是一个极为立体而且相互连贯的分析单位体系。第二，费先生的所有研究中，作为最终探索对象的"个案"只有一个，那就是"中国"。这两点盲区使得不少学者将费先生局限在"社区个案研究"或"类型比较研究"的代表之中。

然而，我们还有一个问题没有解决，即费先生的方法论被许多研究者视为一种"过时的"方法论，尤其与格尔茨、格拉克曼、布洛维等学者的扩展个案研究方法相比，缺少了理论的分析性与研究的扩展性。果真是这样吗？

我们先来看一下这几位扩展个案研究者的核心方法论。格尔茨的"深描法"通常被归纳为一种叫作"在个案中概括"的方法。格尔茨认为，典型的人类学方法应尽量通过小的事情来进行广泛的阐释和抽象的分析，所以"深描"不是为了超越个案进行概括，而是在个案中进行概括。[①] 但有人将格尔茨"个案中的概括"这一方法论，视作"个案的扩展"，即其中包含宏观与微观结合、互动的旨趣。[②] 扩展个案研究的代表性学者格拉克曼在《现代祖鲁地区的一个社会情境》中，详细描述了一个集体事件中参与者不同的行为、利益及动机，并将这一问题与更大的背景相联系。[③] 而后，扩展个案法又被社会学家布洛维不断发扬光大。他认为"扩展"的意义体现在四个层面：一是从单纯的观察者向参与者拓展；二是向跨越时空的观察拓展；三是从微观过程向宏观力量的拓展；四是理论的拓展。[④] 总之，这几位著名学者试图运用扩展个案方法，透过宏观俯视微观，经过微观反观宏观，从双向维度对研究对象进行考察。

但令人感到尴尬的是，我们没有发现上述学者的方法论有什么迥异于费孝通的地方。我们认为，除了理论的旨趣和关怀的终极对象不同，并没有多深的方法论鸿沟。费先生作为一位行行重行行的观察者与实践者，他对从微观社区至整个世界文明之间的不同研究单位都有相应的观察，而且这些观察相互呼应，微观与宏观之间相互关照；在

---

① （美）克利福德·格尔茨著，纳日碧力戈等译：《文化的解释》，上海人民出版社，1999年，第24—25页。

② 卢晖临、李雪：《如何走出个案——从个案研究到扩展个案研究》，《中国社会科学》2007年第11期。

③ 夏希原：《马克思·格拉克曼的社会人类学》，硕士学位论文，中央民族大学，2010年。

④ 闻翔：《以扩展个案法书写"公共民族志"》，《中国社会科学报》2013年8月30日。

理论层面，费先生早期携带了有关国家主义以及结构功能主义的理论关怀，后期又将其知识社会学与实践人类学的看法带入研究之中，并不断超越自身。只有忽略了费孝通方法论体系的复杂性的学者，才会认为格尔茨、布洛维等人的方法更为高明。

费孝通一直在不遗余力地剖析其多层次分析单位之间的连接机制。例如，《皇权与绅权》一书就是费孝通试图把握不同分析单位之间联系机制的最为明显的案例。费孝通希望通过对中国绅士阶层的分析来看中国皇权社会的社会结构，并厘清其中的结构性脉络。他发现绅士在中国社会的"双轨政治"中起到了上通下联的重要作用，其也可以看作国家与社会、乡村与城镇、民权与皇权之间沟通的重要枢纽。[①]

我们可以再举一个批评者们可能更为熟悉的例子。在早期的社区研究中，费先生发现内发型的乡土工业、提倡"离土不离乡"的劳动力转移模式是振兴农村的途径。这一在微观社区层面的发现，半个世纪后被他延伸扩展至"小城镇"道路的实践中去了。虽然当时的城镇化道路并不十分成功，但在我们看来，这就是一种类似于"扩展个案研究"的典范。

最后，我们要再次强调，费孝通围绕"中国"这一个案而展开的分析单位体系本身就是一种从微观到宏观，且十分辩证收敛的研究进路。费先生方法论层面的连接性、扩展性、分析性等特征，已经明显体现在其有关"个案本身的研究""个案之中的个案归纳"以及"收敛性的个案研究"这三种观察中国的方法进路中。那些急于贬低费孝通的方法论的学者，不妨先鸟瞰一下其一生所涉猎的分析单位及其终极关怀的研究对象。

---

① 参见费孝通、吴晗等：《皇权与绅权》，岳麓书社，2012年。

# 费孝通先生的城镇类型观

## ——兼论小城镇与城乡协同发展中的区域道义 ①

---

① 本文发表于《社会建设》2017 年第 2 期。

## 一、引言：从中国多元的城市类型到多元的城乡关系

在青年费孝通阐述自己的中国城市观以前，鲜有社会学家关注中国城市的类型。马克斯·韦伯属凤毛麟角，但是，他对中国城市类型的判断实在过于单调。在《非正当性的支配——城市的类型学》中，韦伯对欧洲的城市进行了细致的类型学划分，而中国的城市总是被他简化为"君侯型的封建城市"，或没有市民、商业性格的东方城市类型。[1] 中国的城市经由韦伯的介绍，是一种死水一潭、没有市民与商业活力、没有法人团体参与政治博弈的皇权空间。在中世纪以后万花筒式的西方城市类型面前，东方城市显得极为黯然。1952 年，格伦·特雷瓦萨（Glenn Trewartha）以颇为重复马克斯·韦伯的口吻说道："除了中国，世界上恐怕没有第二个国家的政治势力对城市发展起着如此纯粹、绵延的作用。"[2] 在他看来，中国的大小城市同样被规划进政治投射的类型。在韦伯之后约半个世纪，芮沃寿（Arthur Frederick Wright）在研究中国城市时，极有建树地将城市形态与祖先、神王的象征主义和宇宙观联系在一起，让读者认识到每一次城市之生似乎都是过去死去幽灵的转换；难能可贵的是，他在观察历史上中国南方城市的形成中，注意到了新的地形、区位影响到了新城的建设实践，这让他的象征性结构中留了一点多样性历史实践的余地。但令人费解的是，一些执着于从观念来研究城市景观的同仁，却始终抱着芮沃寿有关"帝王

---

① （德）马克斯·韦伯著，康乐、简惠美译：《非正当性的支配——城市的类型学》，广西师范大学出版社，2005 年，第 6、26、27、35 页。
② G T Trewartha, "Chinese Cities: Origins and Functions", *Annals of the Association of American Geographers*, 1952(42), p.1.

型城市"的叙述不放，也紧紧抱着芮沃寿有关象征主义以"始终不变"的方式沿传的观点。似乎从城市的起源上说明了城市形成的动力是帝王与政治，就可以认清绝大部分中国城市的形态。

后来，牟复礼在评价韦伯、特雷瓦萨以及其他雷同的观点时，隐晦地说道："由于承认政治因素对中国城市性质是决定性成分，于是就存在着把中国城市与世界各地城市作对比的基础。"[1]言下之意，为了方法论以及下结论的方便，历史中的中国城市类型被随意做了主观处理。随后，牟复礼就将中国的城市类型划分为"规划城市""自然城市""混合城市"三种类型，并将"混合城市"视为中国城市类型的主流。牟复礼在文中同样批评吉德翁·肖伯格（Gideon Sjoberg），后者预设中国为一个封闭阶级体系，从而将中国的城市判断为王权社会的简单投射。[2]笔者以为牟复礼对特雷瓦萨和肖伯格的批判，同样适用于马克斯·韦伯。实际上，中国的城市功能多样，在政治与经济之外（这两种功能各自内部又有诸多亚类型），同样存在着军事要塞、交通运输、宗教文化、知识教育等类型的功能交叉型城市。城市确实为政治所投射，但它同样受了地方性人文区位因素的影响。[3]施坚雅立足于其所擅长的区域研究基础，也颇为明确地表示："中华帝国晚期的城市，并不构成一个单独的一体化的城市体系，而是构成好几个地区体系，地区之间只有脆弱的联系。"[4]

---

① （美）牟复礼：《元末明初时期南京的变迁》，载（美）施坚雅主编，叶光庭等译：《中华帝国晚期的城市》，中华书局，2000年，第119页。

② （美）牟复礼：《元末明初时期南京的变迁》，载（美）施坚雅主编，叶光庭等译：《中华帝国晚期的城市》，中华书局，2000年，第121页。

③ （美）哈雷·拉姆利：《修筑台湾三城的发轫与动力》，载（美）施坚雅主编，叶光庭等译：《中华帝国晚期的城市》，中华书局，2000年，第176页。

④ （美）施坚雅：《十九世纪中国的地区城市化》，载（美）施坚雅主编，叶光庭等译：《中华帝国晚期的城市》，中华书局，2000年，第142页。

不仅如此，施坚雅所编的《中华帝国晚期的城市》一书，还系统呈现了中国历史上城乡连续体的微妙与复杂，从而让古典社会学中有关单调"中国城市类型"的说法显得黯然失色。他自己明确根据区域体系中"中心"的不同辐射等级，来定位不同的城乡关系。[①] 通过证明中国的士大夫兼具城市成分与乡村成分这一双重性格特点，施坚雅引出中国城乡关系的复杂性判断。他在基于大量田野调查材料基础上写就的《中国农村的市场与社会结构》一文，支持了有关城乡关系多元性的判断。[②] 遗憾的是，这一思考进路直到今天也没有被中国的城乡社会学研究者所重视。

从时代上看，中国相关领域的学者更关注在韦伯与施坚雅之间的费孝通。可是关注的焦点却较为片面，仅仅是强调费先生有关城镇的发展模式，而未深究费先生的城市类型学的发展进路与城乡关系多元性的判断之间是如何变化、引申的，更鲜有人去考察费先生早期的城市观与晚年的小城镇方案之间的关系。虽然，费先生提出的小城镇方案在推进新城镇建设的过程中，被学界不断重提，但费先生的总体观点总是被文献堆砌者及脚注爱好者所埋没。

实际上，韦伯在 1922 年发表了他的偏颇之见后，费孝通从 1933 年开始就展开了关于中国都市、城镇的多态性判断。虽然，费孝通无意与韦伯对话，但他的城市观无疑纠正了后者有关欧洲中心论的城市类型学。与施坚雅相同的是，费先生非常关注城乡之间的市场交换内容，二者同样是从区域、城市的多态性走向城乡关系的多态性，但费

---

① （美）施坚雅：《十九世纪中国的地区城市化》，载（美）施坚雅主编，叶光庭等译：《中华帝国晚期的城市》，中华书局，2000 年，第 307 页。

② 参见（美）施坚雅著，史建云、徐秀丽译：《中国农村的市场和社会结构》，中国社会科学出版社，1998 年。

先生更多地是从城乡之间的社会伦理关系来判断城市应具备何种伦理性格。

费孝通个人的求学经历很早就与城市社会学产生了交集，尤其是在派克的城市社会学研究以及雷德菲尔德的"传统"类型学的熏陶之下，他能够同时切入城市与乡村两种空间。费先生从未离开过中国文明的传统，就城市本身去大谈城市的现代性问题；也未离开过"关系"的视野，仅仅跟随雷德菲尔德的"大小传统"理论（莫里斯·弗里德曼将雷氏的"连续统"称为"讨厌的二分法"）去研究城市或乡村。他在具体的中国区域情境中探讨具体的城乡关系，并在社会转型中关照文明的延续性与创新性。

费先生在坚持乡村类型学的时候，同时也坚持了城市类型学。社会学界所熟知的是，费孝通先生曾对中国农村展开过类型学的划分，《江村经济》与《云南三村》中的江村、禄村、易村、玉村个案，就是依据自耕农的占比状况以及手工业、工商业的发达程度而划分的四种类型。这种方法曾一度被认为是费孝通从社区个案认识中国全貌的进路，学界有褒扬也有批评。[①] 但他对集市、小镇、城市、都会、区域模式的细致类型分析，是后来的阅读者经常"错过"的内容。甚至因为这种"错过"，费先生还无端受到了一些指责。例如，当前有不少学者将费先生的研究与乡土研究等同，从而产生了诸多以"走出乡土""告别乡土""新乡土""后乡土"命名的研究，这些研究似乎都指向费先生不够现代，不关注城市与工业，从而要开启"后乡土时代"的研究

---

① 卢晖临、李雪：《如何走出个案——从个案研究到扩展个案研究》，《中国社会科学》2007 年第 1 期；王富伟：《个案研究的意义与限度》，《社会学研究》2012 年第 2 期；谭同学：《类型比较视野下的深度个案与中国经验表述——以乡村研究中的民族志书写为例》，《开放时代》2009 年第 8 期。

进程。

需要指出的是，费先生的城观并非是 20 世纪 80 年代提出的小城镇道路的应景之作，而是与其乡土中国的研究同时展开的。只要比较费孝通 1949 年以前的城观和改革开放后的城镇发展观，我们就能发现二者之间前后融通的逻辑。关键的是，在乡村类型观和城镇类型观的基础上，还可以看到另一种更深层次的类型观，即城乡关系的类型。这对于今天展开的新型城镇化建设来说，具有尤为重要的启发性意义。

麻国庆教授基于潘光旦先生提出的"类别"与"关系"两个重要范畴，从方法论层面指出了在亲属、地域的类别识别基础上，以中国特色的家族伦理"推"出社会结合的关系。[①] 这一方法进路直接启发了笔者有关"关系中的类型"这一问题意识。即在麻国庆"识别类别""认识关系"之后，再度推进有关"关系的类型"的思索。换句话说，我们认识了乡村、城镇的类型之后，形成城乡关系的判断，但是否在新的关系论基础上还会出现城乡关系的类型，从而从"类别中的关系"走向"关系的类别"？毫无疑问的是，无论是对乡村还是对城镇的类型学追问，费先生均是为了浮现更为广阔的区域特征乃至中国特征，他的研究进路是以"城乡关系"作为分析纽带的。费先生的每一种乡村、城市类型被定义在区域的关系之中，因而类型学本身又包含了一种关系学。

仅以经济层面为例，费先生发现的乡土中国是农工并重的，各种分散的乡土工业与四时农业相互配合，这意味着承载工农的乡村和城镇之间也是相互配合的。王小章在研究费先生的乡土中国思想时指出："农工并重的乡村经济维系了原有的土地分配形态和租佃制度，同

---

① 麻国庆：《类别中的关系：家族化的公民社会的基础》，《文史哲》2008 年第 4 期。

时也形塑了传统城乡关系的基本形态，那就是：传统的城市（镇）——
包括由集贸发展出来的市镇和作为政治中心的'城'——不是生产基
地，但需要消费，其消费则来源于农村。"① 王小章也看到了费先生论述
城乡关系的两条基本线索，即城乡关系中乡村本位的特性与城镇类型
的多元性。但王小章似乎更关注费先生对于城镇化道路的规划理性问
题，而对费先生提出的城镇化道路的分类理论前提不感兴趣，② 从而错
过了对城乡关系的类型再度展开挖掘的机会。也有人梳理过费孝通有
关社区、城镇类型的学术史，但由于过度重视费孝通与利奇之间的学
术官司，从而遮蔽了一些洞见。③

　　日本学者鹤见和子较早地注意到了费孝通的小城镇发展道路与其
早期的乡土中国研究之间的关系，并将其称之为"内发型发展论"。④
鹤见和子之所以称费先生的小城镇道路为"内发"，就是因为费先生注
重地域内部关系研究。通过审视地域内村庄、城镇的具体类型，再度
定位地域内城乡关系的类型，而不是从某种现代化理论出发预设一条
发展道路，这是费氏"内发"思维的核心理路。鹤见和子说："现代化
论是单系的发展模型，而内发型发展论具有复数的模型；现代化论以
国家、全体社会为单位，而内发型发展论是从我们生活着的具体的地

① 王小章：《"乡土中国"及其终结：费孝通"乡土中国"理论再认识——兼谈整体社会形态视野下的新型城镇化》，《山东社会科学》2015 年第 2 期。
② 王小章：《费孝通小城镇之"辩证"——兼谈当下中心镇建设要注意的几个问题》，《探索与争鸣》2012 年第 9 期。
③ 孙秋云：《从乡村到城镇再到区域——谈费孝通的微型社会学研究方法及其反思》，《中南民族大学学报》2010 年第 3 期。
④ （日）鹤见和子著，胡天民译：《"内发型发展"的理论与实践》，《江苏社会科学》1989 年第 3 期。

域这样的小单位出发，寻求解决地球规模的大问题的一种尝试。"① 这里，鹤见和子所谓的"复数"理论，完整地体现在费先生关于乡村、城市的丰富类型学之中。

如果从费先生有关"城乡关系"的文本叙事出发，确实能浮现一些对于当下的城乡建设有益的端倪。② 但若欠缺对"类别"的具体考察，注定对"关系"以及"关系的类别"的认识有失立体，难免陷入单向度的理解窠臼。费先生贯穿半个多世纪的城市观，为我们提供了一个总体性的认识视角，即从哪个具体角度出发考察城市。有人认为要理解费孝通的城镇化道路，首先要从人口分布出发，③ 这也是美国城市社会学家沃思（Louis Wirth）的经典思路。费先生虽然说过："从人口角度去区别城乡，其实并不是一个数量和密度的问题，而是分布的问题。"④ 不过，他的用意主要是为了批评美国社会学家仅从人口数量与密度出发去定义城市和乡村的做法过于偏颇。因此，如果离开区域内部的分工与城乡之间的动态联系这两个视野，仅从人口出发去理解小城镇道路实在是一种误解。丁元竹在关注费孝通的城镇化道路特色时，重点是费先生志在富民的出发点与市场化机制的重要性上，却并未涉及这一研究学统的类型学根源。⑤ 值得关注的是，汪丹看到了费孝通先生所提的城镇化道路并不是一个技术设计而已，还有其自身的知识根

<hr>

① （日）鹤见和子：《内發的發展論の三つの事例》，藤原书店，1999 年，第32 页。
② 方芳：《费孝通的城乡关系思想研究》，《淮海工学院学报》2016 年第 10 期。
③ 吴志明、赵伦：《人口流迁与城市化：理解费孝通与霍华德》，《城市发展研究》2010 年第 12 期。
④ 费孝通：《乡土重建·论城·市·镇》，《费孝通文集》第 4 卷，第 320 页。
⑤ 丁元竹：《费孝通城镇化思想：特色与启迪》，《江海学刊》2014 年第 1 期。

源，即城镇化道路提出的前提是动态的知识判断。[1] 这种动态的知识判断，排除了固定的"宇宙观"思维，需要对中国历史与现实中的城乡以及二者的关系展开兼具深度和广度的实证观察。

遗憾的是，费先生有关城市类型学的叙述，在学界被更为熟悉的乡土中国论以及"小城镇"话语喧嚣所掩盖了。贺雪峰教授的"新乡土中国"[2] 以及近来学界发表的"走出乡土""后乡土"[3] 等论断，均认为费先生的研究过于乡土本色，对城市中国、工业中国的巨变不够关注——诸如此类的观点均是有失偏颇的。在《费孝通文集》中，费先生的城市观贯穿始终，并不断地丰富。不认识城市，何以认识乡村？不认识城乡区域间的联系，何以发展小城镇？这同样是费先生的方法论进路。我们不仅可以从中窥见费先生的类型偏好，而且可以看见他期盼重建什么样的城乡中国。乡村或城市分类都不是费先生的终极目的，在两种分类的基础上，再建城乡关系的类型学，并由此找到中国向何处去的方向才是他真正的关怀。因此，只有从城市和乡村各自的类型观出发，再总结城乡关系的类型，才能理解其早年乡土重建以及晚年小城镇道路的方法论逻辑。笔者的梳理工作不仅是为了浮现费先生关于城乡研究和小城镇道路的思考逻辑，而且希望为中国正在进行的城镇化道路提供认识论上的参考。在学理上，一方面，我们可以重新思考古典社会学中有关单调"东方城市类型"的偏见；另一方面，至少应该让那些不断批评费先生是乡土本位的现代学人，去尊重一种

---

[1] 汪丹：《负重任而走远道——费孝通先生的治学精神与思想启迪》，《江苏社会科学》2017 年第 2 期。

[2] 参见贺雪峰：《新乡土中国——转型期乡村社会调查笔记》，北京大学出版社，2013 年。

[3] 参见陆益龙：《后乡土中国》，商务印书馆，2017 年；陈心想：《走出乡土：对话费孝通〈乡土中国〉》，生活·读书·新知三联书店，2017 年。

跨越时代的总体性中国研究。

## 二、费孝通的早期城观与文明观、社会变迁论

青年费孝通以研究乡村问题闻名于世，但他从来不认为中国问题就是乡村问题，反倒是批评了当时诸多乡村建设运动者的以偏概全。他说："我们认为中国社会变迁中，都市和乡村至少是同样重要。若是离开了都市的研究，乡村的变迁是不容易了解的。"[①]1933 年，时年 23 岁的费孝通就意识到，如果不区分城市的类型，城乡关系的研究就是笼统的、偏颇的。在《我们在农村建设事业中的经验》这篇文章中，他以苏州、上海为例，分别阐释了两种城市类型和城乡关系类型他明确指出了苏沪之间的区别：

> 在讨论中国乡村和城市的问题时，还有一点应当注意的，就是中国的都市实有两种不同的性质，第一种是旧式的"城市"，如苏州等是。这种城市的发生并不是由于工商的发达，而是在于一辈脱离土地工作，而靠收租为生的地主们安全的要求。从经济上论，这是一种消费的集团。第二种是新兴的都会，如上海等是。它们是西洋文明东渡的产物，是现代的，最重要的是工业和商业，所以可说是生产的集团。论中国都乡关系的，往往不分别此种差异。[②]

① 费孝通：《社会变迁研究中的都市和乡村》，《费孝通文集》第 1 卷，第 111 页。
② 费孝通：《我们在农村建设事业中的经验》，《费孝通文集》第 1 卷，第 104—105 页。

费先生的意思是，如果不能从都市或城镇类型的差异出发，去区分城乡关系的差异，那么有关中国的认识论的前提就是错的。因此，笼统而不加分别地展开乡村建设，意义将十分有限，甚至有所误导。很明显，这种对城市的判断带有功能性的眼光：城市是以生产为主还是以消费为主，将决定其基本属性。可以说费先生早期这种分类而治的城市观，不仅指向城市类型本身，而且明确了城市的类型与其自身的分工以及与周边区域的联系密切相关。不过，关于都市、城镇的基本类型以及城乡之间的关系，费先生还没有开始系统叙述。

费孝通早期的文章中，多处流露出对以汲取资源为主的现代都市的不以为意。他完全不认可发展类似上海的都市就可以解决中国问题，因为彼时的上海似乎是中国的"飞地"，已经与古式中国文明之间发生了"脱嵌"，并未跟周边的区域产生有机联系：

> 以为发展都市可以吸收乡村过剩人口的，自然指新兴的都会。但是新兴的都会在中国却有一种特别的性质，就是政治上、经济上，因租界的存在大都不能认为是中国的。除非承认外国经济及政治的侵略对于中国实际生活上是有利的，而我们愿意享受这种利益的话，我们似乎不能认为上海式的都会的发达是一件可以引以自慰的事。[1]

青年费孝通对上海、苏州的城市差异的判断，很大程度上源于其早期受教的中国文明观。他在燕京大学读书时，基本接受了派克对中

---

① 费孝通：《我们在农村建设事业中的经验》，《费孝通文集》第 1 卷，第 104—105 页。

国文明的看法，继而用这种判断来初步划分中国的城市。下面，我们不妨看一下他是如何总结派克教授的中国文明观的：

> 事实上，中国是不能用西洋人所谓帝国或政治的个体来称呼的，它是一种文明……不仅是一个古旧的文明，而且是一个已经完成了的文明。一切中国的东西，任何一项文化的特质——器具、习俗、传习以及制度——无不相互地极正确地适合，因之，它们合起来，足以给人一种它们是一适合而一致的整体的印象。[①]

而北平成了费孝通论述这种"已完成了的文明"的绝好范例。

> 在北平的街道上可以获得这种印象。一切东西，不单是古旧，而且在习俗中已经根深蒂固地确立了，各行各业的人民所表现的，好像是舞台上的优伶。每一个人都知道他所扮演的角色，举止装饰无不有所依归。每一个人都有他所司的特殊职司，而且都能安于其位。[②]

这种具有历史绵延性质的城市文明与费先生的乡土中国观搭配起来了，作为帝国的中心城市，镶嵌在周边的农业文明之中，没有任何违和感。但是，这与韦伯的封建官僚型城市不同，费先生意在强调城市内外的搭配的有机性。而且，北平不是 20 世纪的中国唯一的大都市案例。反方向的例子就是上海。

---

① 费孝通：《社会学家派克教授论中国》，《费孝通文集》第 1 卷，第 122 页。
② 费孝通：《社会学家派克教授论中国》，《费孝通文集》第 1 卷，第 122 页。

在上海就没有这一种印象了。上海市靠海，生命活动的方式和欧洲的都市无异。黄浦滩的建筑完全表示着欧洲的面貌，一切在交通要道的东方港口，都已无法避免地欧化了。但是我所要讲的上海并不在他的建筑，而是他的人民。上海街道上拥挤着的都市群众里陈列着无奇不有的装束和行为，每个人似乎都是按着自己的性格而动作，充满着无畏的骚乱和混乱，使人发生一种印象，觉得他们的举止都是发狂似的临时应付的动作，他们不受习俗的拘束和训练，只是任意的生活。北平就不然了，在那里我们依旧在中国，中国旧有的秩序照旧地流行。①

在从"苏州—上海"转向"北平—上海"的叙事过程中，费先生一直将文明、城市类型及相对隐藏的城乡关系结合起来论述。他用一种有别于雷德菲尔德的方式，树立了一个城市连续统的两端，一个是北平，一个是上海，从而在延续与断裂之间，在古旧与现代之间，甚至于是在有机与无机之间，树立了一种朦胧的城市类型观。费先生早期树立的这个连续统，与雷德菲尔德的"传统"类型说有关，但也有很大不同。雷德菲尔德希望在乡村与都市、社会与国家之间建立一个认识谱系。但费先生的都市社会二分连续统，内部本身也包含了与乡村的联系，更重要的是其明确流露出了费先生的城市建设方向。

什么方向？有机的城乡联系或区域联系是费先生最为看重的特征。那种"飞地式"的断裂型现代大都市让费孝通十分警觉，譬如买办时代的上海。在某种程度上，传统中国城乡之间的均衡状态与有机联系

---

① 这两段话是费先生从派克论述中国的相关文字中引来的。后来，费先生在《论社会组织》一文中，再次转引了这两段话，强调新的组织变革必须关照旧的组织形态。参见费孝通：《论社会组织》，《费孝通文集》第 1 卷，第 219—220 页。

是费先生希望保存的历史遗产。在《科举与社会流动》<sup>①</sup>一文中，费先生与潘光旦梳理了明清时期举人、进士的籍贯背景，发现都市与城镇均不占优势，乡村也是人才供应的重要基地。城乡之间、人才、消费、技工等方面的交换与流通，在大部分时间里都是比较顺畅的，城镇对乡村没有什么支配权。这种均衡的城乡关系意味着农民不会被城市地主绝对支配，并存在一定的自主空间。城乡之间除了人才的均衡，在农产品、工艺物品、资金的流动上也是相对有机顺畅的。

虽然，尚处学生时代的费孝通暂未清楚区分"都市""城镇"，但在总体方向与区域分工上是清楚的。他很早就强调了都市的动态性，都市的人口就是不断迁移聚集的，这就意味着文化的交汇与不同社群生活方式的不期而遇。"都市中分工精细，进入城市中的人，被送入了新的境地，新的职业。一方他们因与他种生活形式相遇而破坏了他们原有的形式，一方又因新群体的形成而获新的形式。都市不应当视作一经济的、政治的或地域上的单位，而是一个社会变迁的中心，一个人类行为改变形式的大熔炉"。<sup>②</sup>反观乡村则不一样。由于经济以农业为中心，人地相配，不能自由流动，所以相对静止。人口从乡村流向都市，并在都市职业分工中寻找位置，但是人们进入都市多是因为生活太好或生活所迫，生活方式还会保留乡村的延续。都市中会形成新的团体和组织，而这些组织的结构还会有乡村的影子。所以在乡村与都市或城镇之间，费先生的叙事还是在潜意识层面倾向于广阔的乡村，保留了乡土的本位。（但这完全不意味着他不关注城市、工业与资本。）

城乡之间的互相联系始终被费先生所强调。

① 费孝通：《科举与社会流动》，《费孝通文集》第 5 卷，第 440—459 页。
② 费孝通：《社会变迁研究中的都市和乡村》，《费孝通文集》第 1 卷，第 114 页。

都市和乡村间人口的流动常是双方的，虽则双方流动的速率不同，但由都市向乡村去的人亦是很多的。这些人在都市中学得了新的生活方式，来到乡村中，做乡村社会变迁的种子，所以乡村社会的变迁常策源于都市。我们要明了乡村社会的变迁，自然不能不从变迁的源头——都市入手。事实上，要明了中国乡村变迁的原因和趋势，若把天津、上海、汉口、广州等都市踢开不论，实在无从说起。[①]

因此，费先生十分重视在传统文明影响下的城乡关系与现代社会冲击下的城乡关系。尤其是新兴都市要素在传统城市中的出现，将对整个区域或周边的乡村产生怎样的影响，这是费先生最为担忧的问题。他历来重视都市、城镇对乡村的反馈。在乡土本位的中国社会中，城镇作为一个消费体，会对乡村农业、乡土工业实现有机的反馈。尤其是在人才上，知识分子或官员复员为乡绅，多少保留了乡土的根本。从都市到乡村去的人是什么样的人，能决定都市对乡村的影响方式。在现代化过程中，与费先生同时代的乡村建设知识分子下乡，同样会对乡村产生影响。但是，青年费孝通对当时那个喧嚣的乡村建设知识分子群体很不满意："我们只看见要知识分子下乡去的宣传，要改革这样要改革那样的呼声，但是我们绝没有机会听见一个调查农民态度的忠实报告。"[②]

---

① 费孝通：《社会变迁研究中的都市和乡村》，《费孝通文集》第 1 卷，第 115—116 页。

② 费孝通：《社会变迁研究中的都市和乡村》，《费孝通文集》第 1 卷，第 119 页。

### 三、城乡关系的相成论与相克论

早在《禄村农田》中，费孝通就从城乡金融以及现代工业与乡村手工业的关系出发，论述了城乡关系视野下都市与城镇的不同。

> 我时常这样想，我国传统的市镇和现代都市是不同的。它不是工业中心，而是一辈官僚、地主的集合居处和农村货物的交易场所。在传统经济中，基本工业，好像纺织，是保留在农村中的。因之在传统经济中富于自给性的农村，是个自足单位。它在租税的项目下输出相当资金，而借家庭手工业重复吸收回来一部分。乡镇之间，似乎有一个交流的平衡。平衡保持得住，土地权不会大量外流。现代工业发达却把这平衡打破了。手工业敌不过机器工业，手工业崩溃，农村金融的竭蹶跟着就到。①

因此，费孝通认为，维持城乡之间的均衡状态是乡土自足的延续，但他也预料到了这种均衡将被打破，所以希望寻找一条重建道路。

不过，即使现代工业没有发生，城乡关系也并非完全是均衡的。在《乡土重建》一书中，费孝通意识到二者不是一个恒定的状态，并以都市与乡村的关系为例，论证了"相成论"与"相克论"两种理论。

相成论主要是均衡状态的体现。

> 从理论上说，乡村和都市本是相关的一体。乡村是农产品的

---

① 费孝通：《禄村农田》，《费孝通文集》第 2 卷，第 388 页。

生产基地，它所出产的并不能全部自销，剩余下来的若堆积在已没有需要的乡下，也就失去了经济价值。都市和乡村不同，住在都市里的人并不从事农业，所以他们所需要的粮食必须靠乡村的供给，因之，都市成了粮食的大市场。市场愈大，粮食的价值也愈高，乡村里人得利也愈多。都市是工业的中心，工业需要原料，工业原料有一部分是农产品，大豆、桐油、棉花、烟草，就是很好的例子。这些工业原料有时比粮食经济利益更大，所以被称作经济作物。都市里工业发达可以使乡村因地制宜，发展这类经济作物。另一方面，都市里的工业制造品除了供给市民外，很大的一部分是输入乡村的。都市用工业制造品去换取乡村里的粮食和工业原料。乡市之间的商业愈繁荣，双方居民的生活程度也愈高。这种看法没人能否认。如果想提高中国人民生活程度，这个乡市相成论是十分重要的。中国大多数的人民是住在乡村里从事农业生产，要使他们的收入增加，只有扩充和疏通乡市的往来，极力从发展都市入手去安定和扩大农产品的市场，乡村才有繁荣的希望。[①]

另一种是相克论，费先生将其放在更为近代的视野中来展开，并且赋予了乡村更具韧性的色彩。费先生从过去的历史看到，中国都市的发达似乎并没有促进乡村的繁荣。相反，都市兴起和乡村衰落在近百年来像是一件事的两面。例如：

在抗战初年，重要都市被敌人占领之后，乡市往来被封锁了，

---

① 费孝通：《乡土重建·乡村·市镇·都会》，《费孝通文集》第 4 卷，第 313 页。

后方的乡村的确有一度的喘息。这现象也反证了都市对乡村实在害多利少。这个看法若是正确的，为乡下人着想，乡市的通路愈是淤塞，愈是封锁，反而愈好。①

顺着费先生的眼光往更为极端的方向来看，乡村是靠不上现代都会的，而且乡村有自身的独立性，这种独立性一旦被破坏，乡村就会被都市、城镇所支配。

> 自从和西洋发生了密切的经济关系以来，在我们国土上又发生了一种和市镇不同的工商业社区，我们可称它作都会。以通商口岸为主体，包括其他以推销和生产现代商品为主的通都大邑。这种都会确是个生产中心，但是它们和乡村的关系却并不像我们在上节提到的理论那样简单……现代都会一方面把大批洋货运了进来，一方面又用机器制造日用品，结果是乡村里的手工业遭殃了……而且，在都会和乡村之间还隔着一个市镇。②

费先生在论述相克论的同时，再度延伸了对"都市"的定义，并说明乡村与都会之间还存在"市镇"的层级。城乡均衡的破坏，同时意味着一场乡村原始化的悲剧。"都会工商业的基础并不直接建筑在乡村生产者的购买力上，现代货物的市场是都市里的居民。这些人的购买力很大部分依赖于乡村的供奉。乡村的脱离都市最先是威胁了直接靠供奉的市镇里的地主们，接下去影响了整个都市的畸形经济。"③也就

---

① 费孝通：《乡土重建·乡村·市镇·都会》，《费孝通文集》第 4 卷，第 316 页。
② 费孝通：《乡土重建·乡村·市镇·都会》，《费孝通文集》第 4 卷，第 314 页。
③ 费孝通：《乡土重建·乡村·市镇·都会》，《费孝通文集》第 4 卷，第 316 页。

是说，都市的脱嵌型运作没有顾及一体的城乡关系，从而造成了城乡的两难。

因此，关键就在于将都市中的市场与乡村合拢。

> 怎样能使乡市合拢呢？方向是很清楚的，那就是做到我在本文开始时所说的一段理论，乡村和都市在统一生产的机构中分工合作。要达到这目标，在都市方面的问题，是怎样能成为一个生产基地，不必继续不断地向乡村吸血。在乡村方面的问题，是怎样能逐渐放弃手工业的需要，而由农业的路线上谋取繁荣的经济。这些问题固然是相关的，但是如果要分缓急先后，在我看来，应该是从都市下手。在都市方面，最急的也许是怎样把传统的市镇变质，从消费集团成为生产社区，使市镇的居民能在地租和利息之外找到更合理、更稳定的收入。这样才容易使他们放弃那些传统的收入。①

大部分的中国城市，本身是个消费体，并不是生产性的社区，所以一直与乡村保持联系。西方工业产品的入侵，打破了城乡之间的微弱纽带，都市破产，乡村变得更加自给自足。当费先生所说的相克论类型在 20 世纪的中国崛起之后，中国的乡村就"瘫痪"了（但不是"崩溃"）。这里说的"瘫痪"是城乡之间联系的断裂，坚韧的小农经济蜷缩回更加接近自给自足的程度，除非遇到天灾荒年，农村是不会轻易溃散的。即使碰上了天灾，若有经常的救济，加上小农自身匮乏经济的节欲传统，小农不至灭亡。但瘫痪是一种慢性的疾病，不加治疗

---

① 费孝通：《乡土重建·乡村·市镇·都会》，《费孝通文集》第 4 卷，第 318 页。

就会腐蚀生产的能力。尤其在战时状态中，就会导致乡土社会的"日益损蚀"。费先生认为，中国的城市与乡村之间，向来是城市依靠乡村的补给而得以延续，所以才提出要重建中国的乡土社会，首先应该是重建城镇，规避以往"不在地主"靠地租延续的方式。"在都市方面，最急的也许是怎样把传统的市镇变质，从消费集团成为生产社区，使市镇的居民能在地租和利息之外找到更合理、更稳定的收入"。① 这样才能重建一个互助的城乡关系。那些有关"新乡土中国""走出乡土""告别乡土"的观点，几乎断言费先生的理论完全是乡土底色的，没有考虑现代中国的新问题、新变化。但实际上，费先生所叙事的乡土重建，本身就包含了城镇和乡村的双重建设方案。

### 四、都·城·市·镇：更加细分的类型学

上述有关费先生的城市类型学及其城乡关系建设观，尚属不够完善的阶段。费先生晚年就觉得自己此前提出的城市观不够精确："我最初写《乡村·市镇·都会》的那篇短文中，就已感觉到应当把我们通常归入'城'的一类的社区，加以分别成'市镇'和'都会'两种形式，就是把没有受到现代工业影响的'城'和由于现代工业的发生而出现的'城'分开来说，前者称之作'市镇'，后者称之作'都会'。"② 并且，费先生认为市镇和都会的大类下还有"次型"存在，因此需要进一步细致分类。他逐步对各种中文语境中的城市类型学展开了叙述。

首先，何谓"城"？费先生认为，并不能单纯用人口的分布来衡

① 费孝通：《乡土重建·乡村·市镇·都会》，《费孝通文集》第 4 卷，第 318 页。
② 费孝通：《乡土重建·论城·市·镇》，《费孝通文集》第 4 卷，第 319 页。

量是否是"城"，那些人口众多的中国乡镇，只是自给的生活单位聚居。"城的形成必须是功能上的区位分化，为了功能分化而发生的集中形式"。① 费先生集中指向那种"衙门围墙式的城"，即具有君权政治功能的墙中城市，其也是马克斯·韦伯重点关注的类型。但费先生的解释十分本土化：

> "城"墙是统治者的保卫工具……"城"是权力的象征……沿城要掘一条环城的水道，也就是所谓的"池"……这条水沟也称"隍"。"城隍老爷"也是政治权力的象征。在城内，都有一些可以种植的田地；就是北平、南京、苏州等一类大城，也有它的农业区……最理想的"城"是一个能自足的堡垒。②

这里定义的"城"，不仅明确了其政治功能，还补充以某种自给的特性，而韦伯仅仅将其视为汲取能量的政治空间单位。除此之外，费先生还有诸多其他类型。

其次，何谓"市"？如果说"城"是一种自上而下的皇权投射，那么费先生对"市"的类型定义具有自下而上的自发属性："乡村里农家经济自给性固然高，但并不是完全的，他们自身需要交换，而且有若干消费品依赖于外来的供给，这里发生了乡村里的商业活动，在这活动上另外发生了一种使人口聚集的力量。这种力量所形成的较密集社区，我们可以称之为'市'，用以和'城'相分别。"③ 但费先生并不是说二者的功能截然分开。"城"一般还有"市"的功能，单独的"市"

---

① 费孝通：《乡土重建·论城·市·镇》，《费孝通文集》第 4 卷，第 322—323 页。
② 费孝通：《乡土重建·论城·市·镇》，《费孝通文集》第 4 卷，第 322—323 页。
③ 费孝通：《乡土重建·论城·市·镇》，《费孝通文集》第 4 卷，第 324 页。

却难有"城"的属性。"不论附属于'城'的工商业怎样发达，在以地主为主要居民的社区里，它的特性还是在消费上。这些人口之所以聚集的基本原因，是在依靠政治以获得安全的事实上"。① 聚集在城中的消费人口会有其他市集贸易、物品消费的需要，"城"的功能将会增加。

为了地主消费的需要，在城里或城的附近发生了手工业的区域。他们从事于各种日用品的生产，供给地主们的消耗。地主集中的数目愈多，财富集中的力量愈雄厚，这类手工业也愈发达，手艺也愈精细，种类也愈多。成都、苏州、杭州、扬州等可以看作这类'城'的最发达的形式。为了各个城里货物的流通，以及各地比较珍贵的土产的收集，在这种城里商业也发达了起来。这种城的经济基础是建筑在大量不从事生产的消费者身上，消费的力量是从土地的剥削关系里吸收来的。②

再者，何谓"镇"？ 费先生认为"镇"与"市"的出现有关。

街子式的市集并不构成一个经常的社区，它不过是临时性的集合，本身只是一个地点，依着交通的方便而定。为了要容得下大量的人数，所以这地点必须有一个广场。但是商业活动逐渐发达，市集的集合逐渐频繁，在附近发生了囤积货物的栈房。居民需要外来货物的程度提高了，贩运商人不必挑了货担按着不同市集循环找买客，商店也产生了。从商业的基础长成的永久性的社

① 费孝通：《乡土重建·论城·市·镇》，《费孝通文集》第 4 卷，第 324 页。
② 费孝通：《乡土重建·论城·市·镇》，《费孝通文集》第 4 卷，第 323 页。

区，我们不妨称之作"镇"。①

按照费先生的逻辑，如果一定要在城与镇之间加以区分，那么城的市场更多的是由权力家族来推动的，而镇则是由社会自发贸易来推动的。

费先生比较了城和镇"在表面上的"相似之处，至少城镇均是"不在地主们"的蚁集之所。只不过，镇里面更多的是商人地主，城里面更多的是官僚地主，后者的地位更为优越。地主类型的不同，就直接决定了与乡村或与佃户、租户的不同关系。

> 特别提出城和镇的两个概念来，目的是想指出这两种性质上不完全相同的社区，它们和乡村的关系也有差别。这里所指的城，那种以官僚地主为基础的社区，对于乡村偏重于统治和剥削的关系；而那种我称之为镇的社区，因为是偏重于乡村间的商业中心，在经济上是有助于乡村的。②

因此，从经济交换的角度来说，费先生认为那种不以强权压迫为特征的城乡关系更值得提倡。

最后，费先生再度论证了他的"都会"观。都会"是以现代工商业为基础的人口密集的社区。但是中国的都会在性质上也不能完全和西洋的都会相比，因为它主要的经济基础是殖民地性质的。它可以说是西洋都会的附庸……现代都会是现代化工业的产品，一个没有工业化的区域里是不能发生纽约、伦敦之类的都会的。商埠都是工业化的

---

① 费孝通：《乡土重建·论城·市·镇》，《费孝通文集》第 4 卷，第 325 页。
② 费孝通：《乡土重建·论城·市·镇》，《费孝通文集》第 4 卷，第 326 页。

区域侵入另一个结构上还维持着封建性的劣势经济区域的过程中所发生的特殊性质的社区，把它看成一个普通的都会就不正确了"。[①]

费先生再次提到了"上海"。不过，这次他将上海与纽约、伦敦相比。

> 纽约、伦敦这类都会可以说是广大的经济中枢。它支配着这一个区域里的经济活动。这个中心的繁荣也就代表着这个区域的繁荣。不同区域间的经济往来是由中枢相联系的，譬如美国内地和英国内地小镇间货物的贸易，也是一种分工的表现，并不是直接的，而必须经过纽约和伦敦这类都会。同一区域内经济上的配合也靠这中枢的调排。这中枢的效率愈高，对整个区域的经济也愈有利。这是一个"城乡"相成的都会形式……上海在这方面却和这些都会不同。它不是一个独立的经济区域的中枢，而是一个被政治条约所开出来的"商埠"。上海式的商埠（Treaty-port），在它们历史发展上有它们特别的性质。它们是一个经济上处于劣势的区域向外开的一扇门。它们的发展并不像纽约、伦敦式的都会一般，是由于它们所处的区域自身经济发展的结果。它们是由外来势力和一个经济劣势的区域接触时发生的。[②]

费先生认为上海这种商埠和"城"不同。前者的消费品并不仰仗自己经济区域里的制造品，而后者的消费品则是在自己区域里制造出来的。商埠的经济作用是以洋货代替土货，在地主之外加上一种买办。"城"的主角是地主，而商埠的主角是买办。在费孝通看来，彼时工业

① 费孝通：《乡土重建》后记，《费孝通文集》第4卷，第428页。
② 费孝通：《乡土重建》后记，《费孝通文集》第4卷，第426页。

落后的上海却能维持庞大的人口数量，绝不可能是自给自足的，而是被供养着的，用从乡村里剥削出来的财富到外国去换工业品来，从而在"租界"里消费。因此，商埠和都会并不相同。费孝通认为，如果20世纪初期的上海能够建设成为纽约、伦敦那样的有机辐射中枢，是喜闻乐见的，然而他在苏州农村进行农业调查时发现，那时的上海却类似个吸血之城。

前述有关费先生的都、城、市、镇的类型学，结合了历史与现实的多重考察，他的细致分类驳斥了那种将中国城市单独视为王权投射类型的观点。费先生的城观拒绝将任何一类（遑论一个）的城市视作整体文明的全部折射。"从来没有一座大城，曾像罗马与君士坦丁堡支配罗马时期的历史那样，单独支配过中国的文明；也没有一座大城，像伦敦与巴黎代表英法两国文明那样，单独代表过中国的文明"。[1] 中国的城市类型学反而在河流、山川、气候、王权以及各种百姓的生活实践中，塑造出多样的形态。

需要强调的是，不论是对都会还是对城、镇的区分，是否与周边区域有机联系、互惠反馈都是他一贯的衡量标准。在费先生的笔下，都会、城、镇以及市集的性格善恶，完全取决于都会、城、镇与乡村的关系是道义的还是严酷剥削的。至此，我们基本看到了费先生基于乡土中国本色论述的城观，是一部中国各区域之间的道义经济学。都、城、市、镇、村之间物流、人流、资金的来往，都应该遵从互惠、均衡的道义伦理，否则乡土中国的社会本色就会被损蚀。

---

[1] （美）牟复礼：《元末明初时期南京的变迁》，载（美）施坚雅主编，叶光庭等译：《中华帝国晚期的城市》，中华书局，2000年，第113页。

## 五、改革开放以来小城镇发展方案的内发理路与区域伦理

改革开放之后，费孝通先生基于过往的乡土中国观与城镇类型观，提出了一条"小城镇"的发展道路。该方案旨在以小城镇来衔接城乡，盘活区域经济，意在保持乡土工业的活力。中国的小城镇被费孝通视作新的发展"棋眼"。即使在费先生提出小城镇方案的 20 多年之后，麻国庆教授依然紧跟费先生的设计方案，明确指出小城镇是我国城市与乡村之间的结合处，是事关城乡协调与统筹发展的关键点。[1] 李培林则通过实地考察，作出"小城镇依然是大问题"的判断。[2]

为了论证小城镇发展方案，费孝通重新追问了小城镇是什么？他的回答是"一种比农村社区高一层次的社会实体的存在"，[3] 是一种沟通城乡、连接农村与都会的重要中间对象。在《小城镇 大问题》一文中，费先生以"类别、层次、兴衰、布局和发展"为指导，系统提出了新的方案。该文中总结了他在吴江看到的 5 种小城镇，笔者简列为下表：

表 1 费先生总结的 5 种吴江城镇类型

| 名称 | 中心职能定位 | 具体状况 |
| --- | --- | --- |
| 震泽镇 | 商贸经济中心 | 以水路航船贸易为纽带的乡镇商品流通中心 |
| 盛泽镇 | 专业化丝织工业中心 | 乡镇之间的手工业品有巨大且平衡的流动 |
| 松陵镇 | 政治中心的遗产 | 旧皇权的基层政府所在地，有衙门和城隍庙 |

①　麻国庆：《小城镇是城乡协调发展的关键点》，《南方日报》2010 年 2 月 2 日。
②　李培林：《小城镇依然是大问题》，《甘肃社会科学》2013 年第 3 期。
③　费孝通：《小城镇，大问题》，《费孝通文集》第 9 卷，第 199 页。

| 同里镇 | 具有历史的消费型小镇 | 地主、乡绅和退隐官僚的聚居地，是一个"消费、享乐型的小城镇" |
|---|---|---|
| 平望镇 | 交通枢纽中心 | 交通发达、物资流畅，抗战期间被夷为平地，改革开放后发展最为迅速的小镇 |

　　除了上述 5 种主要类型外，费先生认为吴江还有一些其他的经验类型，只是还没有被发掘出来而已。"提出类型的目的，是为了突出这些城镇的特点，使我们对小城镇的概念不至于停在一般化的笼统概念上，而要注意到各个小城镇的个性和特点……通过这样的分类，使我们注意到各个城镇有它的特点，而且这些特点是各个城镇的具体历史形成的，因此在建设这些城镇时不应当一般对待。"[1] 由此可知，每一种类型都至少是一种功能的载体，而"功能"决定了城镇与乡村实现均衡的连接关系具有怎样的实质内容。或者可以反过来说，城乡之间的关系在某种程度上决定了城镇的功能实质。

　　改革开放之前，费先生的城市类型学主要是对 20 世纪上半叶的现实描述。改革开放之后，各种类型的城市打开了相对封闭的闸门，标志着中国进入了一个区域性城乡经济协调发展的新时期。费先生在城市类型学的基础上，明确城镇之间"层层包含"[2]的特性，进而展开区域的研究。例如他将以县为基础的区域之中的经济联系体称作"联结型的经济实体，"[3] 这种联结型的经济实体，既有计划经济的调控功能，也不缺乏商品经济的灵活性。

　　费先生总结的三种区域模式，即从社队企业转向乡镇企业的苏南模式，从个体、家庭出发导致经商致富的温州模式，以"三来一补"

---

① 费孝通：《小城镇，大问题》，《费孝通文集》第 9 卷，第 205 页。
② 费孝通：《小城镇，大问题》，《费孝通文集》第 9 卷，第 226 页。
③ 费孝通：《小城镇，新开拓》，《费孝通文集》第 9 卷，第 426 页。

为动力的珠三角模式，<sup>①</sup>均是在农村、城镇以及外来资本、国家权力联系分类的基础上提出的区域联动发展模式。这些被提升的区域联动发展思维，还被运用到了中部农村地区和少数民族地区。每个区域的重点发展空间，不是一个孤立体，而是被赋予了带动整个区域发展的道义责任。

区域间的道义经济学继续在费先生的新方案中发挥作用。"大城镇与小城镇的关系是大鱼与小鱼的关系，大鱼要帮小鱼，小鱼要帮虾米。我说这是社会主义的公式，有别于大鱼吃小鱼、小鱼吃虾米的资本主义公式"。<sup>②</sup>费先生拒绝任何单向度的攫取，城乡关系应该是互惠的，区域间的道义伦理是乡村和各种城镇都应该兼具的品质。

在费孝通那里，乡村、都市、城镇、市集等范畴均是复数的形式，同样，城乡关系的类型也是复数形式。我们能够清楚看到，费先生提出的小城镇发展道路并不是一个固定的单一程序，而是因地制宜的特定复杂模式，能够同时开拓未来与继承历史，并在各个区域之中大小嵌套（这在无意中回应了马克斯·韦伯基于简单材料基础上的中国城市类型学判断）。如果我们对城乡之间的农、工、商、政以及各种类型的贸易交流与人力交换进行细致的考察，就会得出一种新的城乡关系类型。而且，这种关系类型是具备道德伦理品质的。在费先生列示的所有乡村、城镇的类型中，每一种类型在总的区域空间里都负有自身的发展责任。从费先生所推崇的有机城乡关系论中，我们可以看到农村与城镇的发展经济学与道义经济学是并举的。日本学者鹤见和子虽然没有系统整理过费先生的城市类型学，但是却十分恰当地将费先生

---

① 费孝通：《农村、小城镇、区域发展——我的社区研究历程的再回顾》，《费孝通文集》第 13 卷，第 200—222 页。

② 费孝通：《继续开展江苏小城镇研究》，《费孝通文集》第 9 卷，第 237 页。

的城镇发展方案概括为"内发的发展"道路。内发的视野拒绝外来资本主导或买办式的城市对农村的支配，就是一种以区域道义为本位的发展模式。

最后需要指出的是，费先生非常清楚仅从乡村切入中国农村调查的弊端。美国人类学家雷德菲尔德曾经建议他要多关注城市，他诚恳地接受了："研究一个文化较高的农民社区，应当注意到这个社区在经济上和意识形态上与城镇的联系。这就对我过去的方法指出了不足之处了。对中国农村的调查不能限于农村，因为在经济上它是城乡网络的基础，离开了上层的结构就不容易看清它的面貌。"[1] 因此，他在20世纪40年代，就已经在立足乡土的同时，走出乡土，期盼重建乡土中国。那些急于给费先生贴上"乡土研究者"标签的同仁，不妨先仔细温习一下费先生的"城观"。费先生晚年在重读马林诺夫斯基为《江村经济》所作的序言后说：

> 基层社区固然是中国文化和社会的基本方面，但是除了这基础知识之外还必须进入从这基层社区所发展出来的多层次的社区，进行实证的调查研究，才能把包括基层在内的多层次相互联系的各种社区综合起来。用普遍所熟悉的现成概念来说就是中国文化和社会这个实体必须包括整个城乡各层次的社区体系。[2]

费先生的多元城观及其多元关系的观点，给当下中国各个区域展开的城镇建设提供了理论借鉴。费先生不仅拒绝从人口、规模上去定义城市类型，而且拒绝从外来的、自上而下的视角去定义城市的功能，

<hr>

[1]　费孝通：《社会调查自白》，《费孝通文集》第10卷，第36页。
[2]　费孝通：《重读〈江村经济〉序言》，《费孝通文集》第14卷，第34页。

强调任何类型的城市都应该跟区域中的其他空间实现有机联系，形成顺畅对流。他在内发视野中推动的区域道义经济学，实际上就是要倡导区域内外都市、城镇、乡村之间的道义责任。这至少从另一个角度提醒城镇建设者，不要一味从人口与空间等级及政治经济属性上定义城市，而应以区域内外、城乡之间交互的视野来发展城镇。

# 漫谈费孝通先生在中观层次上的一些类型学概念

## 一、引言：对类型学的偏好

费孝通先生对类型的偏好，是他一以贯之的方法论倾向。他在晚年总结说："也许是受了我早年所学的动物学和解剖学的影响，我对客体事物存有类型（Type）的概念。"[①] 学医的经历与在史禄国门下的体制人类学经验，[②] 确实让他习惯性地从"类型"切入社会文化研究。在史禄国的影响下，费先生对本土人种学的分类展开过探讨，如他早期的《体质研究与社会选择》[③]《花篮瑶社会组织》等著述，以及晚年的关于中国人体质的分类[④]。但他在社会学与人类学研究领域中提出的各种类型学概念，并不是一种形式，而是基于实证调查归纳出的经验，他的类型并不是呆板的。例如，在展开社区研究时，费先生"从希望产生一个普遍的而非特殊的知识体系的愿望出发，产生了'文化分类学'的问题。一旦类型建立了，单个的深入研究就成了某个社区类别的代表"。[⑤] 当类型发生分化的基本特征被甄别以后，社区民族志的基本任务就是去表现这些类型以及类型之间的关系（如《费孝通先生的城镇类型观——兼论小城镇与城乡协同发展中的区域道义》一文所述）。

费孝通强调："我所说的类型只是指主要条件相同所形成基本相同

---

①　费孝通：《人的研究在中国——缺席的对话》，《费孝通文集》第 12 卷，第 46 页。

②　费孝通：《从史禄国老师学体质人类学》，《费孝通文集》第 13 卷，第 95—117 页；费孝通：《体质研究与社会选择》，《费孝通文集》第 1 卷，第 295 页。

③　费孝通：《桂行通讯》，《费孝通文集》第 1 卷，第 314、347 页。

④　费孝通：《从史禄国老师学体质人类学》，《费孝通文集》第 13 卷，第 95—117 页。

⑤　费孝通：《云南三村英文版导言·社区分析的方法》，《费孝通文集》第 2 卷，第 409—411 页。

的各个体。"① 即同一个类型之中的个别元素并不必然完全一样，仍然存在一定的异质性，类别不是个别的众多重复，每个个别元素的发生学条件不可能是完全一致的。因此，他在树立各种类型学时，先找到"主要条件"，然后再展开"类"的划分。例如，他在《亲迎婚俗之研究》中用"婚姻仪式中是否亲迎来划分中国三大民俗区域"；他系统考察过周代的亲属组织分类系统；② 用"工商业的发展程度"进行农村社区划分；用"居住地在乡村还是城镇"展开对"地主"的划分；用施展权力的主体意识及方式展开对权力类型的划分；用民族成分与互动方式展开民族走廊的划分；用谁是受益主体展开其工业类型的划分；用代际关系或家庭分工展开家庭类型的划分等。此外，还有其他众多的分类，都是在这种方法指导下展开的。

需要注意的是，费先生绝不是要止步于分类以及简单的描述，他的最终目标是解释与综合。例如，为了研究土地所有权，费先生选定了四种类型的社区，它们被用来代表不同程度的土地集中状况。这种类型学方法最终还是要进入解释的层面：

在整个研究过程中，我们是在两个层次上同时进行的。首先是在分类学的层次上，特别参考了社区的土地体制来界定社区的特征……当我们通过比较澄清了影响不同类型的土地制度的因素之后，我们就达到了第二个层次，即解释的层次。用于说明这些类型的相似之处和不同之处的因素，也被用来解释土地所有权集

---

① 费孝通：《人的研究在中国——缺席的对话》，《费孝通文集》第 12 卷，第 46 页。

② 费孝通：《周族社会制度及社会组织一考》，《费孝通文集》第 1 卷，第 286 页。

中程度的差异。[①]

对于当下社会学的学生来说，对费孝通的类型学的了解，主要局限在对江村、禄村、易村、玉村的研究以及其他几个相关的区域模式的研究；而对于民族学、人类学的学生来说，更加集中于费先生有关藏彝走廊、西北走廊、南岭走廊的三大走廊类型上。笔者在前文已经述及费先生有关城市的类型以及分析单位的研究，但实际上，费先生对权力、经济、工业、知识分子、家庭以及立足于功能论基础上的要素分析，也都有十分独到的类型学概括。只是这些类型学概括，还有待结合当下的经验来观察、讨论，并以文化人类学与政治经济学的双重视野去进一步开拓。本文主要梳理了《费孝通文集》中出现的一些类型学叙事片段，希望对关注相关问题的学人有所助益。

## 二、权力类型说：理解费孝通的政治社会观

费先生划分的权力类型，有两种稍有差别的分类。一种主要是在《乡土重建》之中的分类，分成皇权、民权、绅权、帮权。另一种主要是在《乡土中国》之中的分类，分成横暴权力、同意权力、教化权力、时势权力。两种分类关系巨大，但又不尽相同。

### （一）皇权·民权·绅权·帮权

在二十世纪三四十年代，费先生非常关注政治与权力。当时，国

---

① 费孝通：《云南三村英文版导言·社区分析的方法》，《费孝通文集》第 2 卷，第 412 页。

外学者如托尼、卜凯等人分别指出了中国行政问题的冗繁拖沓特征。"自从政治效率问题被视作中国是否还能得到国际尊重的关键后，朝野在不愉快的心情下对此似乎已有相当警惕"。[①] 中国国民政府的政治能力似乎变成了一个国际问题。同样，费先生也十分关注当时政府的行政效率，不过他的学术性著作更多的是借古言今。

行政效能低下以及贪污腐败的根源在哪里？是吏治制度，还是文化根源上的问题？费先生选择了一个迂回的回答思路，他首先指出了传统中国政治治理的"皇权—民权"结构。皇权的"无为主义"与民权的"自治"方式是共构社会秩序的政治框架。（因此，从政治社会学角度上来看，可以说他对权力的分类是从国家—社会这对分析范畴中展开的。）皇权与民权不论是消极还是积极，都必须合流成一股无为而治的"双轨政治"，才能顺畅运转。任何一种权力出现问题，要么导致揭竿而起、社会紊乱，要么导致行政拖沓、政治腐败。

在《乡土重建》的第三篇《基层行政的僵化》一文中，便有两种权力同等重要的叙事。[②] 在这篇文章中，费先生认为，中国以往的政治权力的传达，表面上看似乎只有自上而下的一个方向，老百姓好似一个被动的受体，地方上的政治态度也好像无关紧要。这种判断无疑将中国的政治社会看作死水一潭。果真如此的话，中国的政治也成了最专制的方式，似乎坐实了西方文史哲专家们对中国"静止历史""专制历史""循环历史"等单向度的判断。但费先生并不认同这样的说法，因为除非中国人是天生的奴才，否则这样幅员辽阔的中国，如果没有超强大的暴力机器，没有比罗马强上多少倍的军队和交通体系，这种统治不太可能维持。因此，一定还有社会文化层面上的其他原因。不

---

① 费孝通：《乡土重建·基层行政的僵化》，《费孝通文集》第4卷，第334页。
② 费孝通：《乡土重建·基层行政的僵化》，《费孝通文集》第4卷，第336页。

论任何统治，如果要加以维持，即使得不到人民积极的拥护，也必须得到人民消极的容忍。人民自身的政治态度，便成了费先生自上而下的政治判断的出发点。换句话说，政治绝不可能只是在自上而下的单轨上运行，人民的意见是任何性质的政治都必须要加以考虑的，这是自下而上的轨道。

> 一个健全的、能持久的政治必须是上通下达、来往自如的双轨形式。这在现代民主政治中看得很清楚，其实即是在所谓专制政治的实际运行中也是如此的。如果这两轨中有一道淤塞了，就会发生桀纣之类的暴君。专制政治容易发生桀纣，那是因为自下而上的轨道是容易淤塞的缘故淤塞的缘故。可是专制政治下也并不完全是桀纣，这也说明了这条轨道并不是永远淤塞的。[①]

因此，即使说中国以往的政治史是一部专制史，其中也存在着两道防线。一是帝制权力本身的监察系统和有限管理（也就是无为主义），二是民权的消极政治系统，从而防止"暴君"的出现不会成为一个常态。"第一道防线是政治哲学里的无为主义……在乡土性的地方自足的经济时代，这超于地方性的权力没有积极加以动用的需要"。[②]也就是说，皇权并不弥漫，它有着自己的限度。皇权不下县，自上而下的单轨修到县衙门就打住了，而不是无止境地渗透到老百姓的家门口。从县衙门到家门口的这一段权力衔接关系，在费先生看来最为有趣，也极为重要。因为这是考察、研究中国帝制皇权的集权专制体制与地方

① 费孝通：《乡土重建·基层行政的僵化》，《费孝通文集》第 4 卷，第 336 页。
② 费孝通：《乡土重建·基层行政的僵化》，《费孝通文集》第 4 卷，第 336—337 页。

自治的民权体制如何交涉、结合、互动的关键点。要了解中国政治，仅仅关注神圣皇权，或单单关注底层政治，都是非常不足的。

按照费先生的意思，皇权筑到县一级的基层衙门，并不筑到老百姓的家门口。到了衙门，就通过非正式的方式与乡村自治组织的乡绅对接。自治团体组织的管事就是乡绅："管事必须有社会地位，可以出入衙门，直接和有权修改命令的官员协商。这些人就被称为中国社会中的绅士……绅士可以从一切社会关系：亲戚、同乡、同年等，把压力透到上层，一直可以到皇帝本人。"[1] 所以，传统社会中"皇权无为，衙门无讼"，是中央集权和社会自治双重运作的结果，也是一种特殊的皇权与民权共存的现象。

但费先生也很清楚，自治社会不等于自发社会，民权的代表性问题仍然需要特别关注。费先生看到，基层百姓的"政治程度是极低的，他们怕事，他们盲从"，没有自觉，必须有人代表他们。[2] 士绅阶层的出现，同时衔接皇权与民权，成为双轨政治的运转枢纽。仅从皇权、民权、绅权的关系出发，我们就可以看清楚费先生的权力辩证法。

对于绅权，费先生的分析态度更具辩证性。一般来说，在《乡土重建》《论绅士》《皇权与绅权》等著述中，有人可能会认为费先生在为绅权张目。这纯然是误读。费先生只是强调具有绅权的一类人才确实有相当的作用，但对于人民来说，这种作用经常有两面：剥削的与道义的。费先生表明："我并不愿为他们辩护，虽则我确知道有些绅士是热心于公务的。我不愿辩护的原因是在中国，传统绅士是地主占绝

---

[1]  费孝通：《乡土重建·基层行政的僵化》，《费孝通文集》第 4 卷，第 339—340 页。

[2]  费孝通：《乡土重建·基层行政的僵化》，《费孝通文集》第 4 卷，第 350 页。《提高行政效率重在地方》一文开篇的第一段话，像极了恩格斯在论述法德农民问题时，对小农的评价。

对多数。地主的经济基础可以说是剥削农民的。"① 对于那些一味汲取乡村社会资源而不知反馈的地主阶层，费先生一直持否定的态度。

绅权是衔接皇权与民权的中介，但该阶层并非只是被动的代理者而已，他们具有自身的监察功能，可是这种监察功能常常成为腐化的媒介。费先生说：

> 在传统结构中，自下而上的轨道是脆弱的；利用无形的组织，绅士之间的社会关系，去防止权力的滥用，不但并不能限制皇权本身，而且并不是常常有效的。这也是绅士自身腐化的原因。他们可以利用这种政治上的地位去谋私利，甚至倚势凌人，鱼肉小民。这种轨道没有理由加以维持，更谈不到加强。从这方面说，我实在没有对这种机构"恋恋不舍"。②

对绅权的态度体现了费先生的政治社会观。这种政治社会观要求政治轨道与社会合拍，让权力嵌入社会，而非从社会中脱嵌出来，甚至反制社会。皇权和绅权有什么样的关系呢？费先生从绅权的性质出发，论述了绅权与皇权之间的两种截然不同的关系："简单地说，对于绅权的性质有两种看法：一是认为绅权乃是皇权的延长，它是统治人民的一种机构，绅和官是一体的。另外一种看法是绅权和皇权的来源不同，绅权是社会经济的产物，握有传统的势力，而皇权却是靠武力获得的，建立在武力上，因之皇权和绅权可以发生冲突。"③ 因此，那种

---

① 费孝通：《乡土重建·基层行政的僵化》，《费孝通文集》第 4 卷，第 348—349 页。

② 费孝通：《乡土重建·基层行政的僵化》，《费孝通文集》第 4 卷，第 350 页。

③ 费孝通：《乡土重建》后记，《费孝通文集》第 4 卷，第 432 页。

能够同时兼顾自上而下与自下而上两种轨道的绅士阶层，自然成为费先生所追求的政治社会的典范。

在《乡土重建》一书的后记中，费先生建议从四种权力类型的总体关系视野，去了解中国传统的政治结构。此外，他还着重批判了脱嵌的皇权所导致的暴力维稳和政治社会的紊乱。

> "皇权"这名词曾引起过问题，因为"皇"字可能只可指秦统一之后的中央统治权力，我想指的对象却要包括秦统一以前一直到现在那种不向人民负责的政府权力。在《论师儒》一文中，我用了"皇权"一词来说秦以前这种权力，但曾经朋友指出，"皇权"这名词这样用法是和历史不合的……皇权本身是个复杂的结构。譬如说，汉代的皇权中可以分出：皇帝、重臣、宫廷、外戚、宦官和官僚，官僚中还有文武的分别……所以我在没有找到比"皇权"更好的名词前，只能在这名词之下加上一个括弧，说明这种权力并不是一定指统一的中央权力，凡是根据武力取得和以武力维持的统治权力都可以归入我这里所谓的"皇权"。[①]

纯粹单向度的武力皇权，没有社会责任意识，从而为费先生所不齿。因此，一个健康的政治社会，必须要有较为充沛稳定的民权体系。但不知是受历史与经验所限，还是自身的关注不足，费先生对民权的论述比较稀薄、模糊。

> 在上述的四种权力中，在传统社会中，民权是最不发达，不

---

① 费孝通：《乡土重建》后记，《费孝通文集》第 4 卷，第 430—431 页。

发达到有人认为并不存在。他们认为前三者交横错综地统治着基层的人民……人民是一层没有自身组织的被统治者。我的看法稍有不同。我承认民权很不发达，但是在基层还有着并不由上述三者权利所触及的领域……在《乡土中国》里申引起四种不同性质的权力来：横暴权力、同意权力、教化权力和时势权力。民权的意思应当属于同意权力的性质，但是在中国基层的宗族和地方组织中，同意权力极有限，主要是教化权力。[1]

费先生对民权的叙事止步于此。后来，他在有关访美、访英的著述中，不断提及了现代民主权力的生成、运转与制约，但与早期所谓的"民权"已不是一回事了。

下面，我们再来看看什么是帮权呢？它与前三种权力有什么样的关系呢？费先生倾向于认为，帮权更加靠近皇权：

皇权的最后成分是暴力，它的形成是由于被需要安定的经济力量所招安，以按期的报效代替周期的被劫掠。这过程是我们熟悉的，从上海乞丐头儿起到大小帮会，以及边地的保商组织，都是这一类。梁山泊那样狠的好汉，也难免招安的梦想。这其实是暴力集团升沉的自然史。中国历史上贵为天子的，无论胡汉，还不都是以劫掠始而以收税终吗？[2]

从上述这段叙述来看，我们应该看到费先生所关注的帮权，一般

---

① 费孝通：《乡土重建》后记，《费孝通文集》第 4 卷，第 431 页。
② 费孝通：《乡土重建·地主阶层面临的风险》，《费孝通文集》第 4 卷，第 376 页。

处于政治社会大转折的节点上。王朝创始和王朝没落之时，帮权都是容易现世的权力形态。

帮权未必总是皇权的臂膀，也有可能成为皇权的"阿喀琉斯之踵"。地主阶层一旦拥用了帮权，对皇权也是具有杀伤力的：

> 从地主阶层来说，他们自己是不武装的，但是利用着暴力集团间的矛盾，以暴制暴地选择他们付保镖费的对象。保镖的目的在获得这笔钱，如果有其他暴力集团兴起了，最初是剿，剿不了则抚，抚不了就得拼，拼不了就让位，这是改朝换代。[①]

## （二）横暴权力·教化权力·时势权力·同意权力

与《乡土重建》相比，《乡土中国》一书对权力类型的论述较为零散，但仍然可以区分出费先生述及的另外四种相关的权力类型：即横暴权力、同意权力、教化权力、时势权力。横暴权力即垄断武力的暴力政治存在；教化权力是代际传递的，具有社会化的性质；时势权力即那种出现在政治社会大转型中的权力类型，是与主流横暴权力、教化权力有所不同的，且具有时代特征的卡里斯玛权力类型；[②]同意权力则有些类似于民权，虽然费先生没有论述这种权力的发生机制，但它

---

① 费孝通：《乡土重建·地主阶层面临的风险》，《费孝通文集》第4卷，第376页。

② 费孝通：《乡土中国·名实的分离》，《费孝通文集》第5卷，第380页。费先生说："在新旧交替之际，不免有一个惶惑、无所适从的时期。在这个时期，心理上充满着紧张、犹豫和不安。这里发生了'文化英雄'，他提得出办法，有能力组织新的试验，能获得别人的信任。这种人可以支配跟从他的群众，发生了一种权力。这种权力和横暴权力并不相同，因为它并不是建立在剥削关系之上的；和同意权力又不同，因为它并不是由社会所授权的；和长老权力更不同，因为它并不是根据传统的。它是时势所造成的，无以名之，名之曰时势权力。"

显然指向对自上而下无为而治权力的默会，以及对自身主体性政治权力的肯定——这种同意权力观，交织着民主的传统源泉，暗含了现代自由平等的个体自觉权力，是当代政治社会转型需要直面的权力类型。

费先生比较关注上述四种权力类型的结构关系。例如，在乡土社会继替的过程中，长辈居于教化的位置，于是产生了长老统治和教化权力。因而费先生认为，在我们乡土社会的权力结构中，"虽有着不民主的横暴权力，也有着民主的同意权力，但是这两者之外还有教化权力，后者既非民主又异于不民主的专制，是另有一工的。所以用民主和不民主的尺度来衡量中国社会，都是也都不是"。[1] 这样一来，中国传统政治社会的现代转型就变成了一个极为复杂的政治社会学议题。

从传统权力结构向现代权力结构过渡的过程中，费先生有过一段极为重要的叙述。

> 简单地说，我所希望的是，皇权变质而成向人民负责的中央政权，绅权变质而成民选的立法代表，官僚变质而成有效率的文官制度中的公务员，帮权变质而成工商业的公会和职业团体，而把整个政治机构安定在底层的同意权力的基础上。[2]

也就是说，费先生认为传统的权力类型必须发生变质，才能与现代秩序井然相处。在这里，费先生的立场依然是立足民权，扩大同意权力；制止皇权的横暴，建立有效率的、有代表性的中央政府；转变官僚绅权，建立服务于公事的行政团体；截断帮权，树立因应时势的法团权力。只有这样，健康的政治社会才会来临。

---

① 费孝通：《乡土中国·长老统治》，《费孝通文集》第5卷，第372页。
② 费孝通：《乡土重建》后记，《费孝通文集》第4卷，第434页。

从皇权、民权、绅权、帮权到各种抽象的权力类型演变，意味着费先生向往推动传统人治向民主法治的转变。我们隐约可以看到，费先生在叙述传统权力结构与现代权力结构时所运用的对应转变思维。但是，这种对应非常不严格，在很多文字中，我们看到费先生给中国的"特殊性"留下了许多空间。

## 三、经济类型

### （一）节欲经济·消遣经济·匮乏经济

人类学向来关注经济的文化形态，或者说经济在社会文化体系中的嵌入性特征。摩尔根（Lewis Henry Moran）、莫斯（Marcel Mauss）、马林诺夫斯基（Bronislaw Malinowski）、罗维（Robert H. Lowie）、图恩瓦尔德（R. Thurnwald）、弗斯（Raymond Firth）、波兰尼（Karl Polanyi）、格鲁克曼（Max Gluckman）、萨林斯（Marshall Sahlins）等人类学家都有过经典的经济研究。这些研究大体上都有一个共性，即从文化多样性的角度出发，批判西方将"排他性产权"或"自由市场"视作普遍经济模式的独断看法，而"排他性产权"或"自由市场"的预设是个体主义社会的形成。在这个预设之前，还有一个经典判断，即宗教对个体主义社会的形塑起了巨大推动作用。桑巴特（Werner Sombart）、韦伯（Marx Weber）、托尼（R. H. Tawney）又从社会学的角度论述了宗教与经济的关系，这些均对费孝通先生影响巨大。

西方经济学有个假定：人生来有种种欲望，欲望的满足是快感，要得到快感，就需要物质来满足欲望。物质是相对有限的，需要行动，费些手脚去搜集和改造。

在这创造效用的过程中，我们得忍受一些痛苦。这样说来，人生的快感是要以痛苦来换取的，在这矛盾上发生了经济，经济就是如何以最少痛苦来换取最大快感的打算。每个人都这样打算、这样考虑，相互间合作来达到这一目的而发生经济行为。行为所循之方式固定化而成经济制度，造成一个社会秩序。①

因此，费先生建议，我们不妨将西方近世以来的经济称之为"节欲经济"。这种经济希望以此世的节欲与世俗中的赎罪行动来换得彼世的快乐。"依这种说法，人类行为可以很明白地分为两类：一类行为的目的是通过忍受现在的痛苦来创造将来可以享受的效用；一类行为是享受的本身。前者是生产行为，后者是消费行为……为了要追求人生的快乐，所以愿意在尘嚣中受罪。"② 费先生在这里说的消费行为，是世俗的享受，而不是后现代抽象的消费主义行为。

节欲经济是个体主义的，但从整个西方资本主义的时代来看，它又是要超越个人的。节欲经济有一种此世和彼世的逻辑搭配，即在此世忍受痛苦，憧憬彼世的快乐——但实际上，憧憬和忍受都是同时发生的，都是此世的行为，但是在感官逻辑上，让人觉得在时间上超越了个人的寿命，远过于普通常识所能保证的限度，甚至远过于寻常人世可以出现的机会。在这样的理解基础上，费先生对话桑巴特、韦伯、托尼等人，并认为：

① 费孝通：《禄村农田》，《费孝通文集》第 2 卷，第 317 页。
② 费孝通：《禄村农田》，《费孝通文集》第 2 卷，第 317—318 页。

那种把利润作为经济的枢纽，作为企业的目的，作为人生的意义，本身是充满着宗教色彩的，是忘却了人本的结果。靠了这种宗教的信仰，他们在尘世之外，另设天堂，把痛苦和快乐两端用肉身的死亡来作分界。今生是苦，来世是乐。于是今生只要从事于生产，再生产，消费不成了目的，只是成了刺激生产的作用。有上帝来保证，天国里有永久的最上的无穷乐土，一个只有消费，没有生产的经济。①

当然，费先生明确了这种经济观"不是资本主义下劳动者的心跳，而只是控制这制度的企业家的精神"。②因此，节欲经济具有很明显的阶层差异，也并非是西方普遍的思想态度。

费先生在中国的基层社会中，发现了完全不同的经济。农村中的劳力为了避免劳动的痛苦，宁愿消减其他方面的开支。云南禄村的地方性知识告诉费先生另外一种人生观：既不生产也不消费，不也是一种活法吗？

资本主义的生产经济在宗教热忱减退的潮流中，已经被人看出了它那种非理性的假定。因之，我们看见了为提高生活程度，以消费为中心的计划经济的兴起。这种趋向可以笼统说是以消费为中心的经济，依旧是以快乐主义的人生态度为基础。他们还是奉行多生产、多消费、多享受的三多主义。他们依旧认为要得到人生的意味，只有拼命生产，只是生产之后要求得到消费的兑现。

---

① 费孝通：《禄村农田》，《费孝通文集》第 2 卷，第 318 页。
② 费孝通：《禄村农田》，《费孝通文集》第 2 卷，第 321 页。

我在这里要提出第三种经济，我叫它作消遣经济。①

因此，费先生在消费经济、节欲经济之外，提出了他的消遣经济观。在全球化彻底渗透至每个微观社会之前，费先生所论述的这种消遣经济，有其自身存在的合理性。

如果说费先生在《禄村农田》中提出的"消遣经济"，还保留了对中国农民生存方式的合理性判断的话，那么在《乡土重建》中论述"匮乏经济"的文化根由时就变成了其时中国的"症结"了。笔者在阐述费先生有关乡土重建思想的起源时，提到了这种"匮乏经济"。其主要表现在以下几点：第一，中国的旧世界是个匮乏的世界，人多地少，众人涌向土地求生，土地之上从来不缺少耕作的人力，也就失却了改造农技，提高效率的动力，"劳力便宜，节省劳力的工具不必发生……技术停顿和匮乏经济互为因果，一直维持了几千年的中国的社会"。②第二，农事是季候性的生产，消费却是终年的常态，有限的生产果实，需要维持长久的生活延续，必定要抑制消费。第三，趋求稳定的农地生产方式与儒家的身份安排，让人不会去轻易冒险。刘邦、项羽、朱元璋毕竟是少数，人人要取而代之，必定破坏契洽。"没有机会的匮乏经济中是担当不起这一种英雄气概的"。③所以，中国社会上上下下倡导克己复礼、安分知足，这一套价值观念是和传统的匮乏经济相配合的，共同维持着这个技术停顿、社会静止的局面。

中国传统处境的特性之一是"匮乏经济"（Economy of

---

① 费孝通：《禄村农田》，《费孝通文集》第2卷，第319页。
② 费孝通：《乡土重建》，《费孝通文集》第4卷，第303页。
③ 费孝通：《乡土重建》，《费孝通文集》第4卷，第404页。

scarcity），正和工业处境的"丰裕经济"（Economy of abundance）相对照。我所说的匮乏和丰裕，并不单指生活程度的高下，而是偏重于经济结构的本质。匮乏经济不但是生活程度低，而且没有发展的机会，物质基础被限制了；丰裕是指不住地累积和扩展，机会多，事业众。在这两种经济中所养成的基本态度是不同的，价值体系是不同的。在匮乏经济中主要的态度是"知足"，知足是欲望的自限。在丰裕经济中所维持的精神是"无餍求得"。[1]

西方的节欲经济造成了物质的丰裕，但这种丰裕经济是希望扩展的，以解决生产剩余的问题。费先生认为，丰裕经济的运作逻辑与匮乏经济的存在理由完全相悖。他对中西方经济展开了全面的比较：

> 若匮乏经济和丰裕经济只是财富多寡之别，东方和西方正可以相邻而处，各不相扰。贫而无谄，富而好施，还是可以往来无阻。但是这两种经济的不同却有甚于此。匮乏经济是封闭的、静止的经济，而丰裕经济却是扩展的、动的经济。工业革命之后的西洋，代表着一个扩展的过程，一个无孔不入的进取性的力量。甘地想从个人意志上立下一道匮乏经济的最后防线，显然是劳而无功。这世界已因交通的发达而形成不可分割的一体，在这一体之内，手艺和机器相竞争，人力和自动力相竞争，结果匮乏经济欲退无地，本已薄弱的财富，因手工业的崩溃、生产力的减少，而愈趋贫弱。在这方面说，确是个弱肉强食的场合。[2]

---

[1] 费孝通：《乡土重建》，《费孝通文集》第4卷，第302页。
[2] 费孝通：《乡土重建》，《费孝通文集》第4卷，第308页。

基督教传统中的无餍求得的现代精神和丰裕经济（节欲经济）相匹配，而中国的匮乏经济和儒家的知足教条配上了。这似乎变成了我们的经济缺乏发展动力的原因。

费先生自己明确地表示要对匮乏经济进行改造。因为匮乏经济在面对世界潮流时，无法保留其生态原貌。即使传统社会曾经给予若干人生活的幸福或乐趣，但费先生明确表示绝不愿意对这传统有丝毫的留恋。不过，不留恋并不是说要全盘抛弃。费先生还是保留了一些对中国文化"善"的判断："我们的传统，固然使我们在近百年来迎合不上世界的新处境，使无数的人民蒙受贫困的灾难，但是虽苦了自己，还没有贻害别人。忽略技术的结果似乎没有忽略社会结构的弊病为大……中国和其他东方国家传统可能成为复兴的底子。"[1]费先生赞成在中国原有的乡土社会中改造社会组织，尤其是在传统乡土工业破败后，可以通过改良传统社会中的人来适应新的工业秩序。他可以接受社会解组并重建社会，但不是接受全面溃败。

（二）传统工业类型与农民合作的分散型乡土工业

中国的传统工业大体上被费先生分成了三种类型：一是皇家的独占工业，二是民间的作坊工业，三是家庭工业。[2]举凡盐铁、军备以及宫廷用品大部分是由官方所独占的，民间可以经营的偏于日用品的制造，分别在作坊和家庭中经营；家庭工业和作坊工业是传统乡土工业的两种形式。费先生没有着重论述皇家工业，但论述了家庭工业与作坊工业，而这两种工业是相互联系的。

① 费孝通：《乡土重建》，《费孝通文集》第 4 卷，第 321 页。
② 费孝通：《乡土重建》，《费孝通文集》第 4 卷，第 303 页。

  家庭工业的基础是农业里的剩余劳力，乡村的作坊工业却不然，它的基础是农业里累积下来的资本。因为土地分配的不平均，一辈拥有较大农场的人家，还是能累积资金的，这笔资金如果不窖藏，在乡村有三个利用的方法：（一）高利贷，（二）投资工业，（三）收买土地。第一项利息最高，第二项次之，第三项最少。依易村的材料说，高利贷是八分四，造纸工业是六分，地租是一分三。投资工业的吸引力相当高，于是发生了作坊工业。<sup></sup>①

  这些传统工业在历史河床中缓慢发展，同时在城市与乡间分布。但是，新的商业与工业体系很容易对传统工业发生影响。传统中国的大多数农村工业是依靠当地原材料发展起来的，而且仅仅是对农产品的粗加工而已。但在那些交通方便，可以通过商行从外面购进原料的地方，新的工业形式发展起来。费先生对云南三村的研究，就展开了工业类型的深度比较。在易村，两种类型的工业——其中之一是为劳动阶级提供就业，而另一种则提供可投资的机会——是分离的。但在玉村，这两种工业在棉花工业中联结了起来。

  在这里，资本家向劳动阶级分发原料，并从他们手里包买成品；而劳动阶级则承担了生产的过程。这是一个手工业的外放生产体系，其中资本家的功能在更大程度上是商业的和金融的，而非工业的。因此，商业的发展加速了财富集中的进程。②

---

  ① 费孝通：《乡土重建》，《费孝通文集》第 4 卷，第 397 页。

  ② 费孝通：《云南三村英文版导言·农村经济中的工商业》，《费孝通文集》第 2 卷，第 420—421 页。

其实，费先生更想说的是，商业资本造成了工业类型的变更，真正促成社会变动，因而要从源头上做好工业布局。

新兴都会中的资本支撑的是新的工业类型，并首先打击传统乡村手工业，从而摧毁农业文明。从理论上来说，农业和工业是相辅相成的。都市的兴起，人口集中在都市里，增加农产品的需要，促进工业制品的生产，都市的繁荣也就是农村的繁荣。这个理论本身没有可以反驳的地方，可是在中国却完全不合用，原因就在于中国农民并不是专业的农民，而是兼营手艺工人的农民。费先生明确看到：

> 在都市工业兴起的过程中，农民身份中应得的利益尚没有收到时，手艺工人中的打击却已经降临。农村手工业的崩溃使农家经济发生困难，因而过渡到农业经营本身；资本缺乏、肥料不足、生产降落、土地权外流。都市兴起虽没有直接打击农业，但从手工业的桥梁上，这打击终于降到农业本身。[1]

怎么办呢？费先生找到的答案是：推动一种由农户合作组成的且分散在乡村的乡土工业类型。

> 如果我们意识到这一事实，摆在我们面前的道路就和许多世纪以来被广泛采用的道路相类似——也就是以分散的工业作为农业的补充。在这一关联中，我们必须清楚地表明我们的立场。在这里我们并不关心工业的理想型，或者最有效的工业组织，而是关心一种适合农民大众的情况、适合逐渐恶化的情况的实际的工

---

[1]　费孝通：《人性和机器》，《费孝通文集》第3卷，第391页。

业类型……我们可以设置这样一条原则，即中国今后的工业组织
形式必须做到农民可以分享工业利润，以便提高他们的生活水准，
因为农业本身并不足以做到这一点。为了达到这一点，工业中的
一部分必须分散，建立在村庄或村庄附近的集镇；这样，工业利
润就能在农民中间广泛地分配了。①

这种基于分散性工业的社会重建建议，是费先生一贯的社会改良
主张。早在 20 世纪 30 年代初期，费先生就认为工业要依着乡土的性
子，发展在地化的乡村工业。他的姐姐费达生和他持相同的观点，在
为缫丝厂选址时，坚持在农村设厂，反对在都市中设厂而教农民离乡，
使丝业脱离农村。建厂的规模要与乡土社会的人口规模相匹配。在费
先生看来，这是都市工业和乡村工业的一个根本分歧点。都市工业是
以人去就机器，乡村工业是以机器去就人，二者在追求人性的态度上，
差异一目了然。②

在《江村经济》中，青年费孝通为这种分散的乡土工业观作的注脚
更加细致。他首先论述了乡村中的分散型工业有其自身的优点。一方面，
原料、人力与重建的工厂类型相匹配，成本低。另一方面，基于合作组
织建立起的乡土工业具有伸缩性，保持了社会本体不被破坏的可能。

它使在里面工作的人，不成为一个单纯的工人。她们依旧是儿
子的母亲，丈夫的妻子，享受着各方面的社会生活。不使经济生活
片面发展，成一座生产的工具，失却为人的资格。因为她们参加这

<hr>

① 费孝通：《云南三村英文版导言·作为解决土地问题之途径的农村合作化工业
的发展》，《费孝通文集》第 2 卷，第 426—427 页。
② 费孝通：《复兴丝业的先声》，《费孝通文集》第 1 卷，第 242 页。

种经济活动，并不需要她们全部生活的新调试；工厂就在那乡间，同伴就是本来的邻里，每天回家可以享受家庭的幸福。在工作忙的时候，工人们都很自愿的加工赶制，因为她们所具的态度和营业丝厂中的工人不同。她们的工作好像是为了自己，愈努力愈满足，所以绝不会发生罢工的风潮。态度上的转变，使许多都市中的劳工问题不会发生，同时使这种组织成一富于伸缩性的机体。①

在观察江村缫丝工业的过程中，费先生发现只有将这种类型的工厂建立在农村，并以农民合作的方式来运行才是合理的。他认为，推动社会合作办厂要比资本控厂更容易兼顾公平。之所以把合作社和营业丝厂相比较，是为了说明中国要想和世界资本主义的经济制度相竞争，这是可能的生路。工业合作的生产制度，根本上是要使经济生活融合于整个生活之中，力求使乡村社会能以生活程度的伸缩和资本主义的谋利主义相竞争。"我们政府的腐败，不易使人有什么希望，而我们实验的制度的确亦是一条可以达到这目的的路，或许更适合于缺乏国家观念、以家庭为基础的中国社会。"② 费先生对自己提出的道路，虽然不是十分乐观，但这条道路的确是依据十足的实证经验展开的，不是虚无主义的建设道路。

值得一提的是，青年费孝通倡导的农民合作与分散的乡土工业，与他早期的实证观察以及对宗教与经济间关系的判断有关。青年费孝通期待的工业制度具有公平正义的属性与宗教性质上的热忱。他所设想的新制度，建设原则是很简单的，就是要使每个参加工作的人，都

---

① 费孝通：《我们在农村建设事业中的经验》，《费孝通文集》第 1 卷，第 108—109 页。

② 费孝通：《我们在农村建设事业中的经验》，《费孝通文集》第 1 卷，第 109 页。

能得到最公平的报酬；同时在经济活动上，要能和资本主义经济制度的营业丝厂相竞争而不致失败。社会价值的问题是他考虑的重点。经济生活和其他生活一般，不过是人类要达到某种目的而发生的活动方式。所以需要顾及家庭完整、人生美满的目的，顾及不要牺牲一两代人就能完成社会改良，这是社会价值论的真正表达。费先生深信一个为社会服务的人，至少一方面要有一种社会价值的鉴别力，一方面要有一种宗教性质的热忱："在我个人看来，除了一种宗教性质的热忱之外，是没有慰藉的。素来没有宗教训练的中国人，使他不能在血液中散发出一种不为自己打算而为人服务的热忱，或是中国前途最大的一个障碍。"[1] 乡土工业呼唤一群诸如费达生这样具有牺牲精神、不谋一己私利的知识分子，要具有中国本土化的宗教热忱才能完成这个事业。

### 四、家庭类型：费先生在半个世纪中对家庭结构的认识变迁

早在《江村经济》一书中，费先生就开始了对家庭的关注。不过，他在该书中重点叙事了"扩大的家庭"，还没有家庭类型学的分类叙事。在《乡土中国》中，费先生开始尝试用"家庭"结构去界定家庭类型。费先生指出所谓的"大家庭"和"小家庭"的差别既不在大小上，也不在该社群所包括的人数上，而是在结构上："一个有十多个孩子的家并不构成'大家庭'的条件，一个只有公婆儿媳四个人的家却不能称之为'小家庭'。在数目上说，前者比后者为多，但在结构上说，后者却比前者更为复杂。"[2] 这是一种明确的社会分析态度。

---

① 费孝通：《我们在农村建设事业中的经验》，《费孝通文集》第1卷，第107页。
② 费孝通：《乡土中国·家族》，《费孝通文集》第5卷，第345页。

到了 20 世纪 70 年代末 80 年代初，费先生开始系统论述家庭研究的重要性与家庭结构的类型。中国农村和城市家庭结构的变动是中国社会变动的一部分。家庭是中国社会的细胞，也是中国人民最基本的生活单位。大社会的变动必然会引起家庭各方面的变动。所以要了解中国社会的变动，不能不注意家庭的变动。

1982 年，他在《论中国家庭结构的变动》一文中，首先从语义学角度区分了中西之间的家庭概念差异。

我应当先说明，我这里所说的"家庭"是指人们最基本的生活单位。更确切些，我应当说，中国人最基本的生活单位是"家"，它并不完全等同于西方社会学中所说的 family。在中国我们常用"家庭"作为 family 的译文，但是严格地说，family 作为社会学概念只指夫妻及其未婚子女所形成的集团。在欧美现代社会里，它是一个基本的生活单位，这种单位也被称为"核心家庭"。我们中国的基本生活单位不少也是只有父母子女的核心家庭，但也有不少比核心家庭要大些，有些包括两代重叠的核心家庭，有些可以包括几个同胞的核心家庭，有些还可以包括其他社会关系的成员。所以我在《江村经济》一书中用 chia（汉字"家"字的罗马拼音）来指这个基本生活单位。为了使西方读者容易了解它和 family 的差别，我把它解释为"扩大了的家庭"（extended family），意思是中国的"家"是在核心家庭基础上扩大的团体，它是中国人经营共同生活的最基本的社会团体。

从这个角度看去，我们可以把中国的家庭从结构上分出四个类型：（1）是不完整的核心家庭，指核心家庭原有配偶中有一方死亡或离去，或是父母双亡的未婚儿女。这一类并不稳定，也不能说是正常的。（2）是指一对夫妻和其未婚的子女所构成的生活单位，即相当于西方的核心家庭，在中国一般称'小家庭'。（3）是核心家庭之外还包括其他成员。这些成员都是不能独自生活的人，他们大多是配偶死亡后和其已婚子女共同生活的鳏夫或寡母，也有些是其他较远的亲属，甚至没有亲属关系的人。（4）是联合家庭，就是儿女成婚后继续和父母在一个单位里生活，即上面所说的两代重叠的核心家庭；如果兄弟成婚后都不独立成家，那就成了同胞的核心家庭联合的家庭。这些过去统称作"大家庭"。[①]

1983年，在《再论中国家庭结构的变动》一文中，费先生从中西文化角度比较了中西家庭的差异。中西之间的亲子文化与家庭赡养关系是存在巨大差别的。他用两种公式来概括中西之间赡养模式的差异：西方的公式是 $F1 \rightarrow F2 \rightarrow F3 \rightarrow Fn$，而中国的公式是 $F1 \rightleftarrows F2 \rightleftarrows F3 \rightleftarrows Fn$（F代表世代，→代表抚育，←代表赡养）。在西方，是甲代抚育乙代，乙代抚育丙代，是一代一代借力的模式，简称"接力模式"。在中国，是甲代抚育乙代，乙代赡养甲代，乙代抚育丙代，丙代又赡养乙代，下一代对上一代都要反馈的模式，简称"反馈模式"。这两种模式的差别就在前者不存在子女对父母赡养这一种义务。

如果进一步分析西方的借力模式，在一个人的一生中可以分出三个连续的时代，第一期是被抚育期，他和父母构成一个生活单位；第二期是抚育子女期，他和子女构成一个生活单位；最后就留着一段抚育空白期，由老夫妇构成一个生活单位，那就是上

---

① 费孝通：《论中国家庭结构的变动》，《费孝通文集》第8卷，第257—258页。

面所说的"空巢"。中国的反馈模式如果相应地分成三个时期来看，
第一期是被抚育期，第二期是抚育子女期，第三期是赡养父母期。
当然，第二期和第三期有参差重叠的情况，因而也使生活单位的
结构复杂多样。①

中国的反馈模式就是中国代际更替的情况，不同代际的结合就能
够推论出家庭的类型。费先生通过三访江村的材料，进行了一些历时
与共时结合的比较：

表 1 江村在三个时期不同家庭类型的比例表

单位：%

| 家庭类型 | 1936 年 | 1964 年 | 1981 年 |
|---|---|---|---|
| 1. 不完整的家庭（没有成对的配偶） | 27.6 | 32.1 | 19.6 |
| 2. 小家庭（核心家庭） | 23.7 | 45.9 | 38.7 |
| 3. 扩大的家庭（一对配偶加父或母） | 38.4 | 15.9 | 21.1 |
| 4. 大家庭（两对及两对以上的配偶） | 10.3 | 6.1 | 20.6 |

资料来源：表 1 材料引自费孝通：《家庭结构变动中的老年赡养问题——
再论中国家庭结构的变动》，《费孝通文集》第 9 卷，第 52 页。

1985 年，在《三论中国家庭结构的变动》中，费先生再次修正了
之前有关家庭结构类型的分类："事实上，在江村农民都公认同胞兄弟
成婚后应当分家，同胞多核心家庭是很少见的，所以不如把同胞多核
心家庭和两代重叠双核心家庭划分清楚。因之，我同意在分析中国家

---

① 费孝通：《家庭结构变动中的老年赡养问题——再论中国家庭结构的变动》，
《费孝通文集》第 9 卷，第 40 页。

庭结构时，不妨把两代重叠多核心家庭合并在（3）类里，而称之为主干家庭。联合家庭或大家庭则保留给原来（4）类里的同胞多核心家庭。修正分类法的目的是在突出中国家庭以亲子为主轴的特点。"[1] 于是，费先生又得到一个新表格（见表2）。

表2　江村在五个时期不同家庭类型的比例表

单位：%

| 家庭类型 | 1936 年 | 1950 年 | 1964 年 | 1981 年 | 1982 年 | 1984 年 |
|---|---|---|---|---|---|---|
| 1. 残缺家庭 | 27.6 | 27.4 | 34.4 | 19.6 | 19.9 | 17.3 |
| 2. 核心家庭 | 23.7 | 32.3 | 44.7 | 38.7 | 37.8 | 39.0 |
| 3. 主干家庭 | 45.4 | 35.5 | 20.5 | 42.0 | 42.0 | 43.2 |
| 4. 联合家庭 | 3.3 | 4.9 | 2.4 | 3.2 | 3.2 | 0.4 |

资料来源：表2材料引自费孝通:《三论中国家庭结构的变动》,《费孝通文集》第 10 卷，第 350 页。

在多次调查江村的家庭类型的基础上，费先生发现江村的核心家庭十分稳定，但主干家庭却在不断起落。他结合时代的总体变迁及政治经济学的宏观微观情况来解释"分家"状况的变化，并从家庭社会学与家庭行动的角度进一步解释主干家庭的凝固力与分化力。20 世纪90 年代，费先生的学生麻国庆全面继承了费先生关于家的类型观，系统写作了《家与中国社会结构》一书，进一步深化了有关家庭的比较社会学研究。

---

[1]　费孝通:《三论中国家庭结构的变动》,《费孝通文集》第 10 卷，第 349 页。

## 五、知识与知识分子的类型

### （一）规范知识·自然知识·技术知识或者真知识·假知识

要了解费先生在人生不同阶段对知识与知识分子的类型学划分，首先应该从其青年时代的社会观以及所受的知识社会学影响来切入。

1934 年，时年 24 岁的费孝通就对社会名分说或角色扮演理论感兴趣。和后来的戈夫曼、特纳等人类似，他很早就将社会视作一座大剧场，"各人粉墨登场，生旦净丑"，各自按规定角色衣食住行。在他看来，一个社会人要如意生活，需要满足两个条件："一是我们要有把握地预测他人会发生的行为，二是我们要能体察人家所期望于自己的动作。"① 青年费孝通能够有这样深度的观点，得益于他刚刚接受的社会学训练。

费先生早期的社会拟剧论排除了绝对自由的理论，也拒绝了自生自发的社会观点。他理解的"社会人"，是要追求确定性的，那种完全将社会看成自生自发的观点，对于个体来说（尤其是对知识分子来说）是难以把握的。因此，青年费孝通说：

> 要是真的我们所处的世界，是前一刻不知下一刻的，试问我们如何能生活下去？事实上，我们随时随地都自以为自己对于未来是很有把握的。虽则，我们或许不肯承认，但我们的行为的确都是以这信念出发的，我们甚至把这种对未来的预测视作"当然"，若一旦发现和自己的预测不合时，一定要惊异，一定要去寻理由

---

① 费孝通：《知我，罪我》，《费孝通文集》第 1 卷，第 250 页。

来解释。①

这种观点是费先生在动荡的 20 世纪，借以看待社会的知识基础。在社会转型乃至失范的年代，社会规范或社会知识本身也将更替，新的社会危机需要新知识来应对。所以，要打破旧知识的束缚，寻求新知识应对新危机。因此，我们可以看到，青年费孝通的转型社会哲学处于理性与非理性之间、确定性与非确定性之间。文化社会学、经济人类学的知识开始逐渐影响他的知识判断。

两年之后，费孝通去伦敦求学，并接触了曼海姆的知识社会学。曼海姆对整体社会结构的强调，被费先生所接受。②曼海姆的整体论视野在某种程度上契合了费先生的导师马林诺夫斯基的功能观，但更关键的是，费先生此后对知识分子群体进行审视时，更加关注于知识分子应该具有怎样的政治经济立场。这是因为，寻求富强之道一直是费先生追求知识的时代动力。

费先生是在《论知识阶级》一文中，真正开始对知识进行分类的。他把人类所知范围里的知识，根据所知的性质分成两类：一是知道事物是怎样的，一是知道应当怎样去处理事物。前者是自然知识，后者是规范知识。③之所以这样分类知识，在笔者看来，一定程度上是为了给知识阶级的定位埋下一个伏笔。

在这种分类中，不同的知识类型对应着不同的社会层级。"自然知识和规范知识的分别包含着社会分化的意义，自然知识是农圃百工所

① 费孝通：《论社会组织》，《费孝通文集》第 1 卷，第 213 页。
② 费孝通：《书评·读曼海姆的思想社会学》，《费孝通文集》第 1 卷，第 526—531 页。
③ 费孝通：《皇权与绅权·论知识阶级》，《费孝通文集》第 5 卷，第 475 页。

赖以为生的知识。用普通的话说，是利用自然来生产的知识。规范知识是劳心者治人的工具，统治别人的可以'食于人'，由生产者供养，所以自己可不必生产；不事生产才能四体不勤，才能五谷不分，'焉用稼'？"① 由于主体和对象不同，知识的担纲者就会有明确的社会文化差异，因而在社会文化系统中，这些差异转化成了支配关系。

在费先生看来，传统社会里的知识阶级是一个没有技术知识的阶级。作为社会规范的决定者，他们在文字上费工夫，在艺技上求表现，但是和技术无关；作为传统社会中的既得利益者，他们的兴趣不在提高生产，而在巩固既得的特权。因之，他们着眼的是规范的维持，是卫道的。②

规范知识、自然知识、技术知识在传统社会中不均衡的存在状态，被 20 世纪初的"新文化运动"所冲击。"新文化运动"之后，先进的西方技术知识涌进国门，让保守的知识分子们惶恐得很。与此同时，中国也失乏一套与这些先进的技术知识相匹配的制度与规范。因之，在 20 世纪 40 年代的费孝通看来，从知识运用的层面来说，保守知识分子与现代知识分子在面对中国现实时，几乎总是处于一种断裂的状态。费先生呐喊道："以整个中国历史来说，也许从没有一个时期，在社会上处于领导地位的知识分子曾像现在一般这样无能，在决定中国运命上这样无足轻重。"③ 知识分子既不能生产合乎时宜的知识，又不能衔接社会秩序、推动社会重建，几乎就算是寄生阶层了。

在上述三种知识分类的基础上，费先生结合知识分子的责任伦理，又进一步将知识分成"真知识"和"假知识"。重读埃尔顿·梅耶的

---

① 费孝通:《皇权与绅权·论知识阶级》,《费孝通文集》第 5 卷, 第 476 页。
② 费孝通:《皇权与绅权·论知识阶级》,《费孝通文集》第 5 卷, 第 481—482 页。
③ 费孝通:《皇权与绅权·论知识阶级》,《费孝通文集》第 5 卷, 第 484 页。

《工业文明的社会症结》一书后，费先生认为学院派的社会科学工作者如果离开了社会实际，生产的知识又不直面社会，没有责任，就是假知识。"因为到现在还是有很多自称为学者的人，以清高来掩饰他的怯弱，把学术放在社会之外，忘却'责任'和'知识'的不能分离"。[①]这一言论，在今天也具有振聋发聩的作用。

### （二）三代知识分子与知识分子的责任伦理问题

新中国成立以后，现代化就成为所有知识分子必须直面的任务。费先生终其一生都在强调知识的应用问题，在新时代尤为注重知识分子的担当。尤其是在改革开放后，知识分子应该更新自己的知识库存，尤其要更新与实践接壤的知识体系，将知识与应用对接，在现代化的过程中发挥自己的作用。但在 20 世纪晚期，中国不同代际的知识分子面临的社会情境有所不同。费先生在 20 世纪 80 年代初就认为，知识分子不能一概而论："他们有基本相同的一面，也有不同的一面。基本相同的一面，就是在十年浩劫里面都受到了损害。我想这是普遍的、一般的、共同的。"[②]

不同的一面呢？费先生依据年龄，将同时代的知识分子分为老中青三代。他将自己归入老一代的，主要是在抗战以前接受教育，没有十分系统的训练，所以需要"补课"。1966 年前参加基础学习的知识分子，业务要相对好些，能够直接应对生产，但精度却是不够的。但 1966 年后出生的知识分子就不一样了，他们受到的损害最大，应该同情他们。

费先生关于知识分子的论述，最有名的当属《知识分子的早春天

———————
① 费孝通：《真知识和假知识——一个社会科学工作人员的自白》，《费孝通文集》第 5 卷，第 521 页。
② 费孝通：《现代化与知识分子》，《费孝通文集》第 8 卷，第 361 页。

气》《"早春"前后》两文。但也正是因为这两篇文章，他在"文革"中受到了巨大的摧残。不过，改革开放之后，费先生并未杯弓蛇影，而是号召知识分子要积极投入现代化，在现代化的过程中发挥自己的作用。在《关于当前知识分子状况的调查》一文中，费先生重点阐述了当代知识分子的新状况、新责任。[1] 而在《知识分子与社会主义建设》一文中，费先生除了呼吁知识分子要掌握现代知识外，还提出知识分子之间、知识分子与国家之间都要"肝胆相照"。[2]

在著名的《迈向人民的人类学》一文中，费先生痛斥了那些虚伪断裂的知识分子在生产知识的过程中所产生的"恶"。其中一条就是，那些脱离广大人民利益的社会调查，不仅是不科学的，而且是反科学的，只会给国家和民族带来巨大的灾难。而科学的、对人民有用的社会调查研究必须符合广大人民的利益。也就是说，真正的人类学必须是为广大人民利益服务的人类学。[3] 今天的人类学学生，尤其应该先去好好看看这篇文章，然后再去阅读费先生的其他著作。

20 世纪 80 年代，费先生围绕知识智库的开发，让知识分子实现有机对接、有机传承等问题，发表了不少讲话。需要指出的是，费先生的知识从实践中来，但不能仅仅束之高阁，尤其在现代化的重要时刻，"知识必须下乡"。他还说过，知识传递就像打排球，光有郎平不行，还要有孙晋芳。知识分子队伍中也要有"二传手"。[4] 而知识传递有两个重要的前提条件，一是知识的社会运用，二是知识的社会继替。在《社会调查自白》一书中，费先生明确指出了知识的传递性与社会

---

① 费孝通：《关于当前知识分子状况的调查》，《费孝通文集》第 8 卷，第 381—388 页。

② 费孝通：《知识分子与社会主义建设》，《费孝通文集》第 8 卷，第 389—398 页。

③ 费孝通：《迈向人民的人类学》，《费孝通文集》第 7 卷，第 428 页。

④ 费孝通：《知识分子要做好二传手》，《费孝通文集》第 10 卷，第 3 页。

性："人死了，他的知识也随着去了，这是很可悲的。要知道，任何知识都不属于哪一个人私有的。它是全社会实践经验的积累，是共同智慧的结晶。"① 每个人对知识的态度，都应该借鉴费先生，既得知于社会，又返知于社会。

知识分子不仅与国家、更与人民有着"共同的利益"。在现代化的过程中，哲学社会科学知识分子应该扮演好有机搬运工的角色；在国家与社会之间，重视社会的实际，不偏颇，不谄媚。这是费先生晚年一直强调的知识分子伦理。


### 六、社会动力学与社会静态学：从"社会进化观""社会平衡观"再到费氏四项法


#### （一）"社会进化观"与"社会平衡观"

早在本科阶段学习社会学理论时，费孝通就接触到了社会进化说。但他当时更青睐于功能论与结构论，而与进化学说保持了距离。在他的课堂笔记《人类学的几大学派》中，就流露出对进化学派的不满。因为进化论"很容易流入定命的社会进化论"，除非严谨运用，否则非常容易陷入"附会臆断，各自为谋，无可对质"的窘境。功能学派则不一样，它将人类学从历史性质转变为科学性质，从文化的整个性和要素的交互性需求来展开科学研究。②

在《从"社会进化"到"社会平衡"》一文中，青年费孝通再次批评进化论是一种"上帝意志"的视角。费先生虽然将"社会进化"定

---

① 费孝通：《社会调查自白》，《费孝通文集》第 10 卷，第 70 页。
② 费孝通：《人类学的几大学派》，《费孝通文集》第 1 卷，第 73—78 页。

义为"有方向的社会变迁",但质疑任何方向的必然性。例如,他从功能要素的分析角度出发,认为中国农村的土地经济相成相克,确实有其内在的矛盾,但矛盾并不意味着有向度的变迁。"人是能动的,他能在旧土地之外去寻新土地。一地人口密度不增加,则土地的渐减率亦不致逼出文化的复杂化。在这时候,社会可以停顿,可以'不进化'。"① 其实,不变化、不进化也是一种社会选择。

费先生受了史禄国的巨大影响,在研究社会变迁时,重点考察人口、土地和文化之间的关系。人与土地的匹配程度与人的技术知识储备直接相关。土地是指富源而言,所以是指广义的土地,同时包括水,气等自然界供给生物生活的资源。"计算土地时,是须以在该地上生活着的人,对于取用资源的知识程度来规划的。譬如不知道耕种方法的民族中的百亩土地,并不能说是和有耕种知识的民族中的百亩土地相等,有精细采矿技术民族的矿藏,不能和没有精细技术者的矿藏相提并论。"② 也就是说,研究出人口、土地、文化知识之间的具体匹配类型或地方性知识架构,本身就有可能得出社会类型的判断。

这样一来,费先生将人口、土地和文化视作一种具有关系的"定值"。(史禄国研究北方通古斯社会组织时,曾提出一个公式用来判断人口、土地、文化三者之间的关系。)三项之中的任何一项或两项发生变动,其他必将随之而动。这个定值的表现就是"社会平衡"与"生活健全"。费先生的社会平衡论与他所学的功能论是完全契洽的,二者都必须考虑内在要素的功能与合理的搭配。这种理论考虑的是整个人群的相对静态生活,具有全局的视野。社会进化观所构造出的进化路线与之相比,就显得过于局促了。

---

① 费孝通:《从"社会进化"到"社会平衡"》,《费孝通文集》第 1 卷,第 227 页。
② 费孝通:《从"社会进化"到"社会平衡"》,《费孝通文集》第 1 卷,第 228 页。

（二）社会变迁的"二三四"分析法：史禄国的二分动向、马氏三项法与费孝通的四项分析

史禄国的通古斯社会组织平衡观，深刻影响了费孝通有关瑶族社会变迁的研究。费先生在分析花篮瑶的社会组织变迁时，认为社会变迁是以族团间的关系为枢纽的。他曾借用史禄国的"两种动向"视角来解释变迁，一是向心动向，一是离心动向。在向心动向成为族团关系的主要节奏时，合作的关系就会较为显著。这就与上述的社会平衡观直接勾连。

> 在一族团所受外族压力强烈时，向心动向较胜于离心动向，则内部的文化和语言趋于统一，团体意识增强，内婚范围明显，因为这样才能增进该族团的向外抗力，以维持原有的族团间的关系网。在外在压力减轻时，离心动向渐趋强烈，内部文化、语言、团体意识及内婚范围，因处境殊异，而发生分离状态，至其极，导致旧有族团的分裂，新族团的形成。事实上，因族团间的关系不易达到一个平衡的状态，固定的族团单位很少成立，我们所能观察的只是在族团关系网中，族团单位分合的历程而已。这样的历程史教授称作 Ethnos。[①]

费先生继承的史禄国二分动向理论是较为辩证的。但是，在费孝通有关社会变迁的研究谱系中，史禄国的二分动向分类法后来让位给了马林诺夫斯基的"马氏三项法"。费孝通将现实社会中的"历史"分为两种，一种是"已死的历史"，通过保守势力不断重现；另一种是

---

① 费孝通：《花篮瑶社会组织》，《费孝通文集》第 1 卷，第 468—469 页。

"活着的历史"，这是革新势力的涌现。两种历史承载体不断交锋，就构成了"接触的事实"。这是马林诺夫斯基在研究文化变迁时所倡导的视角，也即"马氏三项法"。

> "马氏三项法"是要在一个现实"接触情境"中去明了这变迁过程。他把这情境分成三项来分析，第一项是推动这变迁的新环境及新势力，在这新势力中常包含着一个方向；第二项是保存在现实社区中的传统势力和环境，是活着的历史；第三项是这两种势力相消相成的场合所造下的一切状态。①

费先生不但要用"马氏三项法"展开具体研究，而且还要摒弃各种主义、进化论以及社会史研究的本本主义。②在《江村经济》中，费孝通立刻展开了"马氏三项法"。他强调传统力量与新的动力具有同等的重要性，因为中国经济社会生活的变迁，既不是从西方社会制度直接转渡的过程，也不仅是传统的平衡受到了干扰而已。20世纪30年代的形势中所发生的问题，就是这两种力量相互作用的结果。

江村经济的传统力量，就是依附在家庭、亲属以及村落各种社会组织之内的文化惯性，因此，费先生着重从文化人类学的功能角度讨论了"旧势力"的影响，以及各种社会文化要素如何相互联系、互相转化。但是，外来工业资本与新兴的不在地主、改良型的乡土资本家等新势力不断侵入农村，形成了大转变的现状。于是，"马氏三项法"初步在江村找到了对应。在至为重要的"蚕丝业"一章中，费孝通围绕丝业改革的现状，用了整整三页的篇幅列了一个三项的表格，系统

---

① 费孝通：《从社会变迁到人口分析》，《费孝通文集》第1卷，第519页。
② 费孝通：《再论社会变迁》，《费孝通文集》第1卷，第504—505页。

说明了蚕丝业所面临的："A. 促使变革的外界力量；B. 变化的情况；C. 承受变化的传统力量。"①在系统分析的基础上，费先生介入性地提出了更为明确的方案：发展合作组织，变革乡土工业，面向人民展开富民实践。因此，在江村的民族志实践中，费孝通在"马氏三项法"的基础上，加了一项"变迁估值"。（见表3）

表3　社会变迁研究的费氏四项法表格

| 费氏四项 | 动变势力 | 抗变势力 | 变迁事实 | 变迁估值 |
|---|---|---|---|---|
| 具体内容 | A. 中国社会所遭遇的新处境<br>B. 在这新处境中所发生的新需要<br>C. 动变分子（包括政府、改良运动者）对于新需要的解释，及所欲达到的目的<br>D. 根据上述解释所拟成的动变方案<br>E. 实施动变方案的机关及方法 | A. 活在现实中的传统处境<br>B. 传统处境中所有的需求<br>C. 满足此等需要的社会制度<br>D. 抗变分子对于传统势力的态度及解释<br>E. 抗变势力所采取的手段 | A. 新旧需要相成还是相克<br>B. 新需要所引起的新制度和旧制度是添加性还是代替性<br>C. 实施方案所发生的困难<br>D. 实施方案自身的修改，及变动分子的解释及态度的变迁<br>E. 旧有制度的解组及其所产生的副作用<br>F. 旧有制度解组时各方面的相关性 | A. 动变分子对新处境的解释是否正确<br>B. 根据其解释所拟成的动变方案是否正确<br>C. 动变方案实施的机关及方法是否有效<br>D. 在动变事实中所引起的新旧冲突是否必须<br>E. 新旧交替时所产生的副作用所发生的影响，与变动分子所欲达到的目的是否相合<br>F. 这种副作用是否是可以免除的<br>G. 新制度是否可以满足新处境中所发生的需要 |

费先生之所以要加上"变迁估值"，就是为了说明知识分子与专业学科应该介入社会变迁发展方案，并展开具体评价。这既是一种有勇

---

① 费孝通：《江村经济》，《费孝通文集》第2卷，第142—144页。

气的实践人类学，也是知识分子对时代责任的担当。

在接下来的《禄村农田》研究中，费先生继续实践这种"费氏四项法"，继续摒弃进化观的命定论色彩，并希望为中国找到一个特殊的、本土的应对方案。当时国内探讨社会变迁的人，因为受西洋 19 世纪传下来的进化论派的影响太深，常认为社会形态的变化是有一定不变的程序：从甲阶段到丙阶段，一定要经过乙阶段。这个程序是放之四海，证之今古而皆准的。

> 依着这个"铁律"，若我们要知道一个社区的前途，只要能在这不变的程序中，找到它现有的进化阶段，过去未来便一目了然了。因之在二十年代社会史论战曾闹得锣鼓喧天，不幸的就是他们所奉行的"铁律"并没有事实的根据。连马克思自己对于他深信的进化程序能否通用于东亚，尚且存疑不论。何况代公式的本领还没有深通的人，自然更难有精彩的表现。[1]

很显然，对进化论的排斥和对本土社会的特殊观察，使得费先生不会轻信任何计划的轨道，既对这个世界有自身的历史判断，也对不确定性的世界充满敬畏。但知识分子不能因此裹足不前，而应该在自身的历史情境中作出估计、判断，从而干预这个社会。

乔健先生将费孝通的社会变迁功能分析称为"垂直的"历史分析方法，并认为费孝通给西方功能论做了一个脱胎换骨的改造。

> 费先生认为西方功能论者观念中的整体是平面的，他却认为

---

[1] 费孝通：《禄村农田》，《费孝通文集》第 2 卷，第 389 页。

应该把它转换成垂直的，即加入历史的因素。经他这一转换再融入中国文化洗礼之后，功能论犹如脱胎换骨，在包容度与诠释力方面都同时增厚与加强。[①]

由此可见，费孝通的"四项法分析"，不仅同时考虑了文化的巨大惯性与当下现实社会的出路，更有力地批判了进化论的研究进路。

此外，费孝通的"四项分析法"，对我们今天的学科与具体方法仍有启发。他提倡人类学、社会学的公共性，反而对所谓价值中立的立场保持了一定距离。实际上，知识分子很难保持真正的中立，如果不是所谓的底层立场，就会眼光唯上。他的具体四项分析，对于今天仍在不断奔向各个实体田野的青年学者来说，仍有借鉴的意义。只要稍加延伸与扩展，费先生基于史禄国、马林诺夫斯基基础上改造的分析框架就能获得当下时代的新内容。

---

① 乔健：《试说费孝通的历史功能论》，《中央民族大学学报》2007 年第 1 期。

# 附录
# 工业民族志的魁阁学统及其对全球化的回应 [①]

① 本文的形成，得益于笔者与中山大学人类学系李宓博士的讨论，在此表示感谢。

## 一、引言：工业民族志与全球工业化语境中的他者

工业民族志，即以参与观察的方式深描劳动现场与劳动过程，书写与工人、工业、工场有关的文化实践、身体知识、社会结构与运转周期的民族志分支。[①] 在中国社会学界，受迈克·布若威劳工研究三部曲、保罗·威利斯《学做工》以及潘毅、李静君、沈原等学者的影响，经过十多年的学术实践，工业民族志已经不算是一个新鲜的体例。在这些民族志研究中，对工厂生产形态、劳资关系及其张力的描述，已成为重点书写的内容；围绕追求平等的马克思主义研究旨趣，对各式各样的资本展开批判，也是这些民族志最为重要的取向。此外，中国的各种非正式就业者、城市职业群体、乡村手工业者以及各个区域的少数民族劳动者，也成了工业民族志的描述对象——"文化"是这类研究必不可少的维度。不论如何，工业民族志已经超越了过去社会学、人类学有关"工业社会——前工业社会"的刻板分工，成了人类学直接进入当代关怀、面对全球化的一条重要研究路径。在笔者看来，对工业社会的描述不应只是主流社会科学的学术实验场或量化数据演练场，民族志对工场、工业发展史、生产形态、微观劳动、生命意义等研究内容的敏感性，将为现代工业乃至后工业社会的总体观察提供有力的突破点。况且，民族志对文化多样性的研究经验、研究方法同样适合于工业社会。在中国民族学、人类学的大学课堂中，充满太多研究"前工业社会"的古典教案，我们希望稍稍离开这些古典教案，以

---

① 在该定义中，工业民族志研究对象的空间属性是"工场"，而非"工厂"。前者涵盖了较为广阔的、与"工"有关的劳动场域，而后者容易让人关联到具有车间流水线、宿舍、办公室等一系列现代性的生产方式，从而排除其他形形色色的劳动场域。

工业民族志的方式迈向对新时期劳动者的系统深描。

如果从改革开放的时间节点算起，中国发展全球性现代工业体系刚满 40 年。在这 40 年里，不同区域的劳动者不断卷入"世界工厂"之中，并波及了各种社群。工业民族志如何在全球化时代或中国语境中理解这段历史中的"他者"？又何谓工业民族志的"他者"？在我们看来，工业民族志立足的核心在于一道巨大的现实裂痕：即现代工业需要的标准劳动力形象，与从不同区域背景中走出来的劳动者之间，存在相当大的文化距离。对于市场经济中的工厂主来说，不消除区域、文化、社会的部分棱角，就很难符合现代工业对标准劳动力的需求。各种差异巨大的传统行为惯习，在实现整齐划一之前，将会面临标准化的生产与管理，这意味着多种文化形态的交汇乃至交锋。如果站在那些具有特殊社会文化背景的劳动者立场上，现代工业市场体系中的机器、流水线、厂房、管理体制、工厂主及其代理人等，就是一定意义上的"他者"；而站在现代都市、工业的立场上，生产线上未经"驯化"的各种"工业族群"，也是某种"他者"。当然，对于研究者来说，不应预设两种"他者"的对立，因为二者之间已经实现了某种市场结合，甚至是社会结合。不论是对立还是结合，工业民族志都可以给出具体的观察与回应，以微观素描来展现国家或全球化的宏观语境。

实际上，早在二十世纪三四十年代，费孝通关于江村的丝织工业研究及其带领的"魁阁学派"就已经开始了工业民族志的探索。他在《复兴丝业的先声》一文中就提出了工业发展方案，在《江村经济》中则直接以民族志的方式，指出现代工业体系将会改变原有的社会文化结构。后来，费孝通又继续指导张之毅、史国衡、田汝康等"魁阁学派"的重要成员，在昆明完成了一系列工业民族志。费先生自身对"工"的观察及其指导的工业民族志，都是能够兼顾政治经济学的分析方法与地方性文化维度的，这是"魁阁学派"的工业民族志学统。不过遗憾的是，费先生创立的这一学统后来中断了。20世纪晚期，中国出现的各种工业民族志，大多局限在劳资对立的研究范畴之内，缺乏了"魁阁时代"的内发文明视野。但从世界范围内的角度来看，工业民族志的叙事体例是延续的，只是很多经典的研究成果没有顺畅地在社会学、人类学两个学科之间开放流动。本文希望简要梳理费孝通及"魁阁学派"的工业民族志，并指出20世纪下半叶，在马克思主义人类学以及世界体系学派的政治经济学理论影响下，工业民族志对全球资本与权力的回应具有怎样的当代价值，从而结合前人的研究，为开启当下中国工业民族志的新方向提供一点浅见。

## 二、费孝通与工业民族志的"魁阁学统"

《甜与权力：糖在近代历史上的地位》的作者西敏司（Sidney W. Mintz），在回忆他20世纪40年代在波多黎各的田野调查经历时，谈到了费孝通的《江村经济》，认为该书是他最为赞赏的文献之一。"费孝通描写了江村丝织业的女性劳动力如何贡献于世界市场，而大萧条又如何切断了这种联系，使这些妇女失去了工作"。[①] 也就是说，费孝通不仅呈现了微观社区与全球世界的联系，而且指出了联系中断之后将导致怎样的后果。不过，20世纪早期的全球化，是大的世界体系对小型传统农工社区的单边性支配：江村蚕丝业之所以衰退，农户收入之所以锐减，主要是因为日本及其他外围产业资本通过政治经济上的

---

① M Sidney，JT Thomas，"Interview: And the Rest Is History: A Conversation with Sidney Mintz"，*American Anthropologist*, 2014 (3).

霸权对中国农村手工业展开扫荡的结果。费孝通对现代社会与工业社会的民族志关怀，就是在这样的全球化背景下展开的。

江村工业的成功与否，取决于国家工业发展的总体前景，需要在村庄、国家与全球之间寻找到一个协调的供求比例。用经济学的术语来说，历史上的江村经济萧条的原因在于乡村工业和世界市场之间的供求关系发生了失衡问题。在《江村经济》全书的叙事中，费孝通的笔法能够有效地实现微观描述与宏观分析之间的灵活切换。《江村经济》一书最为关键的一章是对"缫丝厂"的描述（马林诺夫斯基将这章视为最成功的章节）。费孝通描述了缫丝厂的组织、制度、资金及劳力来源，并细腻地指出了工厂成立后导致的家庭经济分工如何改变了传统的性别关系乃至亲属关系，全球性的蚕丝业市场又如何主宰了社区内的缫丝生产。《江村经济》结合了文化人类学与政治经济学的双重视野，开创了书写微观社区对宏观世界如何回应的民族志载体（参见《〈江村经济〉与〈禄村农田〉——民族志的政治经济学》一文）。这与他的导师马林诺夫斯基不同，后者在《西太平洋上的航海者》中描绘的库拉圈和特罗布里恩德群岛人，仿佛与全球体系绝缘一样。

到了云南昆明的"魁阁时期"，费孝通便全面展开了系统的工业社会研究工作，其中不仅包括他自身对农业系统中的"工"的观察，还包括了对乡村手工业、对昆明的现代工厂以及对女工群体的工业民族志研究。

费孝通在云南农村的研究中，找到了一个地方性价值概念——"工"。在《禄村农田》一书中，费孝通过重点分析"工"这个地方性劳力计量单位，从而找到了衡量区域价值体系的分析切入点。"工"是西南农村地区普遍出现的、用以计量劳力乃至农田面积的单位。在禄村，人们用"工"来丈量农田面积，同样，劳动力的单位也是"工"。

禄村人民若向你说，哪种工作中，哪块农田上要费多少人工，他的意思不是指需要几个人在一天内尽力工作，而常是指要雇多少人来工作而已。一个人工并不是指一个人在一天内可以供给的劳力，而是指一天内普遍认为应该供给的劳力。①

虽然"工"的计量具有伸缩性，但是在社区内，人力与土地的计算是拥有共识的。当雇佣劳力或转让农田时，人们都是围绕地方性共识来展开估算的。有关"工"的知识，是每一个禄村人在成为农业主力后必须掌握的。由此，费先生为乡村金融研究准备了一个地方性的价值概念，并准备好与全球资本价值体系进行对话。

张之毅的《玉村农田与商业》《易村手工业》两本民族志专著，就是在费先生的具体指导下完成的②。尤其是《易村手工业》，是具有开拓性的工业民族志先声。张之毅对易村的篾匠、造纸业的具象观察，目的是要讨论手工业经济与整个农村乃至城乡金融的完整性关系。他对农村中的金融体系与劳动价值的观察，同样考虑了村庄共同体与世界体系的双重影响。

此外，城市工业化进程与社会变迁之间的关系也是费孝通以及"魁阁学派"的关键议题。20 世纪 40 年代，"魁阁"的部分成员在昆明呈贡进行了中国最早的城市工业民族志研究，史国衡先生的《昆厂劳工》一书就是其中的代表。《昆厂劳工》是针对一家 500 余人的国营军需厂的工业民族志。调查期间，该书作者与工人共同生活长达两个多月，

---

① 费孝通：《禄村农田》，《费孝通文集》第 2 卷，第 240 页。
② 参见费孝通、张之毅：《云南三村》，社会科学文献出版社，2006 年。

并认为该研究"是对于农村社区研究的一个引申"。① 费孝通在洋洋万字的序言中，介绍了该调查的预定研究方案和调查社区的选择过程，还分析了具体的工作效率、社会分层等问题，足见他对该书的重视程度。他在指导史国衡的研究时，就有意提醒中国工业建设者，"工业建设不只是盖厂房、装机器，而是一种新社会组织的建立……是一个个人生活的改造，和生活理想的蜕化"。②

"魁阁时期"的劳工研究，对当下的农民工研究来说具有参照意义。民国时期，大量流动劳动力的产生，根源在于劳动者迫于"不得不"讨生活的压力，工厂对农民来说是收容所和避难所，而不是有希望的出路，做工只是短暂维持生活的过渡期。费孝通认为，新工业之所以不能拥有稳定的人力基础，是因为中国农业文明的惯性看不起工业劳动。③ 劳工社会地位的低落，是农业文化留在工业发展道路上的障碍。稳固劳工的根本就在于让劳工有尊严，改变农业文明对工业劳动的鄙视。"工业的建立不能单靠机器的购买，厂房的建筑，重要的、基本的还是要建设一个能使机器顺利有效活动的社会环境，创造一个和新工业相配的精神"。④

另一位重要的"魁阁成员"田汝康，则基于调查资料，预见到女性劳动力将成为中国工业的建设基础。动员几十万女子到工厂里去工作，不但是工业史上的一件大事，也是中国社会变迁的一大动力。田汝康撰写的《内地女工》的调查报告，试图从中国家庭制度着眼，去分析女工的心理，研究她们精神上的需求，呼吁工厂能够改善女工的

---

① 史国衡：《昆厂劳工》，商务印书馆，1946年，第168页。
② 费孝通：《〈昆厂劳工〉书后》，《费孝通文集》第3卷，第193页。
③ 费孝通：《劳工的社会地位》，《费孝通文集》第3卷，第469页。
④ 费孝通：《劳工的社会地位》，《费孝通文集》第3卷，第469页。

情感生活。

> 现代雇用女工的工厂附带着担负解放女子的责任。若是工厂方面忽视了它的社会责任，使一般女工在出厂之后，误用她们的自由，在社会上造成不良的生育，一辈真正要求解放的妇女不敢进厂，或是女工的家长谨防女儿进入工厂，这对于将来中国工业前途，免不了会发生不良影响。[①]

在《昆厂劳工》的序言中，针对参与方法以及存在的调研问题，费孝通提出了他的看法。"在昆厂，国衡是住在工人宿舍里，在工人食堂包饭，因之他和昆厂工人的接触机会较多，而且接触的场合亦较自然"，[②] 这是彻底的"参与观察"式调查。用自己的身体展开参与式的体验，记录在机器旁边或生产线上的微观感受，是工业民族志的不二法门。但费孝通对工厂里的参与观察方式另有非常微妙的提醒。

> 在工厂里调查就得实际做工人，这是不能，亦不必的……以往人类学者喜欢说他怎样被当地土人认为亲属，怎样容许他参加秘密集会，用以表明他观察的可靠。其实这只是表面上的亲热，实际上一个已长成的人在短期内想变成另一社区中的分子是不可能的。在工厂里研究，研究者可以在厂做工，成为工人。可是既做了工人，再想进行调查时，就会引起误会。[③]

---

① 田汝康：《内地女工》，《中国劳动月刊》1942 年第 1 期。
② 费孝通：《〈昆厂劳工〉书后》，《费孝通文集》第 3 卷，第 178 页。
③ 费孝通：《〈昆厂劳工〉书后》，《费孝通文集》第 3 卷，第 174 页。

　　因此，费孝通建议用"客人"的身份住在所要观察的工厂里去，这样一来就可以和多方面的群体同时往来。如今看来，或许费孝通的建议值得再讨论，但是由这一具体到操作层面上的思索，可以推论费孝通已经开始准备有关中国工业研究的方法论基础。

　　后来费孝通出访美国时，进一步看到了"人在机器的威力下被磨难，被奴役"[1]的现代工业病症。他批评现代工业生产："为了各种生产活动的配合，牺牲了参加这活动的每个人生活上的配合，这些人失去了生活的完整，不但影响到生产活动的效率，而且容易发生个人人格的失调和由这些人所组成的社会的波动和不安。"[2]费孝通认为，因为手工业配合于家庭、邻里关系之中，又配合于其他生产活动之中，所以成为保全人的完整性的重要力量。[3]他不忍看到机器生产导致手工业的崩溃，所以积极倡导培养技工人才，形成技术的保护，让工人有尊严，"要让艺徒不成为一座机器，而成为一个人"。[4]

　　晚年的费孝通在香港看到，未来将出现"一个由经济规律决定的社会经济秩序，一个韦伯所阐述的理性世界。珠江模式的出现看来是谁也挡不住的"。[5]虽然后来的中国工业化道路与费先生的工业设想之间有一定的差距，但是他对于中国工业化未来的关怀，依然远远超出了他自己所处的那个时代。

　　　　作为一个历史见证人，我很清楚地看到，当引进机器的工业

---

　　① 费孝通:《初访美国》,《费孝通文集》第 3 卷, 第 258 页。
　　② 费孝通:《〈昆厂劳工〉书后》,《费孝通文集》第 3 卷, 第 163—195 页。
　　③ 费孝通:《人性和机器》,《费孝通文集》第 5 卷, 第 387—400 页。
　　④ 费孝通:《新工业中的艺徒》,《费孝通文集》第 3 卷, 第 44 页。
　　⑤ 费孝通:《对中国城乡关系问题的新认识——四年思路回顾》,《费孝通文集》第 11 卷, 第 135 页。

化道路还没有完全完成时，已经又进入了一个新的阶段，即信息时代。以电子产品作为媒介来传递和沟通信息，这是全世界都在开始的一个大变化。虽然我们一时还看不清楚这些变化的进程，但我们可以从周围事物的发展事实中确认，由于技术、信息等变化太快，我国显然已碰到了许多现实问题。[①]

这些问题当然也是工业民族志所要回应的内容。

"魁阁学派"在他们的工业研究范式中，没有特意去使用某种马克思主义的分析框架，但他们对中国、对"人"的关怀，是与马克思主义式的工业民族志相同的。费孝通在与巴博教授的对话中谈道：

> 中国作为一个农业国家的系统不能适应现代世界，必须改变，我们必须发展一种不同的生产方式。这就是马克思主义的生产力、经济基础决定论的思想，而这个假设早在我了解马克思之前，就已经成为我所有的工作的基础。[②]

他为中国设计的种种工业化方案，根本上都在于对"人"的关怀，无论是开展乡村工业，还是进行工业化大生产，都是基于一种可以保全人的完整性的方案。但是目前，中国人类学的工业民族志远远没有描述清楚海内外正在发生的各种热火朝天的工业进程，对形形色色的劳工的关怀相对有限。此外，中国人类学对当代中国工业的内在结构、动力、网络、价值体系以及其他与政治经济学有关的要素都知之甚少，

---

① 费孝通：《"三级两跳"中的文化思考》，《读书》2001 年第 4 期。
② Burton Pasternak, "A Conversation With Fei Xiaotong", *Current Anthropology*, 1988（29），pp.637-662.

也未从内发的文明视野出发去充分描述现代工人，这是当前民族志知识累积过程中的一个遗憾。如果能重视费孝通及"魁阁学派"留下的相关学术遗产，继续在"全球化的长波进程"中把握中国社会转型的脉动，将有深远的理论与现实意义。

### 三、世界体系与西方工业民族志传统

与中国相比，西方工业民族志具有很强的理论传统。尤其是在马克思主义者的研究谱系中，工业民族志是对资本展开批判性反思的重要载体。马克思在《资本论》第一卷中就使用大量西欧工业调查资料和各种劳工的生活故事，来阐述工人阶级的劳动状况以及殖民时代的资本主义问题。恩格斯的《英国工人阶级状况》一书，不论是方法还是内容，都可以视作西方工业民族志的先声。正是因为恩格斯长期的田野观察，才促成了这部揭露工业社会底层工人疾苦的民族志成果。不过，恩格斯并没有细致地分析出底层工人的文化背景，工人被当作一个阶级整体来对待，文化的细枝末节被删减或忽视了。在理论的抽象层面，该书又不如《资本论》深刻有力。因此，E.P.汤普森认为马克思和恩格斯的经典理论都缺失文化史的视角，并且过度地预设了阶级的形成，而忽略了其形成之前的历史过程，因此他写了大部头的《英国工人阶级的形成》①。该书是一部历史人类学或历史社会学的民族志，补充了马克思和恩格斯的经典理论的不足。

工业民族志的大量生产是在现代世界体系理论出现之后。1974 年，

---

① 参见（英）E.P.汤普森著，钱乘旦等译：《英国工人阶级的形成》上册，译林出版社，2001 年。

沃勒斯坦的世界体系理论一经提出，就刺激了全球的社会科学研究者。人类学对世界体系与政治经济学理论尤其敏感，政治经济学的视角在民族志中被广泛引入，成为人类学现代转型的重要环节。"工业民族志"作为一个文本类型在大转变时代的学术舞台上涌现，有着其内在的历史动力。资本主义力量的全球扩张，刺激了人类学对政治经济学的敏感性，从而促成了民族志体例的转换。此后，民族志的地方性知识叙事只有放在世界体系的框架中才能获得理解，这甚至成了检验一个社区研究是否"开放"的标准。

《甜与权力：糖在近代历史上的地位》[①]《欧洲与没有历史的人民》[②]两本书，被马库斯和费彻尔冠为"民族志的政治经济学"的经典。两书分别从政治经济学的分析视野出发，发现了此前一直被学界忽视的底层劳动者的生活和劳动境况的历史——马库斯称之为"世界体系理论框架的人类学变体"。[③]但遗憾的是，这两部作品的叙事框架并没有促进文化分析和政治经济学解释在民族志细节上的完美融合。文化被埋没在了资本主义历史的结构性进程中，被"降级为一个附属结构"，成为政治经济体系的折射。

不过，西敏司和沃尔夫的思想也一直处在转变之中。他们在牙买加、墨西哥的蔗糖生产和咖啡种植业研究中，更加微妙地处理了种植园内部的支配关系与生产过程。庄园代表土地所有者和底层劳动者经营的农业生产形态，其中各种细微的生产要素不仅用于资本积累，也

---

① 参见（美）西敏司著，王超、朱健刚译：《甜与权力：糖在近代历史上的地位》，商务印书馆，2010年。

② 参见（美）埃里克·沃尔夫著，赵丙祥等译：《欧洲与没有历史的人民》，上海人民出版社，2006年。

③ （美）乔治·E. 马尔库斯、（美）米开尔·M.J. 费彻尔著，王铭铭、蓝达居译：《作为文化批评的人类学》，生活·读书·新知三联书店，1998年，第117页。

是庄园主地位的支撑。[1] 基于这次田野观察，沃尔夫与西敏司合作，系统思考了种植园体系中的亚文化细节与阶级之间的关系。而西敏司基于这次田野，更加详细地描写了种植园中黑人蔗糖工人的生活习俗、医疗实践，以及从传统家长制到现代产业制的转换中的糖业生产工作体验。西敏司更新了《甜与权力：糖在近代历史上的地位》的叙事方式，新的民族志文本还讲述了没有身份的波多黎各无产者，如何转换为复兴派教徒的过程。[2] 西敏司后来有关文化生成的"克里奥尔化"的理解也是基于对蔗糖种植业劳动过程的考察。[3]

1980 年前后，民族志的解释学传统与政治经济学的批判发生了合流。美国人类学家纳什（June Nash）的《我们吃矿，矿吃我们》[4] 一书基于对玻利维亚矿工的人类学考察，将文化解释的范式与资本主义外围地带的政治经济现实的严肃描述融合起来。在纳什笔下，我们看到了这样的学术追问：在没有脱离本土文化框架的前提下，以世界资本主义体系界定出的玻利维亚矿工社区到底具有怎样的形态？这一点鲜明地体现在矿工的宗教性"阶级意识"中：矿工们是以宗教和政治话语来抵制资本的非人性对待的，资本主义及与其相配的宗教，将会受到地方性知识的抵抗。从方法论上来看，若只是单凭资本、技术、效率等这些适用于先进工业社会的分析性概念，或只是凭借象征、符号性的意义阐释，都不能达到纳什那样的解释水平。因此，呈现矿山社

---

① Eric R. Wolf ,Sidney W. Mintz, "Haciendas and Plantations in Middle America and the Antilles", *Social and Economic Studies*, 1957（6）, pp.380–412.

② Sidney W. Mintz, *Worker in the Cane: A Puer to Rican Life History*, W.W. Norton & Company，1974，pp.11-17.

③ Sidney W. Mintz, *Three Ancient Colonies: Caribbean Themes and Variations*, Harvard University Press,2012.

④ June Nash, *We Eat the Mines and the Mines Eat Us: Dependency and Exploitation in Bolivian Tin Mines*, Columbia University Press,1993.

会中的文化价值体系，需要兼顾解释学与批判学两个学统。

迈克·陶西格（Michael T. Taussig）的《南美洲的"魔鬼"和商品拜物教》[1]一书，堪称工业民族志的经典。陶西格根据马克思在《资本论》第一卷第一章提出的拜物教理论，深描了现代拜物教与地方文化体系的并接、冲突。在资本主义体系中，农民社会中因地而异的"魔鬼"文化，可以因为工业商品社会的普遍存在，而呈现为普遍的文化冲突。这部民族志系统地呈现了哥伦比亚矿工和玻利维亚农民的多重转型过程，其中社会文化转型与政治经济转型是同时发生的。生活在这种大转型时代底层的小人物，对于大工业、大机器、大生产，充满了"异乎寻常"的恐惧。

迈克·布若威（Michael Burawoy）是马克思主义社会学的代表性学者之一，他对赞比亚铜矿工人、苏维埃时代匈牙利国企工人以及美国本土大型联合机工厂工人的关注，都是用工业民族志完成的。[2]尤其是在《制造同意》一书中，布若威揭示了一个具有极大反思性的结论：垄断时期的剩余价值，根本不需要资本家用冷冰冰、血淋淋的暴力姿态来获取，而仅仅拥有现代工业制度与国家政体的塑造力量，就能制造工人对剥削自身体制的"同意"（consent）。

与陶西格、布若威相比，保罗·威利斯（Paul Willis）则赋予了劳工阶级更加鲜明的能动性。作为伯明翰文化研究中心的成员之一，他选择用民族志方法写成的《学做工：工人阶级子弟为何继承父业》一书，更具体地描绘了对抗资本主义政治经济力量的工人主体，究竟拥

---

[1]　Michael T.Taussig, *The Devil and Commodity Fetishism in South America*, The University of North Carolina Press, 2010.

[2]　参见（美）迈克尔·布若威著，李荣荣译：《制造同意：垄断资本主义劳动过程的变迁》，商务印书馆，2008年。

有怎样的自主文化意识。基于此，从而能够理解社会文化再生产的具体机制，考察工人阶级子弟"家伙们"对学校主流文化的反叛细节。[1]

上述的陶西格与威利斯等人，他们写作的新型工业民族志发生了一个转向，即在写文化中展开了对文化研究的精英立场的批驳，促使民族志对工人的文化自主性进行反思。在亚洲、非洲、美洲等地，具有这种反思精神的工业民族志的研究体例也逐渐扩散。例如，具海根的《韩国工人》一书，就受到 E.P. 汤普森、威利斯等人的影响，侧重于从生活经历、民族文化形态和国家传统等层面，展示出韩国工人感知工业的具体经验，从而赋予了工人极大的文化主体性。[2]再如，王爱华基于马来西亚女工的田野调查，写成的《资本规训与反抗的灵魂》一书，非常类似陶西格与纳什在南美洲的研究范式。[3]该书作者的问题是："为什么马来西亚女工在现代化工厂的车间会发生阶段性的灵魂附体？"女工虽然是世界资本主义体系的依附者和被现代治理体系抽离的对象，但是，少女们的身体并不是单向地受压迫，她们在生产过程内外不断地进行反抗。面对监控与规训，自在又自觉的女性，不断地用"魂灵附体"的地方文化形式来展开精神性的抵抗。

上述在全世界范围内涌现的大部分工业民族志，几乎都具有同一个表述特征，即政治经济学式的批判性关怀。由政治经济学促成的民族志，之所以能够在相对主义的文化解释学传统之外，对 1960 年、1989 年前后的重大政治事件作出有力回应，关键在于资本主义全球化

---

[1] 参见（英）保罗·威利斯著，秘舒等译：《学做工：工人阶级子弟为何子承父业》，译林出版社，2013 年。

[2] 参见（韩）具海根著，梁光严、张静译：《韩国工人》，社会科学文献出版社，2004 年。

[3] Aihwa Ong, *Spirits of Resistance and Capitalist Discipline: Factory Women in Maleysia*, State University of New York Press, 1987.

中的多重支配结构，被考虑进总体的社会文化分析框架中来，从而展开文化批评。就此而言，民族志在经验层面上，就从人类学内部打开了政治经济学的视野。工业民族志避免了纯粹文化分析的取向，也就避免了将人类学仅仅视为一种猎奇式学问的取向。如文化阐释主义者克利福德·格尔茨就认识到：探寻意义的文化分析很容易因为失去与政治、经济的联系而滑向"社会唯美主义"的危险。[1]

总之，工业民族志将资本主义全球化中的生产、劳动、工作等政治经济因素带到了民族志"写文化"的核心地带，而不是只将"文化"视作一个被冲击的"变量"。人类学的书写在某种程度上要比布若威、威利斯等社会学的民族志专家更加细腻，更加立体地呈现了"文化"的复杂性。工业民族志立足于对工人阶层文化意识、文化形态的历史刻画与整体描述，可以更有深度地理解政治经济体系的形成过程。

## 四、改革开放以来中国工业民族志的实践与对全球化的回应

在过去的 40 年间，关注中国工场、工人、工业的民族志逐渐增多，这与各种工业劳动形态、工业族群的数量激增有关。如埃里克·沃尔夫所说："资本主义积累仍然继续在世界范围内制造着新的工人阶级，从各种不同的社会与文化背景中招募这些工人阶级，将之安置到不同的政治和经济等级秩序当中。"[2] 在我国 40 年来的工业实践中，数量庞大的"工业族群"是社会主义国家的新生代劳动者，逐渐成为海内外

---

① Geertz Clifford, *The Interpretation of Cultures*, Basic Books, 1973, p.17.

② （美）埃里克·沃尔夫著，赵丙祥等译：《欧洲与没有历史的人民》，上海世纪出版集团，2006 年，第 449 页。

研究者眼中突出的"民族志景观"。

20 世纪 80 年代，社会学、人类学等学科恢复重建，国内几乎没有学者展开工业民族志研究。一些国外学者基于各类史料以及各种访谈资料，写出了一些具有历史社会学意义的工业民族志。例如，美国学者尼格的《姐妹们和陌生人：上海纱厂女工，1919—1949》[①] 一书，叙述并分析了纱厂女工劳动群体的社会地位和生产境况，揭示出工头制下的女工之间如何产生分化。她的意图在于将历史上的中国女工带入全球视野，并展开全球性的比较。再如，Gail Hershatter 的《天津工人：1900—1949》[②] 同样聚焦于民国时期的天津女工，指出地缘性因素在生产中的重要性，修正阶级概念简单化的问题。该书指出民国时期的工人们参与各类运动的程度有限，仍未脱离农民的身份、意识及农村的生活及生命周期，与乡村联系极密切。这一点对于理解改革开放之后的农民工群体来说，也同样至关重要。

1992 年以后，"世界工厂"已经在中国南方沿海地区铺开，一些授学于西方且精通理论的社会学者希望以民族志的方式在世界舞台上展示部分中国工人形象。如潘毅、谢国雄、李静君等人的工业民族志，均影响巨大。而裴宜理（Elizabeth Perry）基于历史资料写就的《上海罢工》一书，[③] 在理论上与同时代的工业民族志相互呼应。尤其是围绕劳工在技术、性别、行业、地域、利益等层面上的冲突与分化问题，深入揭示现代工人的行动机制，以弥补经典马克思主义对当代工人解

① Emily Honig, *Sisters and Strangers: Women in the Shanghai Cotton Mills,1919-1949*，Stanford University Press, 1986。

② Gail Hershatter, *The Workers of Tianjin,1900-1949*，Stanford University Press, 1986。

③ 参见（美）裴宜理著，刘平译：《上海罢工：中国工人政治研究》，江苏人民出版社，2012 年。

释的不足。

潘毅在深圳一家工厂调查完成的《中国女工》，是一部极具经验概括力和理论反思力的工业民族志。作者通过把握女工劳动前后的心路历程，描述了资本与机器如何试图创造女性的"社会性身体"，"即温顺、驯服而且具有生产能力的打工妹"。[①] 作者在田野调查的过程中，详细考察了地方、血缘、族群和城乡之间的差异，如何在机器、车间及宿舍之中被重新激活、被再塑造。在"异化"之外，为了寻求真正属于女性的主体性，作者深入体察女工的"梦魇"和"尖叫"，从而寻求到一种"抗争的次文体"。虽然说《中国女工》没有关注到社会层面大范围的结构性力量，但是作为现代工业民族志的具体尝试，可以启发很多工业研究的初学者。2010 年，潘毅、卢晖临等学者合著的《大工地》一书，[②] 以 E.P 汤普森那样的历史笔调，聚焦于当前中国建筑业的农民工，展示了他们的工作状态和日常生活。

中国台湾学者谢国雄，详细考察了台湾制造业的家庭代工网络。他指出中国台湾的劳动力并不是直接在市场中自由流动、自我经营，而只是家庭代工体制中的一个外部零件，从而揭示了现代自由市场的虚假性及其对底层劳力的压制。[③] 此外，中国台湾学者戴伯芬从研究自雇型工人的角度，揭示了台湾各种小摊贩的劳动经营历史与地方政治

---

① 参见潘毅：《中国女工——新兴打工阶级的呼唤》，明报出版社，2007 年。

② 参见潘毅、卢晖临、张慧鹏：《大工地：城市建筑工人的生存图景》，北京大学出版社，2010 年。

③ 谢国雄：《隐形工厂：台湾的外包点与家庭代工》，《台湾社会研究季刊》1992 年第 13 期；谢国雄：《劳动力是什么样的商品？——计件制与台湾劳动者主体性之形塑》，《台湾社会研究季刊》1994 年第 17 期；谢国雄：《事头、头家与立业基之活化：台湾小型制造单位创立及存活过程之研究》，《台湾社会研究季刊》1993 年第 15 期。

之间极为复杂的纠葛。<sup>①</sup>同样来自中国台湾的学者蓝佩嘉，基于 1998 年的访谈和观察，以"同理心"式的方式描述了被全球化联系起来的东南亚女佣与台湾女性雇主，并写成了《跨国灰姑娘》一书。<sup>②</sup>该书揭示了这些东南亚家务移工的两难处境：她们与雇主的关系在地理上亲密但在地位上疏离；她们的迁移之旅既是一种解放也是一种压迫。总而言之，"灰姑娘"的美满结局仍如童话般梦幻。

美籍华裔社会学者李静君以田野调查为主要方法，分析了中国改革开放时期的新工厂政体及工人的阶级经验。李静君的重要观点是：国家、政府权威在工厂治理中的作用逐渐减弱，部分让位给资本权威或厂内的经营管理者，党组织及工会在企业内几乎全受命于管理的权力，从而使得劳动者实际处于旧体制已消失、新体制未建立起来的裂缝中。<sup>③</sup>

在 20 世纪 90 年代末的北京郊区，也有类似的工业民族志成果。例如，项飚描述了一批来自浙江温州的作坊式商人与雇工，如何在北京的行政、社会空间中经商、务工、过日子。<sup>④</sup>但由于作者过度关心地缘概念，使得这部民族志对整个世界性的政治经济体系的敏感性非常低。该研究对浙江商人经商、拉关系的行动描述得十分详细，但缺少一种世界范围内的宏观政治经济学视野。随后，项飚弥补了这一缺憾。在《全球"猎身"》一书中，他通过对印度 IT 信息劳工输出管理系统

---

① 戴伯芬：《谁做摊贩？——台湾摊贩的历史形构》，《台湾社会研究季刊》1994 年第 17 期。

② 参见蓝佩嘉：《跨国灰姑娘》，吉林出版集团，2011 年。

③ Ching Kwan Lee, *Gender and the South China Miracle: Two Worlds of Factory Women*, University of California Press, 1998。

④ 参见项飚：《跨越边界的社区：北京"浙江村"的生活史》，生活·读书·新知三联书店，2000 年。

的观察，回应了世界经济体系的不确定性问题。全球化过程中，IT 工人的生活状况"向我展示了真实生活中的矛盾和讽刺，也让我进一步看到全球化并不仅仅是加强了全球范围内的联系，更多的是重新安排，甚至是重新强化了人类社会的不平等关系"。[1]

进入 21 世纪，"工业族群"的多样性进一步显现。例如，周大鸣教授研究了广州、厦门、杭州、南宁等地的城市散工，揭示了这些散工在城市中的生存逻辑。[2] 秦洁对重庆市的城市苦力——"棒棒"的研究，力图展示底层劳动者如何在城市中实践其乡土的生存逻辑。[3] 美国学者爱芙斯（Jacob Eyferth）系统调查了四川夹江造纸业的历史与现状，并通过对手工作坊的微观深描，揭示了乡村手工业的技术传承、性别分工以及"具身化"的过程，为当下乡村手工业研究提供了重要参考。[4] 美籍华裔人类学者张鹂的《城市里的陌生人》一书，就是基于北京"浙江村"的田野考察，描写了温州商人在陌生的环境里，如何利用血缘、亲缘、地缘等关系来建立新的社会网络的过程。[5] 澳洲学者杰华同样以北京的城郊村为田野，极为关注流动的乡村女性劳动者如何在城市中追求、释放自身的主体性，揭示全球化如何体现在底层劳力的身体体验之中。[6] 上海大学的贾文娟博士利用长达 8 个月的时间，

---

[1] 项飚著，王迪译：《全球"猎身"：世界信息产业和印度的技术劳工》，北京大学出版社，2012 年，第 46 页。

[2] 参见周大鸣等：《"自由的都市边缘人"——东南沿海散工研究》，中山大学出版社，2007 年。

[3] 参见秦洁：《重庆棒棒》，生活·读书·新知三联书店，2015 年。

[4] Jacob Eyferth, "De-Industrialization in the Chinese Countryside: Handicrafts and Development in Jiajiang ( Sichuan ), 1935-1978", *The China Quarterly*, 2003(173), pp.53-73.

[5] 参见张鹂：《城市里的陌生人》，江苏人民出版社，2014 年。

[6] 参见（澳）杰华著，吴小英译：《都市里的农家女》，江苏人民出版社，2006 年。

体察了广东一家国有企业的治理逻辑，并通过与私营企业和外资企业的比较，勾勒出同时嵌入在社会主义政治体制和市场经济体制中的国有企业，是如何展开有选择的工厂治理的。[①] 中央民族大学的刘东旭博士对流向珠三角地区的凉山彝族人进行了持续的田野考察，呈现了这部分彝族人在被商品化的同时，又如何在当地进行了以"家支"为中心的群体秩序的再造。[②] 笔者基于对工厂外的农业劳动力的深度观察，呈现了世界工厂中不同劳动形态之间的支配关系，尤其是底层劳动者被卷入大转变的浪潮之后，身处"多重支配"与"无相支配"的境地。[③] 此外，通过底层的视角，笔者也自下而上地展现了底层劳动者日常生活的实践策略，并对资本主义全球化的主体能动性问题给予了极大的关注。

总之，工业民族志的知识生产虽然呈现了"井喷"的现象，但作为学科方向的"工业民族志"概念却尚付阙如。不过，无论是燕京学派，还是当下的工业问题研究者，虽然一直没有使用"工业民族志"这一学科概念，但他们在旨趣上是相同的，即以民族志的方式回应现实的问题和全球化的走向。随着中国工业模式进一步转型升级并走向海外，工业民族志的研究对象与研究内容必将会进一步丰富，且其对地方问题与全球问题的回应将会更加迫切。因此，结合燕京学派的研究传统，将工业民族志放置于更宽广的全球化视野中，将会是中国民族学、人类学的一个可开拓的新趋向。

---

① 参见贾文娟：《选择性放任：车间政治与国有企业劳动治理逻辑的形成》，中国社会科学出版社，2016年。

② 刘东旭：《流动社会的秩序》，博士学位论文，中央民族大学，2013年。

③ 参见黄志辉：《无相支配：代耕农及其底层世界》，社会科学文献出版社，2013年。

## 五、获得全球性：批判性工业民族志的价值立场与文化追求

批判性的工业民族志在回应全球化问题时，有一个基本的追求，那就是让针对工业、工人、工场的当代写文化获得一种辩证的全球性。所谓辩证的全球性，就是在开放的社区中，同时以地方性文化知识和全球政治经济体系的双重视野，追求平等的价值立场，获得一种能够见微知著的文化形态的认识。"全球化"与"全球性"不同，前者是以一种由外而内、由上至下的霸权姿态来"化约"地方性的社会文化规范，而后者希望在开放的社区中，同时保留全球与地方的合理关怀，是一种综合且开放的现代社会特质。工业民族志希望以文化人类学与政治经济学的综合性研究立场，通过对劳动现场、劳资关系的细微审视，来获得这种辩证的全球性。在这里，"地方"与"全球"不是两极而是相通的，论证这种相通性的目的，就是为了追求相对平等的基本人文关怀。

在笔者看来，工业民族志只有兼具以下三种方法论的视野，才能全方位地深描现代工场、工业、工人。首先是深描劳动现场、劳动过程以及劳资关系的微观细节，浮现劳动实践中的日常情感或文化意义。其次是关照宏观政治经济体系中的价值标准与运转周期，并将这种关照带入具体而开放的研究空间或研究对象上去。最后是浮现地方性知识中的文化框架，并将这种地方性价值标准与宏观的、由外而内的全球性价值理论相比照，以评判全球金融与货币体系的虚拟化过程是否会虚化地方文化视野中的价值衡量标准。

只要拥有了上述几种工业民族志的研究视野，就可以和过去一些封闭且孤立的文化研究、劳动与物的研究告别了。在西敏司看来，过

去人类学家追求异域文化的信念，使得他们故意绕开普遍联系的现代世界。他批评马林诺夫斯基：

> 在他的大部分工作中，西方在所有的伪装下都被弱化或者被忽略了，只有所谓的最纯粹的原始性，才被英雄般的人类学家进行冷静的观察……这是一种奇怪的对比，一边是未被污染的原住民，另一边是高唱圣歌的童子军；但它并不是孤立的现象，通过一些巧妙的手法，一本又一本的人类学论著抹除了当下现实的印记以及这一现实背后的来龙去脉。[①]

西敏司认为应该迈出一步，建立"新的人类学"方向。这种"新的人类学"应该拥有对现代"平凡"世界中的人与物的敏感性，捕捉身边或远或近的普遍客观现象，而非追求猎奇的民族志。工业民族志或许就是这种"新的人类学"方向，它能完整描述现代工场文化意义的整合方式。

与量化的工业问题研究不同，工业民族志是另一种研究路径，但二者并不冲突。在20世纪90年代，加州大学伯克利分校的布若威与埃里克·赖特互为倚重，前者以工业民族志方法，后者以量化方法共同研究工业、劳动与阶级问题。"在那些对埃里克·赖特的马克思主义分析不够满意的研究生眼里，民族志成了马克思主义的方法"。[②]

显而易见的是，民族志的方法更具批判性，并且是量化、演绎与

---

① （美）西敏司著，王超、朱健刚译：《甜与权力：糖在近代历史上的地位》，商务印书馆，2010年，第11页。

② （美）迈克尔·布若威著，李荣荣译：《制造同意：垄断资本主义劳动过程的变迁》，商务印书馆，2008年，第18页。

抽象方法的前提。"民族志方式的抽象化的基础是民族志，即基于长期实地调查而写成的系统的、细致的描述，但是在同时，它力求分析性、解释性和批判性"。[①] 如何获得这种批判性？那就是需要进入老百姓日常生活和劳动过程，去发现那种隐藏的、不被日常重视的逻辑。项飙在写作全球"猎身"系统的民族志的过程中，就力图将民族志的细节融入政治经济学的分析当中，"老百姓在理解他们日常生活的时候，通常是彻底的政治经济学家，倒是外来学者要对社会现象作出文化解释"。[②] 政治经济学的批判与工业民族志的描述是互相依赖、彼此显现的。工人在劳动或日常生活中，对现实有很多"当然化"的判断与接受，展示这些"当然化"的细节，分析相关的生活状况、劳动感受乃至不满情绪，就能在抽象与具象两个层面同时展开批判。

特别需要强调的是，工业民族志应该在开放的关系结构中，继续保持对劳动主体的文化能动性的思考。保罗·威利斯在写《学做工》时，不断提醒我们应该在一种现代"关系"的思维中去观察乃至判断新的社会走向。他尤其关注底层工人如何理解、创制、看待自己及周边的文化或实践。要完成这个任务，工业民族志就必须在宏观关怀之下更敏感、更微观地展开田野。"若要复原底层被统治群体及他们的人性，学者必须和他们一起，在共处和互动的过程中以开放、人性的态度去理解他们"。[③] 威利斯在《学做工》一书的中文版前言中写给中国读者几句诚恳的话：

---

① 项飙，王迪译：《全球"猎身"：世界信息产业和印度的技术劳工》，北京大学出版社，2012年，第46页。

② 项飙，王迪译：《全球"猎身"：世界信息产业和印度的技术劳工》，北京大学出版社，2012年，第49页。

③ （英）保罗·威利斯著，秘舒等译：《学做工：工人阶级子弟为何子承父业》，译林出版社，2013年，第2页。

致力于打破并跨越学科的边界，尤其是社会学和人类学的边界。在我内心，我希望鼓励中国的研究者，特别是博士研究生，跨越学科界限，并担当起重塑民族志这一艰巨而美好的任务。①

最后，用工业民族志来理解当下的全球社会，不仅要展示开放工场中各种劳动实践的文化意义，理解各种劳动实践的文化旨趣，还有一个更为重要的担当，那就是揭示出以往的民族志在多大意义上具有讽刺性地维护了某种保守的、支配的或者说是某种隐藏的文化意识形态。在全球社会的工场继续波动、更新乃至变革的 21 世纪，工业民族志既要守卫跨学科的文化议题，也要保持其批判与再现文化意义的本色。此外，工业民族志要将地方文化体系与全球文化体系并接的过程展示出来，审视新时期的新工人、新劳动、新工场。新的民族志批判者要尝试去浮现这些新的阶级、性别和伦理关系，再现全球化世界的象征秩序和实质性的价值分配结构。对有不同担当选择的人类学学生和人类学学者来说，它是一个重要研究方向。

---

① （英）保罗·威利斯著，秘舒等译：《学做工：工人阶级子弟为何子承父业》，译林出版社，2013 年，第 1—2 页。

# 从"不在地主"到"不在农民"

## ——百年中国乡村困局与嵌入式的乡村振兴

## 一、"不在地主"与中国乡村的发展困局

20 世纪,中国农村经历了两次较为巨大的困局。一个是从 20 世纪 20 年代至 40 年代,我国东、中部地区的大量乡族地主迁往城市,与世居城镇的地主一起,攫取乡村资源,学界将这些城居地主笼统称为"不在地主"。不在地主集团对乡村地权的远距离控制与其时的乡村社会发展危机息息相关。另一个是 20 世纪末的改革开放深化以来,农民普遍地离土离乡,使得乡村社会出现空心化、空巢化的现象,笔者将其称之为"不在农民"乡村发展困局。两个困局之间,是从《中国土地法大纲》颁布至家庭联产承包责任制施行的集体主义建设岁月。这段岁月强烈地回应并力图解决前一个乡村困局,又为解决后一个困局提供了有益借鉴,但也埋下了城乡区隔的伏笔。在本文中,笔者先梳理了 20 世纪上半叶出现的"不在地主"现象及其相关解决方案,再对比当下的"不在农民"问题,最后提出了"乡村振兴"的新思路。

学界所称的"不在地主",是指不在土地邻近的乡村居住,而在城镇居住的地主集团。明朝中后期,基于自发性商品经济的发展和江南地区城镇的繁荣,乡族地主开始迁往城镇。不过明清之际,城镇中的地主集团仍以皇族、缙绅、商人等身份性地主为主体。[1] 但是,到了二十世纪二三十年代,无论是商品经济发达的地区,还是经济相对封闭的地区,地主从乡村迁往城市开始成为一种普遍现象。[2] "不在地主"概念成为研究 20 世纪上半叶中国乡村地权及城乡关系问题的核心概念。

---

① 傅衣凌:《明清封建土地所有制论纲》,中华书局,2007 年,第 34 页。
② 徐畅:《抗战前长江中下游地区地主城居述析》,《文史哲》2002 年第 4 期。

黄宗智根据日本的"惯调材料"发现："在华北平原，很多村庄根本没有地主。华北地主主要是居住在城市之中的不在地主。"[①]美国农经研究学者珀金斯也根据日本的"惯调材料"，推算出北方 8 省 37 村的乡村地权中，有 75% 的地权不在当地村庄之内。[②]同样，1935 年，金陵大学农学院农业经济系对鄂、皖、赣 3 省 41 县的农村调查显示，不在地主所占地权的比例也高达 75% 左右。[③]徐畅细致梳理了苏、浙、湘、鄂、皖、赣 6 省地主离村的情况后，发现地主们离土离乡的现象十分普遍。[④]在华南地区，"不在地主"现象更为常见。陈翰笙发现，在 20 世纪 30 年代的番禺县，超过 75% 的耕地是租地，有 50% 以上的农户没有土地所有权，地权分配的差异非常大。[⑤]

不在地主的现象在 20 世纪上半叶的中国乡村社会中之所以普遍产生，其原因是十分复杂的。有学者指出，华北农村的地权纷纷从乡村流入城市，主要有以下三个原因。一是王朝体系的崩溃和商品经济浪潮的冲击，导致了传统地权优先购买权惯习的衰微，土地不像以往那般，只是优先卖给血亲姻亲或同乡同里；二是华北地区的军阀混战和土匪猖獗，大大加速了地权从乡村流向城市，地主从乡村迁往城镇；三是自然灾害、家庭支出的压力，迫使贫弱小农纷纷出售土地。[⑥]而陈

---

① 黄宗智：《经验与理论：中国社会、经济与法律的实践历史研究》，中国人民大学出版社，2007 年，第 57 页。

② 参见（美）珀金斯著：《中国农业的发展：1368—1398》，上海译文出版社，1984 年。

③ 参见金陵大学农学院农业经济系编印：《豫鄂皖赣四省之租佃制度》，1936 年。

④ 徐畅：《抗战前长江中下游地区地主居述析》，《文史哲》2002 年第 4 期。

⑤ 陈翰笙著，冯峰译：《解放前的地主和农民——华南农村危机研究》，中国社会科学出版社，1984 年，第 6、11、22 页。

⑥ 安宝：《地权流转·不在地主与乡村社会——以 20 世纪前期的华北地区为例》，《东北师大学报》2017 年第 1 期。

翰笙由此认为，不在地主现象的频繁出现，实际上就是帝国资本与封建势力压迫、剥削中国小农的缩影。

从城乡关系的角度来分析，"不在地主"现象实际上是一种土地制度，即土地所在地与地权所有者在时空上发生相对分离的土地制度，直接体现为乡村地权向城镇的流动，并导致城镇对乡村地权的控制。而所谓"不在地主"的困局，是指不在地主集团通过控制城乡金融、工商与借贷系统，间接控制地权，导致乡村的相对独立性丧失及传统社会结构、经济来源被破坏，农民生存的命脉被转移至更大的政治经济体系之中，从而使得乡村中充满了不确定性的秩序危机。对于"不在地主"现象及相应的乡村危机，诸多社会学者都有过分析与诊断，尤以托尼、陈瀚笙、费孝通等几位先生的研究最具代表性。

托尼认为，中国的租佃关系在 20 世纪 20 年代发生了质变，城市之中出现了大量的不在地主，他们通过对土地进行金融投资，从而试图遥控地权。由于空间上的隔离以及阶层之间的交往变得单调，地主与农民的传统租佃关系被转化成了更为冷冰的金融关系。托尼在《中国的土地与劳动》一书中指出，在一个资金奇缺且以小农耕作为核心经济来源的农业国度里，围绕农业经营为主的资金借贷问题，是追问城乡社会能否均衡运转的真正法门。但是托尼看到："中国的资本却并不拿来用之于农业改良，反而是在上海转用于土地价格投机。"[1] "不在地主"的土地投机行为使得小农更为直接地暴露在资本面前，成为资本渔猎利息的对象。在许多靠近城市的乡村中，农民的生存道义经济学被破坏，20 世纪初的中国农业首次遭受了前所未有的危机。托尼认为，最好的应对方法便是在振兴城市工业的同时，从国家层面推动农

---

[1] （英）理杰德·H.托尼著，安佳译：《中国的土地与劳动》，商务印书馆，2014年，第 99 页。

业合作与土地的集约经营，使农民免受不在地主或中间商的盘剥。

1940 年前后，费孝通在继承托尼命题的基础上，提出了进一步的乡村振兴方案。费先生在江村收集的调查资料，显示了"不在地主"现象的严重：该村有 66% 左右的田底权被城镇中的不在地主集团所占有。乡村"土地"不再是生存手段、社会身份、文化荣誉等方面的多重来源，而是被简单地虚拟化为货币。传统乡村社会中地主与农民之间的可视关系，变成了不在地主集团与农民阶层之间的"无相支配"，[①]实体的道义关系迈向了形式主义的支配逻辑。费先生说：

> 田底所有权仅仅表明对地租的一种权利，这种所有权可以像买卖债券和股票那样在市场上出售……由于城里土地市场的交易自由，地主和他们占有的土地之间的个人关系缩减到最小的程度。大多数不在地主对于土地的位置、土地上种的庄稼，甚至对于交租的人都一无所知。他们的唯一兴趣就是租金本身。[②]

城乡之间金融投资关系的出现，导致了乡土社会的一系列问题。不在地主集团意味着世界政治经济体系在最具社会深度的中国农村社区里有了新型的代理或买办，传统社区内的土地经济阀门被打开，从而让小农面向了更广大的资本市场。

在《乡土重建》中，费先生从城乡关系的角度出发，回应了近代中国最大的乡村发展困局。他认为中国的城市向来是依靠乡村的补给而得以延续的，尤其是不在地主集团代表的城市社区是个消费体，而

① 参见黄志辉：《无相支配——代耕农及其底层世界》，社会科学文献出版社，2013 年。
② 费孝通：《江村经济》，《费孝通文集》第 2 卷，第 134 页。

不是生产性的社区。因此，费先生提出要重建中国的乡土社会，首先应该是重建城镇，规避以往不在地主靠地租生活的方式。"在都市方面，最急的也许是怎样把传统的市镇变质，从消费集团成为生产社区，使市镇的居民能在地租和利息之外找到更合理、更稳定的收入"。① 与此同时，费孝通与托尼一样，倡导在乡土社会中建立起资金借贷、农工生产、消费分配的合作组织。倡导合作组织，不仅是为了应对农业生产，而且是希望建立乡土工业。但这种乡土工业并非完全要按照传统手工业的内容来展开，而是借助以往"分散的乡土工业"之形式，重建一个全面且互助的工农关系与城乡关系。此外，除了社会建设与乡土经济的发展，传统的"双轨政治"治理方式（即皇权不下县的无为而治以及自下而上的乡村绅士代理政治）衰落后，国家必须推动自身的有机建设，同时鼓励知识分子和乡绅贤能重返乡土，才能实现全面的乡土重建。

比较而言，托尼与费孝通的诊断方案稍有差异，但均偏向改良的立场，两人都寄希望于民国政府的自省与自救，同时在中观层面希望乡绅、官员、资本良心发现，重返并回馈乡村。但与梁漱溟、晏阳初、董时进等较为保守的乡村建设家以及秦晖等当代学者所提出的"关中无地主"等判断不同，而是认为只有先建立一个强而有力的政治国家，才可以进行大刀阔斧的改革。

陈翰笙先生基于广东地区不在地主与佃农的分布比例资料，直接批评了托尼的"改良主义幻想"。他认为中国农民同时受到了帝国主义、封建买办、资本主义的多重压迫，唯有通过一场民族解放运动，才能

---

① 费孝通:《乡土重建》,《费孝通文集》第 4 卷, 第 318 页。

化解中国的农村问题和农业危机。[①] 相比之下，陈翰笙对"不在地主"集团的研究更为细化。他不仅将从乡村迁往城市的非身份性地主称为"不在地主"，而且将城市中热衷于置地的资本家、军阀、官僚、买办、商人以及部分华侨，还有各种变质的集团地主，统统归入不在地主集团，从而细致地分析了华南农民所受的多重压迫，为20世纪的土地革命埋下了科学实证分析的伏笔。难能可贵的是，按照陈翰笙的观点，我们还能清楚地看到，20世纪初发生的下南洋、闯关东、走西口等乡村人口外溢现象，都是因不在地主集团引起的中国总体困局的表现。

无论如何，因不在地主集团引起的乡村发展困局，既是社会主义土地革命前，资本进入乡村进行单向度攫取的危机，也是国家与知识分子与当时的乡村社会脱嵌的危机：一方面，知识分子与贤能乡绅的缺失，代表着具有道德意义的"保护性经纪"以及乡村秩序枢纽的缺失；另一方面，国家公器虽然在很大程度上沉降至农村，但面对乡村的断裂状态，并没有具体推动乡村的复兴。因此，不在地主集团造成的乡村社会危机，成了社会主义土地革命的客观背景。不过，社会主义土地革命时期的实践与国家的乡村建设，也造成了城乡之间进一步的户籍区隔、经济分工与政治治理方式的殊异。在改革开放初期，由于乡村总体的社会结构仍然是充盈的，只是有少部分人外出务工经商，加上离土不离乡的乡镇企业发展道路的推行，中国乡村在20世纪80年代至90年代初期都未浮现明显的社会性困局。1992年之后，随着发展战略向东部沿海城镇全面倾斜，大量农民离土离乡，从而使得乡村社会结构发生了巨变。

---

① 陈翰笙著，冯峰译：《解放前的地主和农民——华南农村危机研究》，中国社会科学出版社，1984年，第11—12页。

## 二、"不在农民"与当代乡村的"脱嵌"困局

从 20 世纪 90 年代开始，伴随着改革开放的进一步深化，中国乡村出现了第二个困局："不在农民"现象的不断加剧，导致乡村社会结构再次发生巨变。国家统计局于 2016 年发布的《2015 年农民工监测调查报告》显示，2015 年，中国农民工总量为 27747 万人，其中远距离外出农民工 16884 万人，本地农民工 10863 万人。[①]乡村社会内部的青壮年不断被抽离，中国乡村逐渐演变为青壮年群体稀缺的乡村。跟 20 世纪初期的乡族地主大量迁入城镇一样，今天中国的农民也在不断地向城镇集中。20 世纪 80 年代，费先生提出要发展在地化的城镇化与工业化，不教农民离乡背井。但今天来看，离土离乡已成为一个普遍的状况。

具体来说，当下"不在农民"的乡村困局，是指大量农民进城务工或迁居城镇，导致土地缺人耕作、公务缺人管理、村事缺人解决等一系列问题。"不在农民"的乡村社会与"不在地主"的时代不同，前者表现为当代乡村中的人口主要被"留守老弱妇幼"概念所概括，总体社会人口结构在时空上表现出巨大的分离或过渡的特征，而后者只是占乡村人口少数的"地主"离村，其总体性的社会人口结构仍保留在乡村之中，表现为城镇对乡村的地权控制。从学理上来看，当代"不在农民"的乡村社会，体现为贺雪峰教授所言的"半熟人社会"或吴重庆教授所指的"无主体熟人社会"。所谓"半熟人社会"，是指村民之间的交往不再像以往那样频繁，村民之间相识却不相通，知悉却不

---

① 国家统计局：《2015 年农民工监测调查报告》，http://www.stats.gov.cn/tjsj/zxfb/201604/t20160428_1349713.html，2016 年 4 月 28 日。

熟悉。吴重庆教授提出的"无主体熟人社会"，则更加洞穿了"不在农民"时代的乡村困局。乡村中失却了具有代表性意义的"话事"主体，导致"无主体熟人社会"的产生，这是因为"青壮年乃农村社区里最为活跃的成员，是家庭的顶梁柱，是社区公共事务的参与者以及利益冲突的当事人"。① 村庄的"无主体状态"伴生了多个维度的"缺失"：作为生活场域的村庄缺失了主体性感受；作为社会交往的村庄缺乏了公共事务的参与性建设；作为生命意义和价值载体的村庄失却了归属感。留守的儿童、老人、妇女在总体上无法与政府以及外来资本对接，因此与外来资源的对接权容易落入外部实践者或本地极少数人手里。这样一来，很多乡村发展与振兴的方案难以体现乡村社会的总体意志。

进入 21 世纪后，中央"一号文件"连续十多次聚焦"三农"，再加上近几年的扶贫攻坚战与十九大的"乡村振兴"战略，国家对"三农"的关注不可谓不明显。但是除了东部沿海地区的农村，在中西部大量的"无主体乡村"之中，普遍的农业小户除了得到一些滴水漫灌的政策惠及效应，实际上难以获得长久的发展动力。相反，一些农业龙头企业、资本主导的农业产业基地以及一些套取政策红利的形式主义专业合作社，通过与基层政府的"项目"联结，攫取了大部分的国家政策红利。国家面临的新问题，是面对农民主体缺失的乡村，如何约束资本与基层政府之间的关系。该问题至少有两个取向，一是将公权与资本同时嵌入现代乡村社会之中，尝试展开具有代表意义的乡村建设；二是限制公权与资本的触角进一步延伸，让小农户集体或真正的合作社组织控制主导权，进行在地化的选择性引进。两个取向之中，前者需要强大的有关总体"善"的政府判断，后者需要乡村之中存在

---

① 吴重庆：《从"熟人社会"到"无主体熟人社会"》，《读书》2011 年第 1 期。

具有代表性的集体或合作组织。孰优孰劣应该具体而定，但毋庸置疑的是，乡村社会自我的主体性必须重新充实起来。

在上述问题发生的同时，中国乡村社会经历了数种发展话语的洗礼。以往的发展模式，几乎都是以经济为主要向度的发展主义，并搁置了以"不在农民"为主要人口特征的乡村社会大背景。所谓的"跨越式发展"或"参与式发展"等发展路径，坚持以"落后—先进""主导—引导""中心—边缘"等作为认识框架，较为空洞地在"无主体"乡村社会中大谈文化与经济、乡村与政府、小农与资本的关系。在旧的发展语境之中，脱离"不在农民"的实质性社会背景，去谈文化相对主义或经济平等问题，容易掉入偏形式主义的实践模式。虽然，近年来我国努力推动了乡村文化复兴运动与乡村社会主体的重建工作，但这些工作的可持续性总是显得动力不足，其根源就在于所有发展话语背后的真正逻辑仍然是以经济为向标，① 对总体社会结构的实质性诊断还不够具体全面。相应的，我国社会科学界的有些研究也变成了形式主义的附和，如有些人仿照法国社会学家布迪厄的分析框架，把中国乡村社会中的社会结构与文化网络看作与经济和政治并行的资本类型，并可以相互"交换"，而从实质上泯灭了乡村社会与文化的总体性意义。

乡村社会中"不在农民"现象的另一面，是在村农民的社会离散。集体约束力的下降，加上传统的社群、家族文化联系纽带的弱化，导致农户的个体化和相互分化的程度有所加剧。面对新时期建设乡村的大举措，乡村社会显得准备不足。"不在农民"导致的"弱社会"结构现象，使得很多由外而内、自上而下的美好乡村建设项目得不到真正

---

① 黄志辉：《"嵌入"的多重面向：发展主义的危机与回应》，《思想战线》2016年第1期。

的社会支持。相反，有不少乡村建设项目处于一种迷茫的实践情境之中。在离散的乡村社会中，功利成为乡村实践者的核心导向——这本身并不是问题，关键的是，兼顾效率与公平的竞争法则一直未充分建立。因此，村庄内的社群与社群、个体与个体之间非常容易产生纠纷。

在由外而内的市场发展主义语境中，"消费"是发展的核心动力。虽然青壮年群体不在乡村中，但老幼妇孺仍是重要的消费主体，各种现代工商业产品，尤其是假冒伪劣产品不断涌入乡村。问题是，面对新的消费情境时，目前的乡村社会无法建立一种具有主体性的自我消费框架，对各种不平等、不友好的消费现象缺乏辨别力和抵抗权，只能由发展主义的消费话语来主导消费行动。一旦新的消费主义取代了地方性的村落生活知识，哈贝马斯所担心的"公共文化领域转型危机"就会出现。

此外，从基层政治的角度来看，不完整的乡村社会结构也大大降低了乡村基层自治的效率。很多村干部或"挂村"工作者，都不在村庄而在城镇居住，对村庄事务主要是"反应式"的，即等诸种问题出现之后，再反应式地消极处理。并且，村干部还要面对上级机关分派的各种任务，几乎无法主动、直观、有效地展开村庄社会文化建设。不仅如此，当代乡村干部还面临着代表性的问题——由于评价村庄能人的标准日益多元化，乡村干部的领导魅力总是很难实现总体覆盖。

与二十世纪二三十年代相比，值得注意的是，当下乡村社会中"不在农民"的现象与"不在地主"的现象是叠加存在的，其具体体现在以下两个方面。一方面，拥有土地承包权的农民不在乡村。近几年，国家一直在推动乡村地权的"三权分置"政策。虽然地权的最终所有者是国家，但是拥有承包权的地权所有者——家庭户主——却经常外出务工，地权因此转化成各式各样的经营权。另一方面，与过去的"不在地主"群体类似，当代的贤士、精英都不愿返回乡村，而是在大都市、城镇居住，乡村中的文化知识主体处于缺失的状态。因此，乡村社会主体的重新凝聚和乡村文化的复兴就成为一种空谈。

综合来看，"不在农民"现象是中国社会大转型的一个面向，但其中隐藏的问题却比"不在地主"的时代更加艰深而立体。已经出现的各种"脱嵌危机"，很难仅仅依靠过去的发展路径或目前的项目制方案来解决。新时代的乡村振兴，必须要重视乡村主体的回归与反嵌，并将农民和小城镇居民的关注重心转移到建设乡村的社会文化体系上来。笔者倡导一种嵌入式的乡村振兴战略，这种战略要规避以往发展模式的政治、经济中心向度，立足于乡村社会主体建设的内在视野，与城镇互为中心，将发展轨道嵌入于社会文化的整体规范系统之中。

### 三、推动嵌入式乡村振兴的几条建议

为了回应乡村发展不充分、不均衡的问题，中国社会科学界，尤其是"三农"研究领域的学者提出了诸多方略。例如，很多"自由市场派"的学者希望持续推进乡村社会土地、劳力、商品的自由流动，通过自发的社会组合方式，让社会建设处于一种动态的调整过程当中。而专注于"三农"研究的学者更关注国家角色与制度调配。温铁军在制度建设层面上呼吁降低管理成本和发展代价的乡土制度安排，希望通过传统精英的实践以及综合性的合作运动来推动村庄整体利益。[1] 严海蓉面对各种形式的资本下乡以及农业资本化问题，提出应该重新思

---

[1] 温铁军:《综合性合作经济是一种发展趋势》,《中国合作经济》2011 年第 1 期。

考合作性的社会主义道路来应对社会分化的危机。[1] 吴重庆在解释"无主体"的村庄空心化危机时，提出的方案是"重返群众路线"，排除资本以及虚假地方社团的项目制运作方式，让农民自身来组织社会建设。[2] 黄宗智提出要解决普遍性的农业发展问题，应该是坚持"劳动和资本双密集化、小而精"的家庭农场模式，从而推动"中国的隐形农业革命"。[3]

但是，无论是自由配置、国家调整、合作化还是自主发展的道路，都需要一个充盈的社会结构作为前提，这是各种乡村振兴方略的逻辑起点和现实起点。例如，黄宗智先生提出的方案是立足于实证知识的基础上的，其启发性可谓振聋发聩。但问题是，面对"不在农民"的危机，在"隐形农业革命"和"家庭农场"推行之前，已经确切地发生了家庭空心、断代的问题。因此我们要反问的是，如果乡村社会中的家庭都是残缺的，如何建立家庭农场？即使通过增加经营家庭农场的经济吸引力，可以重建乡村家庭与社会，但这种思路有一个前提条件，即农业经营的利润要超过城镇务工和经商的收益；而且，小而精的家庭农场的生存和延续仍然要倚赖大量的城居消费人口。如果不能调整城乡经济重心、人口结构以及巨大的"剪刀差"，黄宗智先生的乡村振兴方案就容易陷入循环论证。笔者在珠三角、北京郊区展开的代耕农研究，证明了中国小农在小规模农田上的惊人生产力，所以，笔者也特别认可黄先生的农业发展方案。但是，隐形的农业革命能否成功，更取决于中国乡村社会主体性重建的深度。

---

① 严海蓉、陈义媛：《中国农业资本化的特征和方向：自下而上和自上而下的资本化动力》，《开放时代》2015 年第 5 期。

② 吴重庆：《农村"空心化"状态下的公共产品供给》，《学习时报》2015 年 9 月 3 日。

③ 黄宗智：《家庭农场是中国农业的发展出路吗？》，《开放时代》2014 年第 2 期。

面对当代乡村社会的困局，谭同学在《双面人》一书中，以辩证的方式总结了乡村经济与当代农民的特点：

> 在经济上，乡村从自给自足开始成为外界更为宏观经济循环的一部分，农民不再被拴在土地上，农户变成半农半工状态。这种"两栖"式的生活使得农民对于村庄社区的依赖开始降低，但除极少数人外，他们又不可能彻底摆脱土地生存。在"两栖"流动的过程中，又或者不进城打工，农民也成为现代媒体无时无刻地灌输"消费经济"意识的对象。小农"消遣经济"日益消失，即是农工混合经济和现代媒体"教育"的结果。①

谭同学认为，如果要重建乡村社会秩序，就必须恢复每个小农在"日常生活中的希望"，重建一种心态秩序，这将涉及从国家到个体的系统性社会建设。而笔者认为，如果这种心态秩序并非仅仅是自发而来的，而是需要国家与社会的总体调配，那么，嵌入式的充盈社会秩序是这种心态秩序的前提。通过建设一种充盈的乡村社会结构，来振兴乡村社会的心态秩序。

鉴于前述两个困局的分析，本文倡导一种嵌入式的乡村社会振兴，并希望从乡村社会主体结构、分散性乡土商业、自下而上的政治嵌入以及有机的城乡道义建设四个方面来展开。

首先，要推动乡村社会主体结构的建设，调整城乡区域内各阶层在乡村的行动密度。乡土振兴要同时复原乡土精英与农民主体的双重在场，将不在地主与不在农民同时转化为在地精英、在地小农。这种

---

① 谭同学：《双面人：转型乡村中的人生、欲望与社会心态》，社会科学文献出版社，2016 年，第 346 页。

"在场"未必要"生死于斯"，但至少不是一种类似于农民工的候鸟式巡游，也不应是村庄"两委"的干部以形式主义的方式来展开的反应型实践，而是要有足够的时间和精力参与村务，共同维持乡村正常秩序的运转。完整的村庄社会网络需要有足够多样的行动密度才能全面运行，从横向层面来看，村庄中的大部分家庭能对村事有所关注和自觉，即使身在城镇，也可心系乡村；从纵向层面来看，不同年龄、代际、阶层的人都能在村庄事务的实践中实现接续。从总体上看，促进"不在农民"与"不在精英"返乡或关注家乡，需要在制度、道义、名望以及功利等多个层面上，提高乡村振兴与社会重建的吸引力。"不在农民"与"不在精英"的双重回归，是嵌入式发展的最大前提。嵌入式发展就是希望将不同的社群以及基本的生产资料重新整合进一体的社会中去，社会文化的完整性既是嵌入式发展的基础，也是嵌入式发展的终点。

其次，借鉴费孝通先生曾经提出的"分散的乡土工业"，结合当代的现实语境，我们要倡导"分散的乡土商业"。费先生在20世纪40年代和20世纪80年代倡导"分散的乡土工业"，是希望农民不要背井离乡外出务工，应当就近实现工业生产，让手工业分散在各个乡镇之中，并与四时农业相互配合。分散式的乡土工业是极具弹性的，其弱点是难以实现大规模的工业累积，农民也只能是适当、被动地完成工业生产。今天，现代工业产品已经是消费世界的主角了，它几乎夷平了以往的手工业生产体系。但是，随着网络化、信息化的爆炸式推进，农村还有一条"分散的乡土商业"道路可走。今天，各种社区网商或乡村网店已经被各路资本所关注，在笔者看来，在各种精英和小农俱在、乡村社会结构相对完整的前提下，社区网商经营权应由农民或代表农民的合作组织来控制。如果能在乡村之中建立一种分散的乡土商业，就能以村庄为交换枢纽，完成乡村内外的商品对流。更重要的是，分散的乡土商业的建设逻辑与完整的社会建设逻辑是相通的，它不会让农民离土离乡，反而能够通过商业，凝聚成有系统、有分工的乡村生产体系。总之，借助当下网络信息社会的潮流，推动"分散的乡土商业"，让村民自主掌握社区网店的主控权，是嵌入式发展的经济内核。

再次，国家与基层政府除了供给公共产品与服务，也应该重视乡村社会主体结构的建设，摆正自身在资本、项目引进过程中的位置，并给资本规划好行动框架，确保村庄地方的主体性地位。乡村青壮年群体与精英群体的"不在场"，鲜明衬托了资本与权力的"在场"。此外，国家和基层政府虽然可以通过项目制引进资本来建设乡村，但其前提是不应该进一步引发当代"不在农民"的问题，社会建设项目与经济发展项目必须同时推进。在政治治理层面，应高度重视村庄自治机构与社会合作组织的建设，提高基层社会的代表性与实践效率，为总体的嵌入式振兴做好政治铺垫。

最后，实现嵌入式的乡村振兴，需要恢复城乡之间的有机道义联系，促进城乡之间人与物的均衡流动。新时期振兴乡村社会的战略，更离不开城镇这个重要角色，中国当下的城镇已经具备了费孝通先生所期盼的"生产性社区"功能。在城乡并重的视野中，城镇与乡村应该互为主体、互为中心，城与乡同时都是生产体和消费体。但需要指出的是，一旦城乡之间的传统联系被切断，小农经济试图蜷缩回自给自足状态的可能性很低。也就是说，城乡断裂性的不均衡将会导致乡村没有退路。改革开放之后，各种类型的城市打开城乡区隔的阀门，标志着我国进入了区域性城乡经济协调发展的新时期。改革开放之初，费孝通先生推动的以县为基础的区域经济联系体具有明显的联结性特征，每个区域虽然都存在一个重点发展空间，但该空间并不是一个孤立体，而是被赋予了带动整个区域发展的道义责任。"大城镇与小城镇的关系是大鱼与小鱼的关系，大鱼要帮小鱼，小鱼要帮虾米。我说这是社会主义的公式，有别于大鱼吃小鱼、小鱼吃虾米的资本主义公式"。[1] 建设具有道义伦理的城乡区域发展体系，就是要拒绝任何单向度的攫取，城乡之间应该是互惠的关系。要言之，区域间的道义伦理，应是各类乡村和城镇在发展过程中都应具备的品质。强调城乡之间的有机道义联系，不仅是嵌入式乡村振兴的应有之义，也是破除目前城乡之间的发展不均衡、不充分状态，推动人与物的均衡流动的重要途径。城乡之间劳力均衡，"不在农民"充分关注家乡建设，那么就能实现乡村社会主体结构的充分重建；"分散的乡土商业"体系一旦建立，商品在城乡之间均衡流动，就能破除以往单向度的商品流动与消费体系。即使农民群体、精英群体在城镇生活，只要其对乡村的关注及相应的乡村社会行动密度足够支撑乡村社会的生产、消费以及互动网络，就有望走出当代乡村困局。

---

① 费孝通：《继续开展江苏小城镇研究》，《费孝通文集》第 9 卷，第 237 页。

# 参考文献

## 一、中文专著

陈翰笙著，冯峰译：《解放前的地主和农民——华南农村危机研究》，中国社会科学出版社，1984 年。

陈光兴：《去帝国——亚洲作为方法》，行人出版社，2006 年。

陈心想：《走出乡土：对话费孝通〈乡土中国〉》，生活·读书·新知三联书店，2017 年。

丁瑜：《她身之欲》，社会科学文献出版社，2016 年。

费孝通：《费孝通在 2003：世纪人类学遗稿》，中国社会科学出版社，2005 年。

费孝通：《芒市边民的摆》序，载田汝康：《芒市边民的摆》，云南人民出版社，2008 年。

费孝通、张之毅：《云南三村》，社会科学文献出版社，2005 年。

费孝通：《乡土中国 生育制度》，北京大学出版社，1985 年。

黄宗智：《长江三角洲小农家庭与乡村发展》，中华书局，2000 年。

黄志辉：《无相支配——代耕农及其底层世界》，社会科学文献出版社，2013 年。

贺雪峰：《新乡土中国——转型期乡村社会调查笔记》，北京大学出版社，2013 年。

贾文娟：《选择性放任：车间政治与国有企业劳动治理逻辑的形成》，中国社会科学出版社，2016 年。

蓝佩嘉：《跨国灰姑娘》，吉林出版集团，2011 年。

李友梅：《费孝通与 20 世纪中国社会变迁》，上海大学出版社，2005 年。

陆学艺：《内发的村庄》，社会科学文献出版社，2001 年。

鲁迅：《破恶声论》，载氏著：《鲁迅全集》第 8 卷，人民文学出版社，2005 年。

陆益龙：《后乡土中国》，商务印书馆，2017 年。

麻国庆：《家与中国社会结构》，文物出版社，1999 年。

麻国庆：《人类学的全球意识与学术自觉》，社会科学文献出版社，2016 年。

潘光旦：《派与汇》，载费孝通：《乡土中国 生育制度》，北京大学出版社，2005 年。

潘毅、卢晖临、张慧鹏：《大工地：城市建筑工人的生存图景》，北京大学出版社，2010 年。

沈原：《市场、阶级与社会》，社会科学文献出版社，2007 年。

史国衡：《昆厂劳工》，商务印书馆，1946 年。

王俊敏：《乡村生态社区的衰变与治理机制：理论与个案》，科学出版社，2013 年。

王铭铭：《从江村到禄村：青年费孝通的“心史”》，载李友梅主编：《江村调查与新农村建设研究》，上海大学出版社，2007 年。

王铭铭：《超越“新战国”：吴文藻、费孝通的中华民族理论》，生活·读书·新知三联书店，2012 年。

徐杰舜：《新乡土中国——新农村建设武义模式研究》，中国经济出版社，2007 年。

项飚：《跨越边界的社区：北京"浙江村"的生活史》，生活·读书·新知三联书店，2000 年。

项飚著，王迪译：《全球"猎身"：世界信息产业和印度的技术劳工》，北京大学出版社，2012 年。

杨清媚：《最后的绅士：以费孝通为个案的人类学史研究》，世界图书出版公司，2010 年。

张冠生：《费孝通》，群言出版社，2011 年。

张宏明：《土地象征——禄村再研究》，社会科学文献出版社，2005 年。

张鹏：《城市里的陌生人》，江苏人民出版社，2014 年。


二、中文期刊


丁元竹：《费孝通城镇化思想：特色与启迪》，《江海学刊》2014 年第 1 期。

戴伯芬：《谁做摊贩？——台湾摊贩的历史形构》，《台湾社会研究季刊》1994 年第 17 期。

方芳：《费孝通的城乡关系思想研究》，《淮海工学院学报》2016 年第 10 期。

甘阳：《中国社会研究本土化的开端——〈江村经济〉再认识》，《书城》2005 年第 3 期。

黄宗智：《家庭农场是中国农业的发展出路吗？》，《开放时代》
2014 年第 2 期。

黄志辉：《"嵌入"的多重面向：发展主义的危机与回应》，《思想
战线》2016 年第 1 期。

黄家亮：《基层社会治理转型与新型乡村共同体的构建》，《社会建
设》2014 年第 1 期。

麻国庆：《费孝通先生的第三篇文章：全球化与地方社会》，《开放
时代》2005 年第 4 期。

麻国庆：《作为方法的华南：中心和周边的时空转换》，《思想战线》
2006 年第 4 期。

麻国庆：《文化、族群与社会：环南中国海区域研究发凡》，《民族
研究》2012 年第 2 期。

麻国庆：《类别中的关系：家族化的公民社会的基础》，《文史哲》
2008 年第 4 期。

麻国庆：《小城镇是城乡协调发展的关键点》，《南方日报》2010 年
2 月 2 日。

梁捷：《托尼：不该被遗忘的经济史家》，《博览群书》2007 年第 2
期。

李培林：《小城镇依然是大问题》，《甘肃社会科学》2013 年第 3 期。

刘豪兴：《"江村调查"的历程、传承及"江村学"的创建》，《西
北师大学报》2017 年第 1 期。

刘能：《重返空间社会学：继承费孝通先生的学术遗产》，《学海》
2014 年第 4 期。

刘东旭：《流动社会的秩序》，博士学位论文，中央民族大学，
2013 年。

卢晖临、李雪：《如何走出个案——从个案研究到扩展个案研究》，《中国社会科学》2007 年第 1 期。

潘毅：《为什么要谈社会经济？——新乌托邦从理论到实践的跨越》，《中国图书评论》2014 年第 7 期。

乔健：《试说费孝通的历史功能论》，《中央民族大学学报》2007 年第 1 期。

孙秋云：《从乡村到城镇再到区域——谈费孝通的微型社会学研究方法及其反思》，《中南民族大学学报》2010 年第 3 期。

田汝康：《内地女工》，《中国劳动月刊》1942 年第 1 期。

谭同学：《类型比较视野下的深度个案与中国经验表述——以乡村研究中的民族志书写为例》，《开放时代》2009 年第 8 期。

谭同学：《再论作为方法的华南——人类学与政治经济学的交叉视野》，《思想战线》2010 年第 5 期。

温铁军：《综合性合作经济是一种发展趋势》，《中国合作经济》2011 年第 1 期。

吴重庆：《从"熟人社会"到"无主体熟人社会"》，《读书》2011 年第 1 期。

吴重庆：《农村"空心化"状态下的公共产品供给》，《学习时报》2015 年 9 月 3 日。

王富伟：《个案研究的意义与限度》，《社会学研究》2012 年第 5 期。

王小章：《"乡土中国"及其终结：费孝通"乡土中国"理论再认识——兼谈整体社会形态视野下的新型城镇化》，《山东社会科学》2015 年第 2 期。

王小章：《费孝通小城镇之"辩证"——兼谈当下中心镇建设要注意的几个问题》，《探索与争鸣》2012 年第 9 期。

王铭铭、张瑞：《费孝通佚稿〈新教教义与资本主义精神之关系〉整理后记》，《西北民族研究》2016 年第 1 期。

王铭铭：《三圈说：另一种世界观，另一种社会科学》，《西北民族研究》2013 年第 1 期。

王君柏：《托尼的中国研究及对费孝通乡村研究的影响》，《中国农业大学学报》2015 年第 5 期。

王斯福：《社会自我主义与个体主义：一位西方的汉学人类学家阅读费孝通"中西对立"观念的惊讶与问题》，《开放时代》2009 年第 3 期。

汪晖：《跨体系社会与区域作为方法》，第三届东亚人文学论坛（暨两岸清华大学人文社会科学研讨会）论文，2012 年。

汪丹：《负重任而走远道——费孝通先生的治学精神与思想启迪》，《江苏社会科学》2017 年第 2 期。

闻翔：《以扩展个案法书写"公共民族志"》，《中国社会科学报》2013 年 8 月 30 日。

闻翔：《"乡土中国"遭遇"机器时代"》，《开放时代》2013 年第 1 期。

吴志明、赵伦：《人口流迁与城市化：理解费孝通与霍华德》，《城市发展研究》2010 第 12 期。

夏希原：《马克思·格拉克曼的社会人类学》，硕士学位论文，中央民族大学，2010 年。

夏学銮：《中镇和江村：中外社区研究比较》，《学习与实践》2008 年第 7 期。

谢国雄：《隐形工厂：台湾的外包点与家庭代工》，《台湾社会研究季刊》1992 年第 13 期。

谢国雄：《劳动力是什么样的商品？——计件制与台湾劳动者主体性的形塑》，《台湾社会研究季刊》1994 年第 17 期。

谢国雄：《事头、头家与立业基之活化：台湾小型制造单位创立及存活过程之研究》，《台湾社会研究季刊》1993 年第 15 期。

严海蓉、陈义媛：《中国农业资本化的特征和方向：自下而上和自上而下的资本化动力》，《开放时代》2015 年第 5 期。

杨清媚：《费孝通读韦伯》，《读书》2016 年第 7 期。

杨清媚：《在绅士与知识分子之间：费孝通社会思想中的乡土、民族国家与世界》，博士学位论文，中央民族大学 2009 年。

张小军：《复合产权：一个实质论和资本体系的视角——山西介休洪山泉的历史水权个案研究》，《社会学研究》2007 年第 4 期。

张敦福：《"消遣经济"的迷失：兼论当下中国生产、消费与休闲关系的失衡》，《社会科学》2015 年第 10 期。

张帆：《费孝通的三种经济类型及现代意义》，《知识经济》2015 年第 6 期。

赵旭东：《从"问题中国"到"理解中国"——作为西方他者的中国乡村研究及其创造性转化》，《社会科学》2009 年第 2 期。

周大鸣：《告别乡土社会——广东改革开放三十年的思考》，《中南民族大学学报》2010 年第 4 期。

## 三、译著

（美）卜凯：《中国土地利用》，上海商务印书馆，1937 年。

（美）埃里克·沃尔夫著，赵丙祥等译：《欧洲与没有历史的人民》，上海人民出版社，2006 年。

（美）小巴林顿·摩尔著，安佳译：《中国的土地与劳动》序言，商务印书馆，2014 年。

（英）保罗·威利斯著，秘舒等译：《学做工：工人阶级子弟为何子承父业》，译林出版社，2013 年。

（美）大卫·阿古什著，董天明译：《费孝通传》，河南人民出版社，2006 年。

（美）牟复礼：《元末明初时期南京的变迁》，载（美）施坚雅主编，叶光庭等译：《中华帝国晚期的城市》，中华书局，2000 年。

（美）杜赞奇著，王福明译：《文化、权力与国家：1900—1942 年的华北农村》，江苏人民出版社，2008 年。

（英）E.P. 汤普森著，钱乘旦等译：《英国工人阶级的形成》，译林出版社，2001 年。

（德）恩格斯：《英国工人阶级状况》，载中共中央马克思恩格斯列宁斯大林著作编译局编译：《马克思恩格斯全集》第 2 卷，人民出版社，2005 年。

（美）弗兰西斯·福山著，黄胜强、许铭原译：《国际学术前沿观察：历史的终结及最后之人》，中国社会科学出版社，2000 年。

（英）莫里斯·弗里德曼著，刘晓春译：《中国东南的宗族组织》，上海人民出版社，2000 年。

（德）贡德·弗兰克著，刘北成译：《白银资本：重视经济全球化中的东方》，中央编译出版社，2008 年。

（日）沟口雄三著，孙军悦译：《作为方法的中国》，生活·读书·新知三联书店，2011 年。

（德）哈贝马斯：《现代性：未完成的方案》，载汪民安等主编：《现代性基本读本》，河南大学出版社，2005 年。

（德）哈贝马斯：《欧洲是否需要一部宪法？》，载曹卫东主编：《欧洲为何需要一部宪法？》，中国人民大学出版社，2004 年。

（美）哈雷·拉姆利：《修筑台湾三城的发轫与动力》，载（美）施坚雅主编，叶光庭等译：《中华帝国晚期的城市》，中华书局，2000 年。

（日）横山广子：《离开"土"范畴——关于白族守护神总称的研究》，载北京大学社会学人类学研究所编：《东亚社会研究》，北京大学出版社，1993 年。

（澳）杰华著，吴小英译：《都市里的农家女》，江苏人民出版社，2006 年。

（美）克利福德·格尔茨著，纳日碧力戈等译：《文化的解释》，上海人民出版社，1999 年。

（德）卡尔·马克思：《资本论》第 1 卷，载中共中央马克思恩格斯列宁斯大林著作编译局编译：《马克思恩格斯全集》第 10 卷，人民出版社，2005 年。

（匈牙利）卡尔·波兰尼著，冯钢译：《大转型——我们时代的政治与经济起源》，浙江人民出版社，2007 年。

（法）罗兰·巴特著，屠友祥译：《文之悦》，上海人民出版社，2002 年。

（法）罗兰·巴特：《作者之死》，载赵毅衡编选：《符号学文学论文集》，百花文艺出版社，2004 年。

（英）李约瑟著，劳陇译：《现代中国的古代传统》，生活·读书·新知三联书店，1987 年。

（英）理查德·R. 托尼著，安佳译：《中国的土地与劳动》，商务印书馆，2014 年。

（德）马克斯·韦伯著，康乐、简惠美译：《非正当性的支配——城市的类型学》，广西师范大学出版社，2005年。

（俄）马林诺夫斯基：《江村经济》序言，载费孝通：《费孝通文集》第2卷，群言出版社，1999年。

（美）乔治·E.马尔库斯、（美）米开尔·M.J.费彻尔著，王铭铭、蓝达居译：《作为文化批评的人类学》，生活·读书·新知三联书店，1998年。

（美）迈克尔·布若威著，李荣荣译：《制造同意：垄断资本主义劳动过程的变迁》，商务印书馆，2008年。

（美）迈克尔·沃尔泽著，褚松燕译：《正义诸领域》，译林出版社，2002年。

（法）米歇尔·福柯：《什么是作者》，载赵毅衡编选：《符号学文学论文集》，百花文艺出版社，2004年。

（英）佩里·安德森著，刘北成等译：《绝对主义国家的谱系》，上海人民出版社，2001年。

（美）裴宜理著，刘平译：《上海罢工：中国工人政治研究》，江苏人民出版社，2012年。

（美）萨义德著，王宇根译：《东方学》，生活·读书·新知三联书店，2007年。

（美）塞缪尔·亨廷顿著，周琪等译：《文明的冲突与世界秩序的重建》，新华出版社，2002年。

（美）施坚雅：《十九世纪中国的地区城市化》，载（美）施坚雅主编，叶光庭等译：《中华帝国晚期的城市》，中华书局，2000年。

（美）施坚雅著，史建云、徐秀丽译：《中国农村的市场和社会结构》，中国社会科学出版社，1998年。

（俄）史禄国著，杜实、田夏萌译：《ethnos（民族）及其变迁过程》，《满语研究》2015年第1期。

（美）魏特夫著，徐式谷等译：《东方专制主义》，中国社会科学出版社，1989年。

（美）西敏司著，王超、朱健刚译：《甜与权力：糖在近代历史上的地位》，商务印书馆，2010年。

（美）伊曼纽尔·沃勒斯坦著，罗荣渠译：《现代世界体系》第1卷，高等教育出版社，1998年。

（美）伊曼纽尔·沃勒斯坦著，刘峰译：《开放社会科学》，生活·读书·新知三联书店，1997年。

（日）竹内好著，孙歌编，李冬木等译：《近代的超克》，生活·读书·新知三联书店，2005年。

（美）詹姆斯·C.斯科特著，程立显等译：《农民的道义经济学：东南亚的生存与反叛》，译林出版社，2005年。

## 四、英文文献

Michael Burawoy, *The Politics of Production: Factory Regimes Under Capitalism and Socialism*, Verso, 1985.

Michael Burawoy, *Manufacturing Consent*, The University of Chicago Press, 1979.

Burton Pasternak, "A Conversation With Fei Xiaotong", *Current Anthropology*, 1988（29）.

Ching Kwan Lee, *Gender and the South China Miracle: Two Worlds of Factory Women*, University of California Press, 1998.

Eric R. Wolf olf ,Sidney W. Mintz, "Haciendas and Plantations in Middle America and the Antilles", *Social and Economic Studies*, 1957（6）.

Jacob Eyferth, "De-Industrialization in the Chinese Countryside: Handicrafts and Development in Jiajiang ( Sichuan)，1935-1978", *The China Quarterly*，2003（173）.

Clifford Geertz, *The Interpretation of Cultures*, Basic Books, 1973.

Adam B. Seligman, "R. H. Tawney and scholarship", *Society*, September/October, 1998.

Emily Honig, *Sisters and Strangers : Women in the Shanghai Cotton Mills, 1919-1949*, Stanford University Press, 1986.

Gail Hershatter, *The Workers of Tianjin, 1900-1949*, Stanford University Press, 1986.

Edmund Leach, *Social Anthropology,* Fortana Paperbacks, 1983.

June Nash, *We Eat the Mines and the Mines Eat Us: Dependency and Exploitation in Bolivian Tin Mine*，Columbia University Press, 1993.

Michael Taussig, *The Devil and Commodity Fetishism in South America*, The University of North Carolina Press, 2010.

Ngai Pun, *Made in China: Women Factory Workers in a Global Workplace*, Duke University Press Books, 2005.

R.H.Tawney, *The Agrarian Problem in the Sixteenth Century*, London-Longmans, Green and Co., 1912.

Sidney W. Mintz, *Worker in the Cane: A Puerto Rican Life History*，W. W.Norton & Company，1974.

Sidney W. Mintz, *Three Ancient Colonies: Caribbean Themes and*

*Variations*, Harvard University Press, 2012.

Aihwa Ong, *Spirits of Resistance and Capitalist Discipline: Factory Women in Malaysia*, State University of New York Press, 1987.

G T Trewartha, "Chinese Cities: Origins and Functions", *Annals of the Association of American Geographers*, 1952（42）.

M Sidney，JT Thomas，"Interview: And the Rest Is History: A Conversation with Sidney Mintz", *American Anthropologist*, 2014 (3).

Yengoyan, Aram A, "Foreword: Culture and Power in the Writings of Eric R. Wolf", In *Pathways of Power: Building an Anthropology of the Modern World*, by Wolf Eric R. and Silverman Sydel, Berkeley; Los Angeles; London: University of California Press, 2001.

鶴見和子，『内発的発展論によるパラダイム転換（単行本）』，コレクション鶴見和子曼荼羅 IX　環の卷，藤原書店　1999，32 頁.

## 五、《费孝通文集》（群言出版社，1999—2004 年）中的文献

《人类学的几大学派》，《费孝通文集》第 1 卷，1933 年。

《我们在农村建设事业中的经验》，《费孝通文集》第 1 卷，1933 年。

《社会变迁研究中的都市和乡村》，《费孝通文集》第 1 卷，1933 年。

《社会学家派克教授论中国》，《费孝通文集》第 1 卷，1933 年。

《亲迎婚俗之研究》，《费孝通文集》第 1 卷，1933 年。

《论社会组织》，《费孝通文集》第 1 卷，1934 年。

《从"社会进化"到"社会平衡"》，《费孝通文集》第 1 卷，1934 年。

《复兴丝业的先声》，《费孝通文集》第 1 卷，1934 年。

《知我，罪我》，《费孝通文集》第 1 卷，1934 年。

《宗教热忱》，《费孝通文集》第 1 卷，1934 年。

《周族社会制度及社会组织一考》，《费孝通文集》第 1 卷，1934 年。

《体质研究与社会选择》，《费孝通文集》第 1 卷，1934 年。

《桂行通讯》，《费孝通文集》第 1 卷，1934 年。

《江村通讯》，《费孝通文集》第 1 卷，1936 年。

《花篮瑶社会组织》，《费孝通文集》第 1 卷，1936 年。

《再论社会变迁》，《费孝通文集》第 1 卷，1937 年。

《从社会变迁到人口分析》，《费孝通文集》第 1 卷，1937 年。

《书评·读曼海姆的思想社会学》，《费孝通文集》第 1 卷，1937 年。

《江村经济》，《费孝通文集》第 2 卷，1938 年。

《西南工业的人力基础》，《费孝通文集》第 2 卷，1940 年。

《劳工的社会地位》，《费孝通文集》第 2 卷，1941 年。

《禄村农田》，《费孝通文集》第 2 卷，1945 年。（英文版出版时间为 1945 年，中文版为 1990 年）

《云南三村英文版导言·社区分析的方法》，《费孝通文集》第 2 卷，1945 年。

《云南三村》结论，《费孝通文集》第 2 卷，1945 年。

《中国乡村工业》，《费孝通文集》第 3 卷，1941 年。

《新工业中的艺徒》，《费孝通文集》第 3 卷，1942 年。

《战后经济问题讨论》，《费孝通文集》第 3 卷，1943 年。

《旅美寄言》，《费孝通文集》第 3 卷，1944 年。

《〈昆厂劳工〉书后》，《费孝通文集》第 3 卷，1944 年。

《初访美国》，《费孝通文集》第 3 卷，1945 年。

《劳工的社会地位》，《费孝通文集》第 3 卷，1945 年。

《人性和机器》，《费孝通文集》第 3 卷，1946 年。

《重访英伦》，《费孝通文集》第 3 卷，1947 年。


《生育制度》，《费孝通文集》第 4 卷，1946 年完稿。

《土地里长出来的文化》，《费孝通文集》第 4 卷，1946 年。

《内地的农村》，《费孝通文集》第 4 卷，1946 年。

《乡土重建》，《费孝通文集》第 4 卷，1948 年。

《乡土重建》后记，《费孝通文集》第 4 卷，1948 年。


《乡土中国》，《费孝通文集》第 5 卷，1948 年。

《科举与社会流动》，《费孝通文集》第 5 卷，1948 年。

《皇权与绅权·论知识阶级》，《费孝通文集》第 5 卷，1948 年。

《城乡联系的又一面》，《费孝通文集》第 5 卷，1948 年。

《人性和机器》，《费孝通文集》第 5 卷，1948 年。

《真知识和假知识——一个社会科学工作人员的自白》，《费孝通文集》第 5 卷，1948 年。

《关于"乡土工业"和"绅权"》，《费孝通文集》第 5 卷，1948 年。

《话说呼伦贝尔草原》，《费孝通文集》第 6 卷，1954 年。

《开展少数民族调查研究工作》，《费孝通文集》第 6 卷，1956 年。

《知识分子的早春天气》，《费孝通文集》第 7 卷，1957 年。

《对中国少数民族改革的一些体会》，《费孝通文集》第 7 卷，1978 年。

《迈向人民的人类学》，《费孝通文集》第 7 卷，1980 年。

《现代化与社会问题》，《费孝通文集》第 7 卷，1980 年。

《略谈中国的现代化》，《费孝通文集》第 8 卷，1981 年。

《论中国家庭结构的变动》，《费孝通文集》第 8 卷，1982 年。

《现代化与知识分子》，《费孝通文集》第 8 卷，1982 年。

《关于当前知识分子状况的调查》，《费孝通文集》第 8 卷，1982 年。

《论知识分子与社会主义建设》，《费孝通文集》第 8 卷，1982 年。

《略论知识分子问题》，《费孝通文集》第 8 卷，1982 年。

《我看人看我》，《费孝通文集》第 8 卷，1982 年。

《做活人口这块棋》，《费孝通文集》第 9 卷，1983 年。

《家庭结构变动中的老年赡养问题——再论中国家庭结构的变动》，《费孝通文集》第 9 卷，1983 年。

《农村工业化的道路》，《费孝通文集》第 9 卷，1983 年。

《小城镇，再探索》，《费孝通文集》第 9 卷，1983 年。

《小城镇，大问题》，《费孝通文集》第 9 卷，1983 年。

《小城镇，再开拓》，《费孝通文集》第 9 卷，1984 年。

《继续开展江苏小城镇研究》，《费孝通文集》第 9 卷，1983 年。

《推动乡镇企业继续前行》，《费孝通文集》第 9 卷，1984 年。

《知识分子要做好二传手》，《费孝通文集》第 10 卷，1985 年。

《社会调查自白》，《费孝通文集》第 10 卷，1985 年。

《三论中国家庭结构的变动》，《费孝通文集》第 10 卷，1985 年。

《说草根工业》，《费孝通文集》第 10 卷，1985 年。

《小商品，大市场》，《费孝通文集》第 10 卷，1986 年。

《包头篇》，《费孝通文集》第 10 卷，1986 年。

《贫困与脱贫》，《费孝通文集》第 10 卷，1986 年。

《小城镇研究的新发展》，《费孝通文集》第 10 卷，1986 年。

《因地制宜，多种模式》，《费孝通文集》第 10 卷，1986 年。

《关于扶贫和发展商品生产的几点意见》，《费孝通文集》第 11 卷，1987 年。

《皓首低徊有所思》，《费孝通文集》第 11 卷，1987 年。

《云南三村》序言，《费孝通文集》第 11 卷，1987 年。

《社会学的历史使命》，《费孝通文集》第 11 卷，1987 年。

《经历·见解·反思——费孝通先生答客问》，《费孝通文集》第 11 卷，1987 年。

《全国一盘棋》，《费孝通文集》第 11 卷，1988 年。

《论梁漱溟先生的文化观》，《费孝通文集》第 11 卷，1988 年。

《中华民族的多元一体格局》，《费孝通文集》第 11 卷，1988 年。

《从小培养二十一世纪的人》，《费孝通文集》第 11 卷，1989 年。

《异军突起的中国乡镇企业》，《费孝通文集》第 11 卷，1989 年。

《对中国城乡关系问题的新认识——四年思路回顾》,《费孝通文集》第 11 卷,1989 年。

《从小书斋到新型图书馆》,《费孝通文集》第 11 卷,1989 年。

《经济全球化和中国"三级两跳"中对文化的思考》,《费孝通文集》第 11 卷,1989 年。

《重建社会学和人类学的回顾和体会》,《费孝通文集》第 11 卷,1989 年。

《人的研究在中国——缺席的对话》,《费孝通文集》第 12 卷,1990 年。

《红场小记》,《费孝通文集》第 12 卷,1990 年。

《开发大西北》,《费孝通文集》第 12 卷,1990 年。

《珠江模式的再认识》,《费孝通文集》第 12 卷,1992 年。

《孔林片思》,《费孝通文集》第 12 卷,1992 年。

《中国城乡发展的道路——我一生的研究课题》,《费孝通文集》第 12 卷,1992 年。

《对"美好社会"的思考》,《费孝通文集》第 12 卷,1993 年。

《关于教育的思考》,《费孝通文集》第 12 卷,1993 年。

《个人·群体·社会——一生学术历程的自我思考》,《费孝通文集》第 12 卷,1993 年。

《略谈中国社会学》,《费孝通文集》第 13 卷,1993 年。

《面向世纪之交,回顾传统文化》,《费孝通文集》第 13 卷,1993 年。

《人不知而不愠——缅怀史禄国老师》,《费孝通文集》第 13 卷,

1994 年。

《从史禄国老师学体质人类学》，《费孝通文集》第 13 卷，1994 年。

《农村、小城镇、区域发展——我的社区研究历程的再回顾》，《费孝通文集》第 13 卷，1995 年。

《东方文明与二十一世纪和平》，《费孝通文集》第 14 卷，1996 年。

《重读〈江村经济〉序言》，《费孝通文集》第 14 卷，1996 年。

《简述我的民族研究经历和思考》，《费孝通文集》第 14 卷，1996 年。

《反思·对话·文化自觉》，《费孝通文集》第 14 卷，1997 年。

《人文价值再思考》，《费孝通文集》第 14 卷，1997 年。

《完成"文化自觉"使命，创造现代中华文化》，《费孝通文集》第 14 卷，1998 年。

《从反思到文化自觉和交流》，《费孝通文集》第 14 卷，1998 年。

《中国文化与新世纪的社会学人类学——费孝通、李亦园对话录》，《费孝通文集》第 14 卷，1998 年。

《中华文化在新世纪面临的挑战》，《费孝通文集》第 14 卷，1998 年。

《我对中国农民生活的认识过程》，《费孝通文集》第 15 卷，1999 年。

《必须端正对异文化的态度》，《费孝通文集》第 15 卷，1999 年。

《小民族，大家庭》，《费孝通文集》第 15 卷，1999 年。

《重建社会学与人类学的回顾与体会》，《费孝通文集》第 15 卷，1999 年。

《新世纪，新问题，新挑战》，《费孝通文集》第 15 卷，2000 年。

《创建一个和而不同的全球社会》，《费孝通文集》第 15 卷，2000 年。

《关于"多元化的西部文化"和"文化生态失衡问题"的谈话》，《费孝通文集》第 15 卷，2001 年。

《人类学与二十一世纪》，《费孝通文集》第 15 卷，2001 年。

《试谈扩展社会学的传统界限》，《费孝通文集》第 16 卷，2003 年。

《对文化的历史性和社会性的思考》，《费孝通文集》第 16 卷，2003 年。